湖北省公益学术著作出版专项资金

PUBLIC SOCIAL FUNDS FOR ACADEMIC AND PUBLIC-INTEREST PUBLICATIONS

西南官話武天片語音史研究

——以明清辭書爲中心

王琪　著

长江出版传媒

崇文書局

圖書在版編目（ＣＩＰ）數據

西南官話武天片語音史研究 ： 以明清辭書爲中心 /
王琪著 . -- 武漢：崇文書局，2023.9
ISBN 978-7-5403-7407-5

Ⅰ . ①西… Ⅱ . ①王… Ⅲ . ①西南官話－語音－漢語
史－研究 Ⅳ . ① H172.3

中國國家版本館 CIP 數據核字（2023）第 143402 號

項目策劃　許舉信
責任編輯　李艷麗　陳　彬
責任校對　董　穎
裝幀設計　甘淑媛
責任印製　李佳超

西南官話武天片語音史研究
XINANGUANHUA WUTIANPIAN YUYINSHI YANJIU

出版發行　　長江出版傳媒｜崇文書局
地　　址　武漢市雄楚大街 268 號出版城 C 座 11 層
電　　話　(027)87677133　　郵　編　430070
印　　刷　武漢中科興業印務有限公司
開　　本　720×1000mm　1/16
印　　張　15.5
字　　數　218 千
版　　次　2023 年 9 月第 1 版
印　　次　2023 年 9 月第 1 次印刷
定　　價　98.00 元

後發先至　新聲驚人

——序《西南官話武天片語音史研究——以明清辭書爲中心》

　　漢語語音史的研究对象，理論上説，應當涵蓋漢語語音自古及今的發展全程，包括有文獻記載的三千多年以及史前發展的悠悠歲月。然自宋儒開始上古音研究以來，綿延以至於清末，幾個世紀的研究，學者們主要將精力放在周秦到隋唐一兩千年間的語音考證之上，對史前時代及韻書産生以後時代少有關注，呈現出一種兩頭小、中間大的“紡錘形”狀態。當然，史前時代的語音缺乏文獻記載，難以甚至無法考求，“文獻不足故也”，姑置不論。可韻書産生以後的近代階段，文獻豐富，爲何也不被關注？筆者推測，這個結果恐怕是“求正存雅”傳統觀念造成的。畢竟，從“厚古薄今”立場來看，時代越近，越呈現出“無關雅言”“不够經典”的俗陋之感。結果就是，語音史這部本應全程反映語音古今演變的宏大“史卷”，非但遺留了太多空白，更是缺失了整整一個時代——近代的語音。這種頭重脚輕的語音史，必定是不完整的。直到十九世紀末、二十世紀初，隨着《中原音韻》的學術地位得以確認，北音研究橫空出世，近代漢語的語音研究納入視野之後，才注入了足够的學術需求和動力來補上這個缺失的時代，完備的漢語語音史研究架構的整合成型才有了可能。也就是在這個時候，錢玄同先生在北大講授音韻學課程，首次提出了將漢語語音的歷史劃分爲六期的構想，標志著從文獻研究漢語語音史的完備框架從此誕生。

　　雖然語音史確認了近代語音的重要地位，但與上古音、中古音相較，對它的研究在一個相當長的時間裏仍然進展遲緩，研究範圍顯得狹窄，力量相對薄弱。1955 年 10 月 25 日，羅常培、呂叔湘兩位先生在"現代漢語規範問題學術會議"作大會報告時還特別呼吁要加強近代史的研究，説："前人在漢語史方面做過的工作側重在古代，我們現在要多用力量在近代，要首先弄清楚普通話形成的歷史。"這也從一個側面反映了傳統力量之頑强、影響之久遠。這種現象，直到改革開放以後方徹底改觀。在短短四十餘年裏，隨著研究隊伍的隨速擴大，近代的語音文獻得到大面積開發利用，近代語音的研究隨即進入快車道。羅、呂二位先生號召的"要多用力量"於近代的局面已然出現，而"普通話形成歷史"這個"首先要弄清楚"的任務，也正在官話方言史的大環境下逐步地展開。

作爲普通話的基礎方言——官話，是近代千餘年間在"北音"基礎上逐漸形成的。其名稱雖初見於明代，但其歷史却可以上溯至宋。北宋通語之基礎——汴洛中州之音，應當就是近代官話的源頭或源頭之一。從詩詞用韻可以看到，以十八部爲標志的宋代通語韻部系統，貫穿兩宋三百餘年，縱然南宋偏處江南一隅也沿用未改。這個被稱爲"早期官話"或"古官話"的基礎方言，由於南北分治、方域區隔、自身演變、移民異動、方言接觸、外族語入侵等，引發一波又一波的地域性變異，持續推動着"官話中鄉音"的積累，逐漸形成了在華夏語言版圖上分布最爲廣闊、使用最爲普遍、使用人數最多、其内部分歧亦頗爲鮮明的方言——官話。

官話，究其實是一個龐大方言群體的集合，今人普遍認爲它包含八個大的次方言及其下轄的難以計數的方言點。它們分布于浩瀚長江的南北，以江北的廣袤大地爲主體，綿亘于東北到華北、新疆，歷西北而西南的廣闊區域。八個次方言，個個體量之宏大，分布之寬廣，都足以獨立於世、雄視天下，都足以區别於其他方言的語音特徵，都有自身發生與發展的歷史，都有必要進行歷史的研究。只有作爲官話組成部分的各個次方言歷史都得到充分的研究，官話發生、發展的歷史才會明朗，普通話的形成與演變的歷史才有可能徹底"弄清楚"。然而，以今所見，百餘年間，研究得較爲充分的大概是北京官話、中原官話、山東官話或冀魯官話、膠遼官話、江淮官話等，其他幾個官話次方言的歷史研究要麼論著零散，不成體系，尚未形成規模，要麼未見有相關論著面世，尤以西南官話爲著。

　　主體雄踞於祖國大西南，覆蓋鄂蜀滇黔，輻射湖南廣西陝西等地的西南官話，分布空間廣闊，使用人口衆多，近代以來經濟繁榮、人文昌盛，其語音歷史如何，却少見撰述。雖然有一本出自明代雲南的韻書《韻略易通》早就被發掘出來，作成近代語音的研究，但研究者普遍定性該書之音爲通語，并不歸屬西南官話。如此看來，近代西南官話語音史的研究基本是缺失的，這不能不說是官話語音史乃至近代語音史上一個很大的且亟待填補的空白。

　　然而我們也欣喜地看到，自上世紀末以來，這种狀况正在逐步改善。一批青年學者，踴躍投身其中，發掘文獻，漸次實施了西南官話歷史語音的研究。如果不計《韻略易通》，通過文獻對西南官話歷史語音的研究，率先在西南首屈一指的重鎮——四川的巴山蜀水中展開。大概在上世紀末，針對明代遂寧人李實《蜀語》的研究，揭示了一些明代蜀語特徵。對清代活躍於四川的傳教士語音文獻的開拓，也產生了一批研究論文。此外其他地區如明代湖南郴州地區的官話語音史也有論文面世。相較而言，西南官話的另一重鎮——湖北地區的研究則顯得相對冷清，但江漢大地交通發達，人文昌盛，史料豐富，注定是不會沉寂太久的。牛長于湖北的青年學者王琪，于本世紀之初負笈江南，進入南京大學攻讀漢語史博士學位。她熱愛家鄉的語言，瞭解桑梓文化，在讀期間，開掘明清湖北地區語音文獻，覓得若干種鄉土韻書、字書。特選其中兩種作重點研究。一是晚明湖北京山人郝敬（1558—1639）所著《讀書通·五聲譜》，一是清末在漢口傳教的美國人殷德生（1867—

1903, Ingle，James Addison）所著的《漢音集字》（Hankow Syllabary, 1899），其中《五聲譜》是首次全面地開發、系統地整理用於歷史方音研究。經過潛心研究，王琪於 2009 年完成博士論文《明清以來湖北武天地區語音研究》。通過答辯後，因工作異動的緣故，離開了音韻學研究領域，却始終"無忘吾所欲論著"，時時修訂補充，前後歷十餘年，終於形成專著《西南官話武天片語音史研究》（以下簡稱"王著"）出版面世。這將是首部以歷史語音文獻爲对象的、研究西南官話中一個具體方言片約五百年語音歷史的學術專著。共時與歷時的有機結合，事實與理論的融合互動，系統而厚重，一舉改變了之前西南官話僅有散篇論文的單薄狀態，填補了近代西南官話語音史研究的一個空白，將研究引向了一個新的高度，不得不説這是西南官話語音史研究的一項很有意義的創新成果。後發先至，有如黃鐘新聲，鳴則驚人。

王著的工作主要有二：一是考明并論證兩種歷史文獻的音系及其性質歸屬，二是疏理武天方音明清以來幾百年間的演變。前者爲共時層面的研究，後者屬歷時範疇。

共時層面工作的關鍵就在於歸納兩種歷史文獻的音系并論證其語音性質，確認其方言歸屬。雖然兩種文獻要麼作者是本地人，要麼書名上寫明了"漢音"，都跟武天片方言所在的地區密切關聯，但還不足以僅憑這一點直接確認其方音歸屬。尤其是《五聲譜》，原書并未有任何的區域方音提示，要確認是否屬於明代京山方音，需要有多角度、多層次分析和論證。王著首先分析《五聲譜》内部音類結構，歸納其音系及語音特徵，再與明代官話的南系代表《西儒耳目資》、北系代表《合併字學篇韻便覽·重訂司馬溫公等韻圖經》的音系進行比較，結果有同有異，大同小異，同者可以確認《五聲譜》音系歸屬近代官話系統，異的部分説明它有了跟普通官話不同的語音特徵，從而斷定這些特徵反映了官話在湖北京山地區的區域性變異，由此合理地推測現代武天片在明代已具雛型。清代的《漢音集字》顯示的音系與之大同小異，無疑也是明代武天音的後續發展。具體説，五聲譜音系可確認爲約五百年前的武天方音代表，而漢音集字音系則爲兩百年前的武天方音代表。時間的準確定位，無異於標示出近代武天方音由明而清、前後連續發展的歷史坐標，數百年間演變的流程得以清晰呈現。爲了説清楚武天方音是如何從明代、清代以迄於今天的發展和演變歷程，王著又以現代武天片所轄的行政區爲單位，對漢口、京山、天門、仙桃、漢川和洪湖等縣市方音進行全面調查與比較，總結出若干特點并根據其内部差異歸納出若干類型，從而取得了現代武天片方音共時平面分布的詳細資料，相當於給近代武天方言歷時發展的座標圖上標明了終點。

在分別獲取明、清、現代三個不同時代平面的武天方音系統及其特徵之後，將三者作異同比較，同其同，異其異，逐一疏理各個方音特點的歷史發展軌迹，運用歷史語言學的理論及語音變化的原理縱向演繹其演變過程，探討音變的内因、外因，并歸納演變規律，從而首次完成了明清以來武天方音發展史的論述，使湖北西南官話的一個核心片區的方音約五百年的歷史有了一個頗爲清晰的描述，成功地給漢語近代語音史提供了一個具體片區發展的樣本，必將有效地推動官話語音史的研究。

還有必要指出，王著的成功與其根據研究材料的特點，設定合適的方法去研究密切相關。我們常説，發掘歷史語音文獻，猶如深山淘寶，要勇於開拓，但更要開拓的是合適的研究方法。如果没有合適的方法揭示文獻的語音内涵，則淘寶的效果將爲零。我們經常看到，近代語音文獻的形式多樣，内容與結構千姿百態，研究它們往往没有成規可循。在實際研究中，如果采用經典的"繫聯法"或常用的"比較法"都不能或難以考明其音類的時候，那麼另闢蹊徑，開拓新的方法與操作程式就成爲必然的了。套用一句"白猫黑猫"的老話："不論舊法、新法，能有效揭示其語音内涵的就是好法。"因此，研究方法，應當根據材料本身特點來設立，以方法去迎合材料、求解材料，而切不可要求材料來服從方法。"運用之妙，存乎一心"，只有獨具慧眼設定與材料相適應的研究方法，才會有效揭示其内涵之語音，才可以真正做到材爲我用。王著對《五聲譜》的語音發掘，充分地體現了這一點。《五聲譜》其實還算不上真正的韻書，全譜收字 6000 餘，分列爲 745 個字組，并無嚴格的韻紐系統，韻中的字組也不全是同音字組，有的字不完全同音也放在一組之中，的確是一本有欠嚴謹的韻書。如何才能嚴謹地揭出這部不嚴謹韻書中的語音呢？王著反復斟酌，確定研究的關鍵在於準確判定各字組内部的同音關係。於是運用語音對立的音位學原理，創立了内證、外證結合互證的方法，設立四個具體操作條例，逐一檢驗并判斷字組中的字是否同音，結果是 745 個字組中確認 439 組是同音字組，302 組内部含有不同音的字，僅有 4 組無法確認。這個操作可以説是最大限度地消除了原書的不確定狀態，確立了原書的小韻，也就是確立了全譜的音節，爲歸納音系打下了堅實的基礎。由此可見，歷史文獻的開掘并不是找到一本古韻書或古字書就大功告成了，找到了韻書，還需要設立與之相適應的研究方法，如果沒有後者，同樣是不能完成歷史語音研究的。

當然，王著的成書過程蜿蜒曲折，特別是作者的工作發生轉向之後，總會帶來某種不便與干擾，結果是新著的成書雖有增補與修訂，内容較之前更加充實，但仍有跟進學術前沿、吸收最新學術成果，繼續擴展研究深度和廣度的空間。相信出版之後在向學界提供新的研究成果的同時，也能得到廣泛的批評指正，有機會博采精要、融會貫通，使之進一步完善。

劉曉南

於 2023 年 4 月

目　　録

第一章　緒論···001

1.1　選題緣起 ···001

1.2　歷史沿革與社會變遷 ·····································004

1.2.1　歷史地理沿革 ·······································004

1.2.2　移民概況 ···006

1.3　研究概況和價值 ···008

1.3.1　研究概況 ···008

1.3.2　研究價值 ···011

1.4　研究材料和方法 ···011

1.4.1　研究材料 ···011

1.4.2　研究方法 ···014

1.5　構思與設想 ···016

第二章　從《讀書通·五聲譜》看明代武天地區語音 ···············017

2.1　《讀書通·五聲譜》體例及研究方法 ·······················017

2.1.1　作者、版本、收字 ···································017

2.1.2　《讀書通·五聲譜》的語音思想 ·······················018

2.1.3　《讀書通·五聲譜》的編排體例 ·······················020

2.1.4　《讀書通·五聲譜》的研究方法 ·······················022

2.2　《讀書通·五聲譜》的聲韻調 ·····························031

2.2.1　《讀書通·五聲譜》的聲類 ···························031

2.2.2 《讀書通·五聲譜》的韻類 …………………………………… 045

2.2.3 《讀書通·五聲譜》的調類 …………………………………… 063

2.3 《讀書通·五聲譜》音類和構擬 ………………………………… 066

2.3.1 《讀書通·五聲譜》音類系統 ………………………………… 066

2.3.2 《讀書通·五聲譜》聲韻構擬 ………………………………… 071

2.4 《讀書通·五聲譜》的語音特點及與官話方言的比較 ………… 078

2.4.1 《讀書通·五聲譜》的語音特點 ……………………………… 078

2.4.2 《讀書通·五聲譜》與明代官話音系的比較 ………………… 079

2.5 《讀書通·五聲譜》聲韻調配合表 ……………………………… 082

第三章 從《漢音集字》看清代武天地區語音 ……………………… 091

3.1 《漢音集字》體例及標音 ………………………………………… 091

3.1.1 《漢音集字》的編纂 …………………………………………… 091

3.1.2 《漢音集字》體例 ……………………………………………… 092

3.1.3 《漢音集字》記音符號 ………………………………………… 094

3.1.4 研究方法 ………………………………………………………… 095

3.2 《漢音集字》聲韻調及中古來源 ………………………………… 095

3.2.1 《漢音集字》的聲母 …………………………………………… 095

3.2.2 《漢音集字》的韻母 …………………………………………… 100

3.2.3 《漢音集字》的聲調 …………………………………………… 107

3.3 《漢音集字》的語音特點 ………………………………………… 111

3.4 《漢音集字》聲韻調配合表 ……………………………………… 112

第四章 現代武天地區語音內部差異 ………………………………… 121

4.1 聲母內部差異 ……………………………………………………… 121

4.1.1 見、精、知、莊、章組 ………………………………………… 121

4.1.2 非組和曉組的讀音 ……………………………………………… 128

4.1.3 全濁聲母的讀音 ………………………………………………… 129

4.1.4 日母的讀音 ……………………………………………………… 132

4.1.5 微母的讀音 ……………………………………………………… 134

4.1.6 疑、影、云、以母的讀音 ……………………………………… 135

4.1.7　泥、來母的讀音 …………………………………………… 136

4.2　韻母内部差異 ……………………………………………………… 137

4.2.1　撮口呼的讀音 ………………………………………………… 139

4.2.2　止、蟹攝字與遇攝細音的混同現象 ……………………… 141

4.2.3　蟹攝開口二等字的讀音 ……………………………………… 143

4.2.4　咸、山攝字的讀音 …………………………………………… 144

4.2.5　通攝入聲、遇攝、流攝明母字讀音 ……………………… 145

4.3　聲調内部差異 ……………………………………………………… 146

4.4　本章小結 …………………………………………………………… 147

第五章　明清以來武天地區語音演變 …………………………………… 151

5.1　聲母的演變 ………………………………………………………… 152

5.1.1　見、精、知、莊、章組的分混及演變 ………………… 153

5.1.2　非組和曉組分混及演變 ……………………………………… 160

5.1.3　全濁仄聲送氣的演變 ………………………………………… 162

5.1.4　日母字的演變 ………………………………………………… 165

5.1.5　微母字的演變 ………………………………………………… 168

5.1.6　疑、影、云、以母字的演變 ……………………………… 169

5.1.7　泥、來母字的演變 …………………………………………… 171

5.2　韻母的演變 ………………………………………………………… 172

5.2.1　等呼的演變 …………………………………………………… 172

5.2.2　陰聲韻的演變 ………………………………………………… 178

5.2.3　陽聲韻的演變 ………………………………………………… 185

5.2.4　入聲韻的演變 ………………………………………………… 194

5.3　聲調的演變 ………………………………………………………… 197

5.4　語音演變小結 ……………………………………………………… 199

結　語 ………………………………………………………………………… 203

參考文獻 …………………………………………………………………… 205

一　古籍 ………………………………………………………………… 205

二　論文 ………………………………………………………………… 207

三　專著 …………………………………………………… 211

附　　録 ……………………………………………………… 215

　　附錄 1　發音合作人情況表 ……………………………… 215

　　附錄 2　湖北武天片方言聲、韻、調表 ………………… 216

　　　　（1）漢口方言聲、韻、調 ………………………… 216

　　　　（2）京山方言聲、韻、調 ………………………… 217

　　　　（3）天門方言聲、韻、調 ………………………… 218

　　　　（4）仙桃方言聲、韻、調 ………………………… 219

　　　　（5）漢川方言聲、韻、調 ………………………… 220

　　　　（6）洪湖方言聲、韻、調 ………………………… 221

　　附錄 3　《湖北文徵》中銘、碑、賦等相關韻段原文 ………… 223

　　附錄 4　本書圖表 ………………………………………… 230

後　　記 ……………………………………………………… 234

第一章　緒論

1.1　選題緣起

本文所説的武天地區，特指今湖北境内西南官話武天片[①]覆蓋的地域，即漢口、武昌、漢陽、京山、天門、仙桃、漢川、洪湖（如圖 1.1 所示）。此地區西北與西南官話鄂北片毗鄰，西與西南官話鄂北片、成渝片毗鄰，東北與江淮官話黄孝片毗鄰，南與贛語大通片毗鄰，處于次方言和方言的過渡地帶，在方言分布中地位較爲特殊。

從漢語現代方言來看，官話方言内部一致性非常高，黄雪貞認爲其中西南官話一致性又是最高的[②]。1948 年上海申報館發行的《中國分省新圖》（第五版）把西南官話獨立爲一個方言區域；1985 年，李榮《官話方言的分區》根據"古入聲字的今調類"把所有官話分成七個區（後調整爲八個區），西南官話的特徵是"古入聲今全讀陽平"；《中國語言地圖集》（1987：B6.黄雪貞）、黄雪貞《西南官話的分區（稿）》

---

①　也稱武門片。黄雪貞《西南官話的分區 (稿)》（1986）稱武門片，《中國語言地圖集》（1987：B6. 黄雪貞）、侯精一主編的《現代漢語方言概論》（2002）稱武天片。黄雪貞將臨湘方言歸爲武天片，也有學者將臨湘方言歸爲贛方言，臨湘今屬湖南，由于其特殊性，暫不把臨湘列入我們研究的對象。中國語言地圖集（2012）將漢川、京山、武漢、天門、仙桃等 33 個縣市列爲湖廣片之鄂中小片。

②　見《中國語言地圖集》（1987）B6 圖文字説明。此圖集共包括三十六幅彩色地圖，每幅圖配有文字説明。圖集分 A、B、C 三組。A 組是綜合圖，B 組是漢語方言，C 組是少數民族語言。

圖 1.1　湖北境內西南官話武天片分布示意圖

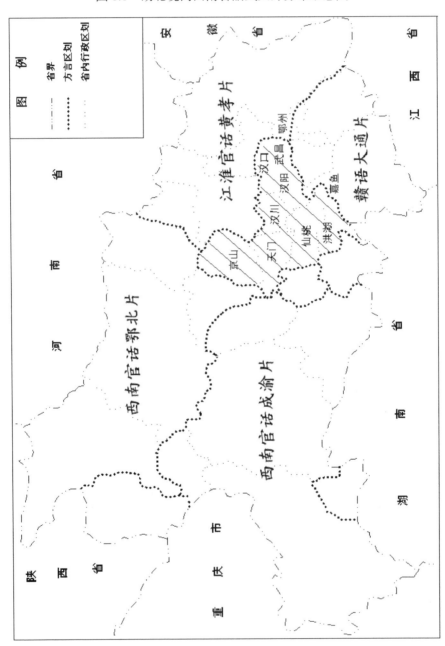

（此示意圖參考《中國語言地圖集》繪製）

（1986）將西南官話分爲成渝片、滇西片、黔北片、昆貴片、灌赤片、鄂北片、武天片、岑江片、黔南片、湘南片和桂柳片共 11 片，其中湖北武漢市（漢口）、武昌、漢陽、京山、天門、沔陽[①]、漢川、洪湖八個縣市和湖南臨湘歸爲武天片。上述分區和分片是從現代方言的角度根據方言内部特徵進行的，據黃雪貞（1986）的研究，武天片區別於其它片的特點有：無平翹舌的對立、不分尖團、有撮口呼、“對罪短亂算”等字讀開口呼、“木目”讀 [ˌmoŋ]、古入聲讀陽平或入聲、接近西南官話常見調值等，因此自成一片。

如果武天片確是一個有相對獨立性的小片，那麼其語音特徵能追溯到什麼時代，在歷史上曾發生了哪些變化，以至于逐漸形成現代西南官話武天片的格局，應當是方言發展史上一個值得探討的問題。

學術界對于湖北西南官話語音的研究多着眼于共時的描寫分析，很少從方言史角度對方言現象產生及演變進行闡述，從歷時角度對湖北西南官話的發展作細緻的梳理尚屬空白。推測其原因，一方面可能是由于湖北西南官話史文獻資料的匱乏，另一方面湖北西南官話特徵遠不如吳、閩方言那麼豐富。

有鑒於此，我們擬對武天地區方音的歷史情況及其演變进行研究，試圖通過歷史文獻的考察，結合現代武天方言内部比較研究，來梳理近幾百年來武天地區方言的演變過程、原因及其規律。

---

① 今稱爲仙桃。

1.2 歷史沿革與社會變遷

要瞭解某種方言演變的具體過程及産生這些變化的原因，首先有必要對其歷史地理及人口遷移情況有較爲充分的認識。張偉然（2000：15-17）指出，影響湖北方言分化的因素可分爲三個方面。一是其獨特的地理區位：湖北省境内的官話，其分布均毗鄰外省的方言區域，如黄孝片源于江淮，鄂北片受之西北，沿江及西南一帶方言得之于長江上游，贛語區則壤接江西。二是歷代行政區域：省境的西南官話三片都有特定的行政中心，鄂北片、武天片、成渝片的中心分别爲襄陽、武漢、荆州。三是移民：移民對方言格局的形成有重要影響。

下面簡要介紹與方言演變密切相關的武天地區歷史地理和移民情況。

1.2.1 歷史地理沿革[①]

從地理位置來看，漢口[②]地處長江西北、漢水以北的地域，隔長江與其東南側的武昌相望，隔漢江與其南側的漢陽相望；漢陽位于湖北省武漢市西南部，東隔長江與武昌相望，北隔漢江與漢口對峙；武昌位于武漢市的中東部，東北與鄂州市毗鄰，東南與大冶縣（今大冶市）接壤，

---

① 對八個縣市歷史地理概況的介紹參考了以下文獻：潘新藻《湖北省建制沿革》，湖北人民出版社，1987 年；皮明庥主編《近代武漢城市史》，中國社會科學出版社，1993 年；武昌縣志編纂委員會編《武昌縣志》，武漢大學出版社，1989 年；漢陽縣志編纂委員會編《漢陽縣志》，武漢出版社，1989 年；湖北省京山縣志編纂委員會編《京山縣志》，湖北人民出版社，1990 年；湖北省天門市地方志編纂委員會編《天門縣志》，湖北人民出版社，1989 年；仙桃市地方志編纂委員會編《沔陽縣志》，華中師範大學出版社，1989 年；湖北省漢川縣地方志編纂委員會編《漢川縣志》，中國城市出版社，1992 年；洪湖市地方志編纂委員會編《洪湖縣志》，武漢大學出版社，1992 年。文中不再逐一注明出處。

② 1949 年以後，“漢口”不再是一個官方的行政區劃名稱。武昌、漢陽至今仍是區級行政區劃的名稱，而漢口被分爲江岸區、江漢區、礄口區三個區級行政區劃。

南與咸寧縣（今咸寧市）相鄰，西南與嘉魚縣交界（漢口、武昌、漢陽今屬于武漢市區）；漢川位于孝感地區南隅，漢水下游，東與武漢市東西湖區、蔡甸區毗鄰，西连天門市、南臨仙桃；京山縣（今京山市）位于湖北中部，東與應城縣（今應城市）、安陸縣（今安陸市）接壤，西與鍾祥縣（今鍾祥市）毗鄰，南與天門縣（今天門市）交界，北與隨州相連；天門上通荆沙，下接武漢；仙桃舊稱沔陽縣，位于荆州地區東南部，東臨武漢，西连荆州、宜昌、三峽，北依漢水；洪湖爲 1952 年析沔陽縣南部所設。

武天片這種地理上的连續分布狀態，在歷史上容易因接收同一地區的移民而發生同樣的變化，客觀上也會促進方言之間的相互接觸和影響，隨着時間的發展推動武天地區某些方音逐漸變得相似。

從歷史上的行政區劃來看，唐代以來武天地區八個縣市曾有兩分的格局。

漢口、漢陽、武昌、漢川關係相對較爲密切，常處于同一行政統屬之中；仙桃、洪湖、天門、京山地區關係較爲密切。

武昌、漢川、漢陽、漢口在唐代以後多從屬于同一行政區域，關係較近：唐代均屬江南西道鄂州江夏郡；宋代除京山屬京西南路外，武天地區其它七個縣市曾并屬荆湖北路；元代均屬江南湖北道肅政廉訪司；明代均屬湖廣布政使司；清代均屬湖北布政使司。

仙桃、洪湖、天門、京山地區關係較爲密切：唐代均屬山南東道；元代，均屬山南江北道；明代均屬湖廣布政使司承天府；今均屬荆州地區。

從武天地區的歷代建置來看，武天地區並無統一的行政統屬，但各地區並非孤立的，其行政所屬是一個動態變化的過程。如元代漢川屬于漢陽府，洪湖屬于沔陽府；清代漢川和洪湖同屬漢陽府；今漢川屬于孝感地區，洪湖屬于荆州地區。這種複雜的歷史沿革在一定程度上也會促使方言之間相互接觸、相互影響，使方言之間的區別逐漸減少。

1.2.2　移民概况 [1]

移民可分爲移入和移出兩種情况，相比較之下，移入比移出對方言格局形成的影響重要得多，因此這裏僅對武天地區接收移民的情况作簡要介紹。

總體而言，元代以前，武天地區以接收北方移民爲主；元代以後，武天地區以接收江西移民爲主。其中永嘉亂後的漢人南遷、安史之亂後的北人南遷、明清時期的江西移民對今湖北方言格局的形成影響重大。

據學界一般的看法，湖北古屬楚地，上古時代當屬楚語範圍。現代湖北地區的西南官話，應當是歷代北人南遷逐漸形成的。永嘉之亂後北方人口的大規模南遷對南方方言影響深遠。"在湖北地區，北方方言對楚語發生衝擊，產生了西南官話的雛形" [2]。湖北境内長江上游今江陵、松滋一帶的移民主要來自山西、陝西、河南，少量來自安徽和江蘇的淮河流域；長江下游今武昌、黃梅一帶的移民大多來自河南，也有一些安徽淮北的移民。但湖北接收移民的主要地區還是漢水流域，上自今鄖西、竹溪，下至今宜城、鍾祥，舊以襄陽爲中心。來自陝西的移民數量最多，其次是河南、甘肅，再次爲河北、山西、安徽、四川 [3]。

安史亂後的北人南遷奠定了西南官話的基礎。唐末因避難自發遷入荆襄（今湖北省長江以北及河南省南陽盆地以及淮河以南諸縣，唐代屬山南東道的大部和淮南道的西部諸州）的北方人民爲數甚多，是唐末北方移民最多的地區之一。爲避戰亂，鄂州（今湖北武漢市武昌）境内有不少江北移民遷入。鄂州位于長江和漢水交匯處，安史之亂後東南貢賦

---

[1]　本節（§1.2.2）的撰寫主要參考了葛劍雄等《中國移民史》，福州：福建人民出版社，1997；葛劍雄、曹樹基、吳松弟《簡明中國移民史》，福州：福建人民出版社，1993；張國雄《明清時期的兩湖移民》，武漢大學博士學位論文，1992。除個別地方詳細註明外，其它不再一一註明出處。

[2]　見葛劍雄等《中國移民史》，第一卷，第116頁。

[3]　見葛劍雄、曹樹基、吳松弟《簡明中國移民史》，第149頁。

大抵在此中轉，不少北方人民順此路前來避難，據《元和郡縣圖志》[1]
（卷 27：643 頁）的記載，開元年間，戶籍數爲 19190，元和間增加到
38618，鄉數也由 33 個增加到 37 個。

明代洪武年間的大移民帶來了贛方言，在一定程度上改變了湖北西
南官話方言格局。

據新修《武昌縣志》[2]，元末戰亂之後，湖北人煙稀少，江西人在
縣人口來源中佔較大比重（1989：79）。武昌府、漢陽府、荊州府、沔
陽州均有大量江西人遷入，其中武昌府更多的是南昌移民。今武昌縣的
南部還存在一個很大的南昌方言區，即是洪武時期南昌移民移居于此的
明證。

在洪武年間湖北地區的 174 萬總人口中，移民人口占 57%。根據各
府移民原籍統計發現，在湖北的 98 萬移民人口中，江西籍移民占總人口
的 70%[3]。

其中湖北武天地區洪武時期的移民情況如表 1.1：

表 1.1　湖北武天地區接受的各類移民（單位：萬人）

地區	總人口	土著	百分比	民籍移民	百分比	軍籍移民	百分比
武昌府	29.4	13.8	46.9	12.2	41.5	3.4	11.6
漢陽府	5.0	2.0	40.0	3.0	60.0	0	0
沔陽州	8.8	3.5	39.8	3.6	40.9	1.7	19.3
安陸州	9.7	3.9	40.0	4.1	42.5	1.7	17.5
合計	52.9	23.2	43.9	22.9	43.3	6.8	12.8

可見，洪武大移民對湖北武天地區人口構成的影響相當深刻。

整個明清時期武天地區接收了大量江西移民。據張國雄（1992：10-

---

[1]　中華書局，1983 年版。

[2]　見《武昌縣志》，武漢大學出版社，1989 年版。

[3]　據《中國移民史》，第五卷，第 148 頁。

13）的統計和研究，江漢平原是江西移民的重要遷入區。其中漢陽、天門、洪湖、仙桃等地的方志、族譜、銘文等都有祖源江西的不同記載；依隨州、京山縣家譜來看，由東南到西北江西移民呈漸減趨勢，符合其地理位置和移民規律。

總體而言，永嘉亂後的漢人南遷使北方官話衝擊楚語，武天地區的西南官話有了雛形；唐代安史之亂後的北人南遷奠定了武天地區西南官話的基礎；明清時期的江西移民又給武天地區方言注入了贛方言成分。

1.3 研究概況和價值

1.3.1 研究概況

有關湖北武天地區語音及語音史的研究，已有學者做過相關工作。下面分別從現代方言的記錄、描寫及研究和通過文獻對歷史方言進行考證與研究兩個方面進行綜述。

1.3.1.1 現代方言的記錄、描寫及研究

20 世紀以來，不少學者對武天地區方言進行過調查、描寫及研究。《湖北方言調查報告》（1948）第一次運用現代科學的語言學理論和方法對湖北 60 多個市縣的方言進行了系統調查和研究，其中包括武天片的武昌、漢口、漢陽、漢川、沔陽、天門、京山等 7 個點，每份報告的內容包括發音人履歷、聲韻調表及描寫、與古音比較、同音字表、音韻特點和會話。由于條件限制，其中也存在發音人和方言點選取失當、字音記錄不準確等問題（劉興策，1998），但它依然是我們研究 20 世紀早期湖北方言珍貴的材料。

解放後，詹伯慧、劉興策等參加湖北方言普查後整理了《湖北方言概況》（1960），將全省境內的漢語方言劃分爲西南官話區、楚語區

和鄂南區，并進行了綜合比較，調查點比《湖北方言調查報告》多了 10 個。

50 年代湖北方言研究的目的在于推廣普通話，有詹伯慧《武漢人怎樣學習普通話》（1956）、朱建頌《漢口方音與北京語音的對應規律》（1958）、陳激悟《談武漢音和北京音的差異》（1959）等。

從 20 世紀 70 年代末開始，學者們研究範圍更加廣泛，更爲深入。朱建頌《武漢方言詞彙》（1981，1—3 期），陳章太、李行健主編《普通話基礎方言基本詞彙集》（劉興策等參編，負責湖北武漢、襄樊、宜昌、天門、紅安等地方言的調查、編寫、審訂等，1996），李榮主編、朱建頌編纂的《武漢方言詞典》（1995）雖以詞彙爲主要調查研究對象，但也對各詞條的具體讀音有詳細的記載。仙桃市地方志編纂委員會《沔陽縣志·卷二十八社會·方言》（1989），劉興策、王秋隆等《京山縣志·方言篇》（1990），邵則遂《天門方言研究》（1991），朱建頌《武漢方言研究》（1992），劉興策、趙葵欣《現代漢語方言音庫·武漢話音檔》（1997）等對湖北西南官話武天片語音都有較爲充分的記錄和描寫，且多與中古音和普通話進行比較。郭麗《湖北西南官話音韻研究》（2009）運用方言數據庫研究湖北西南官話的音韻特徵和歷史層次。

這一時期的湖北方言研究也有推廣普通話性質的，如潘攀、熊一民《普通話口語與武漢方言》（1998）等。

另有對具體方音特點進行分析的，如朱建頌《漢口方言有入聲嗎》（1988）等，方言考本字的如朱建頌《武漢方言本字試考》（1982）等。劉興策《近百年來湖北省漢語方言研究綜述》（1998）、《再論近 20 年的湖北方言研究》（2001）對湖北現代方言研究進行了述評，等等。

綜上所述，學者們在方言調查基礎上對現代方言進行的平面描寫分析較爲充分，而對方言歷時演變及其規律進行線性的梳理和研究相對較少。

1.3.1.2　通過文獻對歷史方言進行考證與研究

學者們通過文獻考察武天地區歷史方言也有一些成果，如：

陳大爲《唐五代湖北文人用韻研究》（2005）根據《全唐詩》、《全唐詩補編》、《全唐文》中湖北文人詩歌韻文出韻現象探討唐五代湖北方音，有一些新的發現。

還有研究明清時期武天地區語音的幾種單篇論文，如謝榮娥《竟陵派鍾譚韻文用韻所反映的明代天門方音特點》（2003）、《明清竟陵代表詩文用韻與現代天門方音》（2004）根據明代竟陵派代表鍾惺、譚元春的韻文，參照《廣韻》音系、明代通語韻系和現代天門方言，指出明代天門方音"in、ən"與"iŋ、eŋ"不分、"i"與"ʅ、ɿ"有分離趨勢、入聲韻尾處于混而爲一的發展階段等特點。寧忌浮《明末湖北京山方言音系——讀郝敬〈讀書通〉》（2005）指出了《五聲譜》聲韻調方面的若干特點，認爲與今京山話的語音系統一脉相承。謝榮娥《郝敬〈五聲譜〉與現代京山方音》（2018）結合實地調查探討了《五聲譜》與現代京山方言的關係。畢晟《〈漢音集字〉聲母 j、q、x 研究》（2006）探討了漢口話 j、q、x 聲母的兩個來源。

此外，還有學者對方言文獻進行整理的，針對清代殷德生《漢音集字》（1899）用羅馬拼音標記的漢口話，朱建頌《〈漢音集字〉疏證》（1999）整理了《漢音集字》并一一给出了擬音，爲我們的研究提供了便利。

總體看來，以上研究或依據文獻對歷史上某時間段的方言狀况作静態描寫，或依據文獻并參照現代方言特徵進行了分析和比較，在利用歷史文獻考證武天方言方面具有開創之功；但在探討語音縱嚮演變的階段性和規律性問題上，其深度和廣度仍有待進一步拓展。

1.3.2　研究價值

研究湖北武天地區語音的歷時演變具有重要的價值。

首先，梳理明清以來武天地區語音特徵及其演變，有助於更確切地瞭解語音發展過程並爲西南官話的分區分片提供歷史依據。

其次，由于現代西南官話武天片內部高度一致，張偉然指出，武天片的形成比較晚，元明以後，以武漢爲中心的地區逐漸形成武天片，到清初時漢川方言的官話特徵還不够明顯（張偉然，1999），但是他的論述尚無語音史內部的確鑿證據。我們搜集反映近代武天地區的文獻資料，結合移民史、其他文獻和現代方言探索武天地區語音發展源流，以期對其基本特徵的形成時期作出一定的推測。

最後，此研究也能爲研究移民與方言的關係提供一定的依據。

綜上所述，研究明清以來的湖北武天地區語音在漢語語音史、方言史及移民史上都是有重要意義的。

1.4　研究材料和方法

1.4.1　研究材料

1.4.1.1　歷史文獻

1. 主要材料

明代的《讀書通》和清代的《漢音集字》是我們研究的主要材料，筆者利用這兩種書分別考察明清以來的武天地區語音情況。它們系統性較强，我們能通過這兩種材料考得明清兩代武天地區方言的聲韻調系統。

《讀書通》二十卷，爲明代後期經學家郝敬（1558—1639）所著，其中第二卷《五聲譜》爲記録湖北京山方言的韻書（詳後）。《讀書通》的傳世版本目前所知僅明萬曆崇禎年間郝洪範刻本，我們所用即爲此本。

《漢音集字》（Hankow Syllabary）爲十九、二十世紀之交記録漢口方言的一部用拉丁字母標音的書。是美國人殷德生（J.A.Ingle）于1899年在漢口編録、由"公興"（Kung Hing）印刷的一本漢口同音字表。我們采用原本，以收于《湖北方言文獻疏證》中的朱建頌《〈漢音集字〉疏證》作爲研究的參證。

2. 輔助材料

有些材料或非直接記録武天地區語音，但又與武天地區語音關係極爲密切；或相對較爲零散，不及以上材料系統性强，用作輔助材料。

（1）字書韻書。主要有《字音會集》和《凡誨書》。《字音會集》的作者江學海，生平籍貫無考①。據余頌輝（2009：65—68）、周賽華（2015：89—93）、羅恰（2020：135—141）等研究，至少有省博本、清同治元年（1862）刻本、清光緒六年（1880）王同文刻本、清光緒二十四年（1898）經元堂刻本、清光緒三十年（1904）慎詒堂刻本、清末石印本、民國間石印本、民國上海錦章圖書局《考正同音字彙》石印本、民國《鴻文考正同音字彙》石印本、民國漢口崇文堂書局《考正同音字彙》石印本、民國鑄記書棧《考正同音字彙》石印本、民國廣益書局《同音字彙》石印本及民國上海劉德記書局《考正同音字彙》石印本

---

① 魏建功先生在《古音系研究》（1996：48—49）中提到，《字音會集》，清光緒乙巳武省江學海，書中例言有"武省普安堂善局董事江學海謹識"語，武省當是湖北武昌省城之俗稱，則此書是湖北一帶通俗韻書可知。趙蔭棠在《等韻源流·新序》（1957：12）中提到《字音會集》爲"清（武省）江學海"所作。羅常培（1963：152）提到："除此之外，還有一種從前人認爲'不登大雅之堂'而我們現在必得另眼看待的東西，這就是流行于民間的方言韻書。……湖北武昌的《字音會集》……"羅常培提及《字音會集》爲湖北武昌的，不知是據趙蔭棠"武省"所作的推測還是另有所據。朱建頌（1987）根據書中避諱字樣認爲《字音會集》成書時間大約在清代道光（1821—1850）年間。接近鄂城方音，與今武漢市武昌區和紙坊方音相差甚遠。羅氏所言"武昌"即今鄂州。周賽華（2015）認爲江學海是清黃岡縣人，《字音會集》反映清中期新洲、黃岡（今黃州市）一帶的方音。羅恰（2020）認爲《字音會集》反映的是江淮官話黃孝片語音。

等清至民國時期的 13 個版本。比照《字音會集》中的語音材料有利于凸顯武天地區語音特徵、理清與周邊方言的關係。

《凡誨書》著者劉心源（1848—1917），字亞甫，號幼丹。湖北嘉魚縣人 ①。《凡誨書》是一部字書，十卷末一卷，底稿題名《字串》。注解豐富，主要用直音法注音。《凡誨書》和現代嘉魚方言存在嚴整的對應關係，當記載了 19 世紀末 20 世紀初嘉魚方言。由于武天地區南面與贛語大通片毗鄰，今語音上尚存在諸多共同點 ②，比照《凡誨書》中的語音材料同樣也有利于凸顯武天地區語音特徵。

（2）詩詞用韻等。我們考察《湖北文徵》③ 十三卷中的特殊用韻，《全宋詩》《全宋詞》《全清詞》（順康卷）等材料中的相關特殊用韻現象，同時還盡量利用明代文人文集中的用韻，如明代王格（京山人）《少泉詩集》、李維楨（京山人）《大泌山房集》、陳柏（仙桃人）《蘇山選集》等。

（3）方志材料和筆記小說中的方音記載。我們盡可能搜集湖北各種方志，從乾隆《黃岡縣志》、同治《通城縣志》中提取到珍貴的語音信息。明張位《問奇集》、陸容《菽園雜記》等筆記小說中零星記載了湖北方言語音資料，可爲探索近代武天地區語音提供佐證。

此外，前人的相關研究成果都是我們進行研究的重要參考資料。

1.4.1.2　現代方言

1. 方言調查材料

武天地區方言調查材料，早期的可參照《湖北方言調查報告》等；80 年代以後有《武漢方言研究》（朱建頌，1992）、《京山縣志·方

---

① 參《洪湖文史》（第 3 輯）第 152 頁；《武漢人物選錄》（《武漢文史資料》1988 年增刊），第 69 頁。
② 詹伯慧曾在《漢語方言及方言調查》（詹伯慧，1991：336）引用趙元任的 "湖北方言分區參考圖" 就將嘉魚列入了西南官話區。
③ 由于碑、賦、銘等用韻不如詩詞固定，文中用到的《湖北文徵》相關韻段參見附錄 3。

言篇》（劉興策、王秋隆，1990）、《天門方言研究》（邵則遂，1991）、《沔陽縣志·方言》（仙桃市地方志編纂委員會，1989）可供利用。

《武漢方言研究》的作者朱建頌先生是老漢口人，他所記漢口方言十分細緻，茲采用其方言同音字表。

其它方言材料，則利用前人研究成果，如《漢語方音字彙》（第二版）（1989）《現代漢語方言概論》（侯精一，2002）《鄂州方言志》（萬幼斌，2000）《鄂東南方言音彙》（黃群建，2002）等。

2. 田野調查及核查

除漢口方言外，京山、天門、仙桃、漢川、洪湖等地方言材料筆者分別作了調查或在前人基礎上作了核查（京山、天門、仙桃、漢川、洪湖方言發音合作人情況參見附錄1，湖北武天片漢口、京山、天門、仙桃、漢川、洪湖方言聲、韻、調表參見附錄2）。

（1）京山方言、天門方言、仙桃方言。我們在《京山縣志·方言篇》《天門方言研究》《沔陽縣志·方言》基礎上進行核查並製作同音字表。

（2）漢川方言、洪湖方言。我們依中國社會科學院語言研究所《方言調查字表》調查並製作同音字表。

1.4.2　研究方法

研究漢語方言史，文獻考證是非常重要的。"研究有文字記錄以來的漢語史，無論是什麼時期的，當然要首先利用我們中國特多的傳世文獻和源源而出的出土文獻。"（魯國堯，2003a：183）單用現代方言語料作歷史方言研究"有三大缺陷：其一，從現代方言內部差異擬測古代方音，所得僅爲一合理的假說，立足點不同即可得出不同假說……現代方音語料無法做到確證古代語音的現實。其二，現代方音不具備古代文獻語料的歷史斷代的功能，也無法僅憑現代方言判斷其所保留古音的歷史層次。……其三，通過對現代方音口語內部差異的比較研究，可推知其歷史形式，但若歷史上曾經出現過的某一方言現象在現代方言中沒有留下痕迹，則此種比較就無從下手了。”“文獻語料的最大好處就是可以確證古代方言特徵的存在，可以給歷史方言的考究準確斷代，可以考查歷史上確曾存在過的方言現象，從而揭示方言特徵的演變與消長。”（劉曉南，2008：6—7）

　　文獻考證法須與歷史比較法相結合。索緒爾《普通語言學教程》（1980：131）提出研究歷時語言學要區分兩種展望（即兩種方法）：前瞻的展望和回顧的展望。前瞻的方法要以文獻的考訂爲基礎，回顧的觀點却需要一種以比較爲依據的重建的方法。這就是語言史研究重要的兩種方法：歷史文獻考證法和歷史比較法。徐通鏘（1996：6）也指出“前瞻”和“回顧”兩種不同類型的研究方法分別處理語言史研究中的死材料和活材料。魯國堯先生主張將“歷史文獻考證法”和“歷史比較法”都視作前人的寶貴遺産，將二者調和、結合、整合，才是漢語歷史語言學的必由之路（2003a：188），也是研究漢語史的最佳方法之一（2003b：176）。

　　耿振生（2004：297）也指出文獻材料與活語言材料相結合是20世紀音韻學研究上的一個通例。我們即用此法來研究近代湖北西南官話語音：文獻方面，從方言韻書到方志材料、詩歌用韻、筆記小説等，盡可能地尋找、發掘；方言比較方面，將文獻反映的方音和現代方音作比較，以探索湖北西南官話的古今演變軌迹。

　　另外，本文對方言的研究采用特徵考證法。主要梳理和比較湖北方言較爲顯著的區別性特徵。劉曉南（2008：15）指出方言的存在形式是本體的，即它同樣具有一套自足的音系、詞彙、語法系統等，但方言與通語或其他方言的區別形式却是其特徵。也就是説，憑藉自己的特徵而與通語或別的方言相區別。因而可針對方言特徵作重點研究，以突顯方言的獨特之處。

其它方法具體運用時再作相應的説明。

1.5　構思與設想

爲了充分地探討明清以來的武天地區語音演變情況，我們設想以下研究思路。

首先，考察《讀書通・五聲譜》的語音特點；以中古聲韻類別爲參照，在與明末官話音系和現代京山方言進行比較的基礎上整理其聲母、韻母和聲調系統；探討其性質。研究發現，《讀書通・五聲譜》能作爲明代武天地區語音的代表。

其次，考察《漢音集字》語音性質并整理聲母、韻母和聲調系統、探討其聲韻調中古來源，可知《漢音集字》能作爲清代武天地區語音的代表。

再次，根據筆者的調查材料和已有的方言材料描寫現代武天方言語音内部差異。

最後，將以上對明代、清代、現代武天方言三個共時平面的語音特點貫串起來，全面論述武天地區明清以來的語音演變階段、特點和原因等。由於某些語音現象可能並非僅孤立地存在于武天地區，爲便于比較，我們還引入武天周邊地區的歷史語音文獻《字音會集》《凡誨書》等相關材料。

這樣能清晰展示明、清、現代三個時間段武天地區的語音特點及幾百年來的發展變化脉絡，有利于將時間和空間結合起來考察語音的演變，理清現代武天片方言内部差異出現的時間順序等。

第二章
從《讀書通·五聲譜》看明代武天地區語音

　　成書于明代的《讀書通·五聲譜》記錄了明末京山方音，這是目前能找到的明確反映武天地區範圍內方音的最早的韻書，因此，我們以此作爲明代武天地區語音的代表，并通過《讀書通·五聲譜》來考察明代武天地區語音。

2.1　《讀書通·五聲譜》體例及研究方法

2.1.1　作者、版本、收字

　　《讀書通》，作者郝敬（1558—1639），字仲輿，號楚望，京山（今湖北京山）人，世稱"郝京山先生"。郝敬幼時資性穎捷，但其父年邁，可能疏于管教，以致他殺人繫獄。于是他的父親把他託付給同邑李維楨（1547—1626）（京山人），始折節讀書，于明萬曆十七年（1589年）中進士。郝敬青少年時期當在京山度過的，而且中年辭官後在京山閉門著書達四十年之久，最後葬于縣城西二十里青龍河東花苑臺西①，他對京山方言應該十分熟悉。

郝敬著有《山草堂集》。《山草堂集》分爲内、外兩編。内編共十六種，其中包括《讀書通》。《讀書通》二十卷是《山草堂集》的第十六種，《讀書通》的第二卷《五聲譜》是一部韻書。筆者僅見《讀書通》的一種版本，即現藏于國家圖書館善本古籍閱覽室的萬曆崇禎年間郝洪範刻本。

《五聲譜》收字 6814 個，其收字不完全，郝敬在《五聲譜》卷首對此有説明，"字不足以盡聲，聲亦不可以字窮"，體會其語意，似乎只需將"音"收齊即可，每音所轄字有多少難以窮盡，亦不必窮盡，故此書各字組收字有限，但可觸類旁通，推斷其它字的讀音。

2.1.2　《讀書通·五聲譜》的語音思想

2.1.2.1　結構編排受音律觀念的影響

我國古代傳統文化中有"天人合一"的世界觀，在這種理念的支配下，編寫韻書韻圖時就可能對實際語言的面貌進行"加工"，修改某些音類的實際數目，以合乎哲學觀念（耿振生，2004：303）。郝敬爲了證明所設立的韻目數順應自然發展規律，具有理據性，在《五聲譜》的首頁他就運用所謂"天行之紀"來論音韻，他説，"五聲者，本沈韻四聲，引而伸之，爲完音者也。十二韻者，省一百七類之繁，比而合之也。韻至十二無不諧矣。五爲天地之成數；十二者，天行之紀。五音十二律，從來遠矣，天行六十而週，故五聲盡于六十。六者，三才之道也。"（《五聲譜》：頁一）他依五音十二律設五聲十二韻，以天地之數作立韻的依據，設韻時拘泥于古代音律觀念，出現虛設韻目的現象。

---

① 　關于郝敬的生平，參黄惠賢《二十五史人名大辭典》（下册）（1997：495），中州古籍出版社；孔范今、桑思奮主編《孔子文化大典》（1994：701—702），北京：中國書店；京山縣地名辦公室編《京山古今》（1982：108—109），内部發行；明查繼佐《罪惟録》，見于《筆記小説大觀》四十五編第一册至第四册《列傳卷之十八》第 2340 頁，臺北：新興書局。

郝敬以"宮商角徵羽"五聲立韻，"徵聲十二"下六個韻無下轄字，均以"與某通"格式標明，這些都是虛設的韻目。

又"羽聲十二"下有"一東：與同通；二志：與稺通；三屋：與屈通；四藥：與末通；五汗：與炭通；六真：與沈通；七天：與田通；八殿：與簟通；九褐：與磨通；十削：與末通；十一鑑：與簟通；十二鳩：與求通"，十二韻均無下轄字，也是虛設的。

這一組"羽聲"韻部完全重出，可他還是強調羽聲的設立是有意義的，不是可有可無的："羽聲浸淫於五音中，周流不住，與土氣寄旺於四時五方同也。沈休文不達，盡割棄之，以就四韻，豈天地之完音哉？今存其綱，散其目，亦《周官》司空之義云爾。"他認爲不設"羽聲"不夠完整，但又無下轄字，所以只能"存其綱，散其目"。

由此看來，設置這些無下轄字的標有"與某通"的韻目，僅能保持形式的整齊，使其符合古代音律觀念，而沒有什麼實際意義。

一方面虛設韻目，另一方面又一味講究"大同"，而忽略某些細節。他說："撮其大同，簡其大異，舉其大凡，一切可旁通矣。煩紊磔裂，甚覺無當耳。"這裏郝敬確實"撮其大同，簡其大異，舉其大凡"，這也造成了他所排《五聲譜》不夠精密，出現了韻下所設的以"○"空相區別的字組并非每空都是同音字組的現象。謝榮娥（2018：55—61）亦有提及"并非都是同音字組"。下文論及體例和方法時詳述。

2.1.2.2　重視鄉音

當時讀書人崇尚"雅言""正音"，而郝敬不以爲然，他對"鄉音不足據"的說法持否定態度，認爲鄉音俗語都是"天地之正氣"。他在《讀書通》的第一卷《四韻糾謬》中指出："今人以韻書爲雅言，尋常俗語爲鄉音，不盡然也。五行之秀鍾于人，五方人聲生于五氣。故絲竹之聲不如肉，肉聲爲玄律。齊人聲緩，楚人聲激，木氣舒遲，火氣飄忽，皆天地之正氣也。今謂鄉音不足據，四韻又何所據乎？沈休文，吳人。吳一郡之聲不足概江左，江左一方之聲烏足概南北？今定以四韻概天下古今文字，安知諸音之盡非，而沈韻之獨是乎？馬與非馬，指與非指，亦無以辯。"可以看出郝敬將方音俗語和韻書雅言是同等對待的，韻書也只是一時一地之音，無法囊括南北各地語音。郝敬糾"四韻"之"謬"可能根據了鄉音。他重視鄉音，其實反映了重視實際語音，不重視書面語音，這是郝氏之書能可靠地表現明代京山方言的前提[①]。

2.1.3 《讀書通·五聲譜》的編排體例

如前可論，作爲一部韻書，《五聲譜》按五聲十二韻進行編排，每聲下有十二韻，但實際上每個韻組的五聲均不全。五聲中羽聲是虛設的，徵聲有一半是虛設的。他虛設韻目，乃依所謂"天地之數"所定。然後按"聲調—韻—空"的格局編排，即：調下分韻，韻下分空（每一空爲一個字組，每個字組未必完全同音，詳見下文），無反切和注釋。下面分別進行介紹。

2.1.3.1 六十韻目

《五聲譜》以調統韻，先按聲調分爲宮（平聲）商（上聲）角（去聲）徵（入聲）羽（羽爲虛設）五類，每類下轄十二韻，共六十韻目。郝敬在篇首即按五聲相承的順序列出這六十韻目：

> 同統洞篤東　　遲齒穉徹志　　危偉魏虩屋
> 虞語遇月藥　　孩海害黑汗　　沈逞趂質真
> 田忝簞鐵天　　調窕朓滌殿　　摩麽磨末禡
> 邪寫謝褻削　　彊襁絳甲鑑　　求臼舊屈鳩

---

① 方以智在《四韻定本》中也批評了郝敬以鄉音入韻："此本獨韻，惟楚讀盧、都混樓、兜，以其不撮脣也。古亦有通者。郝京山竟取其鄉音，則非矣。"《四韻定本》現有方以智六世孫寶仁手抄本，藏于安徽省博物館，此韻書成于康熙元年至十年間，對研究明清官話極爲重要。參楊軍《〈四韻定本〉的入聲及其與〈廣韻〉的比較》（中國音韻學研究會十五屆學術年會論文，未刊）。以上材料蒙安徽大學中文系楊軍教授惠賜，特致謝忱。

其中"徵聲十二"下六個韻無下轄字，"羽聲十二"下均無下轄字，實際韻目數爲 42 個。五聲十二韻可整理爲表 2.1：

表 2.1　《五聲譜》結構示意圖

五聲	十二韻											
宮聲十二	一同	二遲	三危	四虞	五孩	六沈	七田	八調	九摩	十邪	十一彊	十二求
商聲十二	一統	二齒	三偉	四語	五海	六逞	七忝	八寃	九麼	十寫	十一禣	十二白
角聲十二	一洞	二稈	三魏	四遇	五害	六趆	七箪	八眺	九磨	十謝	十一絳	十二舊
徵聲十二	一篤	二徹	三虢	四月	五黑	六質	七鐵	八滌	九末	十襲	十一甲	十二屈
羽聲十二	一東	二志	三屋	四藥	五汗	六真	七天	八殿	九禡	十削	十一鑑	十二鳩

2.1.3.2　韻下分空

郝敬在每韻下羅列各字組，字組之間用"○"隔開。以"一同"爲例：

宮聲十二

一同

○同童僮瞳曈曈肜侗衕桐銅恫潼箒羵犝○通東冬涷鼕○龍瓏籠聾磬瞳曨曨櫳農濃襛醲膿儂隆窿癃○蒙濛曚朦曚朦饛幪盲萌萌薨○公功攻工弓躬宮龔恭供肱○空箜悾崆○窮穹邛筇聲蛩螫○充珫忡沖种翀春幢衝疃㡭橦○蓬朋鵬芃篷○中忠衷鍾鐘終螽○重蟲○風楓豐灃鄷飌渢封葑鋒蠭峰烽○逢馮縫○紅虹訌鴻洪宏弘閎竑泓靰紘黌鍧○宗蹤猣燮稯綜嵏鬷椶駿葼騣琮淙漎賨○從叢崇○聰蔥驄忽○松崧嵩菘鬆淞娀○容蓉庸墉鏞廊傭溶鎔慵鰫融肜○雄熊○戎茸○凶胷兇匈訩洶兄○營嶸雍雝灉廱饗雍癰○翁蓊○烘薨䒺

從"一同"的轄字情況我們能瞭解此書編排上的部分特點。

首先，根據現代京山方言，"同"字組今讀爲陽平，"通"字組今讀爲陰平，"龍"字組和"蒙"字組今讀爲陽平，"公"字組今讀爲陰平。根據官話語音史，當時平聲已分陰陽調，而郝敬仍把陰平和陽平字放在同一韻中。

其次，郝敬把"容蓉庸塘鏞廊備溶鎔慵鱅融肜"排在一個字組，而今京山方言"庸"等字爲陰平，"容"等字讀爲陽平；這裏有兩種可能：一種可能是"容蓉庸塘鏞廊備溶鎔慵鱅融肜"當時就是同音的；另一種可能是，這些字當時不同音，而郝敬把它們排在一個字組。

再次，"通東冬涷鼕"在一個字組中，"通"今京山方言讀爲送氣，"東冬"今京山方言讀爲不送氣，這裏也有兩種可能：一種可能是"通東冬涷鼕"當時就是同音的，另一種可能是郝敬也常把送氣和不送氣的同部位的字排在一個字組，也就是說，字組中存在同音字組和不同音字組兩種可能。

此外，據現代京山方言，"二遲"下第 9 字組"〇妻姜淒悽悽栖西犀"當爲不同音字組；"三危"下第 5 字組"〇非飛腓騑斐妃緋扉肥淝霏"當爲不同音字組。

同空的屬字可能不是同音字，這就給音類考證帶來了特殊的困難，要求除一般音類考求、音值構擬外，還需要有確定同一空之字是否爲同音字的方法。

2.1.4 《讀書通·五聲譜》的研究方法

2.1.4.1 研究字組同音狀況的方法

《五聲譜》共 745 個字組，有同音和不同音兩種情況。

一方面，郝敬在《五聲譜》卷首作了説明，"撮其大同，簡其大異，舉其大凡"，這也造成了他所排《五聲譜》不夠精密，帶有一定的隨意性和粗略性。他沒有自始至終貫徹一個統一的原則，不利於研究當時京山方言的聲母特點。

另一方面，《五聲譜》以調統韻，對于調和韻的排列較爲考究，而對于聲母的排列則較爲粗略。所以聲母同否是區分是否爲同音字組的關鍵。

　　這裏利用內證和外證相結合的方法判斷《五聲譜》中每一個字組是否同音。

　　內證法，即用平上去相配的方法判斷是否爲同音字組。列舉孩海害和邪寫謝兩韻爲例：

　　　五孩○孩骸偕諧鞵崖挨○開皚哀埃欸○垓陔該荄○街皆喈階稭揩○埋霾○來萊狹騋○徘俳排牌○槐懷淮○才材裁財纔○哉災栽猜毸顋○柴柴儕豺釵差睚○乖○臺駘鮐郃

　　　五海○海蟹凱愷鎧塏改楷鍇駭駴澥買擺矮毐藹靄醢娭亥乃待紿怠彩宰采寀綵茝灑洒

　　　五害○害瀣齂○棄慨嘅溉欬扢○蓋壒囟解戒誡介界芥屆廨玠价疥骱懈邂械繲魪犗○愛艾曖礙闄隘靄藹餲靉僾噫喝餲詿欬唉○帶戴代岱袋黛玳瑇逮貸蹛襶待埭蹛蒂○態太泰汰忲○奈賴耐瀨癩糲鼐賚蘱睞棶籟○外壞怪快嘬塊噲膾旝刽儈薈澮儈夬○敗拜派粺稗憊鞴○債砦瘵瘥嘬○曬鎩殺蔡菜在載縡再寨賽塞儩帥○邁勱賣

　　　十邪（舊與摩通）○邪斜奢賒蛇賊截絕或活畫遮爺爹嗟罝茄

　　　十寫（舊與麼通）○寫○且○姐○苴○捨○惹○者○也○野冶○赭○社○惹①

　　　十謝○謝卸榭○射麝赦貰○舍借藉○這鷓跱蔗夜柘

　　孩海害韻，"五孩"下轄 13 個字組，"五海"下僅轄 1 個字組，"五害"下轄 12 個字組。按照平上去相配的原則，下轄字組數量理論上不該有這麼大差別，而且"五海"下轄字的聲母差異也很大，我們認爲"五海"下轄字組不是同音字組。

　　邪寫謝韻，"丨邪"下轄字爲 1 個字組，"十寫"和"十謝"下轄字組分別爲 12 個和 4 個，同理可推"十邪"下轄字組也不是同音字組。那麼郝敬把他們排在一個字組的理由只能是同韻。《五聲譜》中一個韻

---

　　①　"惹"出現兩次。

下轄一個字組的情況僅此兩例。

外證法，即利用中古來源和今京山方言讀音等判斷是否爲同音字組。其中《廣韻》《集韻》未收的字不作爲判斷其是否爲同音字組的依據。

我們歸納了四種條例作爲判斷是否爲同音字組的依據。以下條例有一個前提條件：同一個韻中不同字組讀音不同。

條例一：設A字組中含a、b、c、d等字，如果A字組中a、b字中古聲母來源相同，則a、b字同音。也就是説，如果A字組中任意兩字中古聲母來源相同，則A字組爲同音字組（如果A字組下轄僅一字也是同音字組）；

條例二：同一字組的字，中古聲母來源不同而今京山方言聲母讀音相同的，也推測其爲同音字組；

條例三：如果A字組中a、b等字中古聲母來源不同于A字組中c、d等字，而與本韻B字組中e、f等字（a、b和e、f今韻母讀音相同）聲母來源相同，且該聲母字主要集中于B字組中e、f等字[①]，那麼推測a、b與c、d等字當同音；

條例四：如果A字組中a、b等字的今讀聲母不同于c、d等字，且a、b等字的今讀聲母主要出現于本韻A字組中，則推測A字組爲不同音字組。

運用以上四種條例分析宮聲十二韻下"一同"中25個字組是否同音情況如下：

第1字組（據條例三）：第1和第2字組爲"○同童僮瞳朣曈彤侗術桐銅峒潼筒罿橦○通東冬涷夆"。第1字組中"侗"爲透母，其它字爲定母，"侗"和第2字組中"通"中古來源完全相同，而分屬不同字

---

① 以"一同"爲例，透母字僅出現兩次，分屬于第一和第二字組，第一字組中透母字佔1/16，第二字組中透母字佔1/5，則我們認爲透母字主要存在第二字組中。

組，則此二字當時不同音。根據語音歷時演變來推測，極爲可能聲調不同。此外，"恫"很可能因聲符而誤讀爲"同"。所以推斷第1字組爲同音字組。

第2字組（據條例四）：第2字組爲"○通東冬涷藃"，其中"通"今讀爲 tʰ，"東冬涷"今讀爲 t，今讀爲 tʰ 的主要見於本韻該字組[1]，所以推斷第2字組爲不同音字組。

第3字組（據條例一和條例二）：第3字組爲"○龍瓏籠聾礱矓朧嚨櫳隆窿癃來農濃穠醲膿儂泥"[2]，據條例一，"龍瓏籠聾礱矓朧嚨櫳隆窿癃"同音，"農濃穠醲膿儂"同音；今"龍""農""隆"同音，據條例二，第3字組爲同音字組。

第4、5、6、9、11、13、17、18、20、21、22、23、24、25字組（據條例一）：同音字組。

第7字組（據條例一和條例二）：第7字組爲"○窮邛笻跫蛩筇群穹溪"，據條例一，"窮邛笻跫蛩筇"同音；"穹"爲溪母，其它字爲群母，"穹"今讀同"窮"。據條例二，"穹"與該字組其它字同音。所以第7字組爲同音字組。

第8字組（據條例一和條例二）：第8字組爲"○充珫罿衝罿憧昌忡徹沖种翀穜澄春書"，據條例一，"充珫罿衝罿憧"同音，"沖种翀穜"同音；據條例二，今"充""忡""沖""春"同音；所以第8字組爲同音字組。

第10字組（據條例一和條例二）：第10字組爲"○中忠衷知鍾鐘終螽章"，爲同音字組，理由同3、7、8字組。

第12字組（據條例一、條例二和條例三）：第12字組和第13字組爲"○風楓封葑非豐灃酆灃鋒蠭峰烽敷渢奉○逢縫馮奉"，根據條例

---

① 上文已推測"恫"當讀如"同"字組中其它字音。
② 爲標記聲韻類別的方便，字組內部次序有變動。下同。

一，"風楓封葑"同音，"豐灃酆灃鋒螽峰烽"同音；根據條例二，今"風""豐"同音，所以"風楓封葑豐灃酆灃鋒螽峰烽"同音；根據條例三，"渢"與"逢縫馮"聲母來源相同，第 12 字組爲同音字組。

第 14 字組（據條例一和條例三）：第 14 字組爲"○紅虹訌鴻洪宏閎竑紘弘鞃黌匣泓影鋐曉"，第 24 和 25 字組爲"○翁螉影○烘轟薨曉"。根據條例一，"紅虹訌鴻洪宏閎竑紘弘鞃黌"同音；根據條例三，"泓""鋐"與"紅虹訌鴻洪宏閎竑紘弘鞃黌"同音。所以第 14 字組爲同音字組。

第 15 字組（據條例一和條例三）：第 15、16 字組爲"○宗蹤猣夊稯蓯緵鬷椶駿夒鬷精琮淙潨賨從○從叢從崇崇"，根據條例一，"宗蹤猣夊稯蓯緵鬷椶駿夒鬷"同音，"琮淙潨賨"同音，根據條例三，"琮淙潨賨"與"宗蹤猣夊稯蓯緵鬷椶駿夒鬷"同音，第 15 字組爲同音字組。

第 16 字組（據條例二）：爲同音字組。

第 19 字組（據條例一和條例二）：第 19 字組爲"○容蓉庸墉鏞鄘傭溶鎔鱅融肜以慵禪"，根據條例一，"容蓉庸墉鏞鄘傭溶鎔鱅融肜"同音；根據條例二，"慵"和"容蓉庸墉鏞鄘傭溶鎔鱅融肜"同音，所以第 19 字組爲同音字組。

用以上四種條例仍無法確認其是否爲同音字組的，另作處理。如："十二求"第 17 字組"浮罦蜉涪枹罘桴奉紑敷"：從中古音韻來源來看，"紑"與"浮罦蜉涪枹罘桴"有別；就目前調查[①]而言，京山方言不用"紑"字；本韻敷母字僅出現于此字組，且僅此一字。

又如"二齒"第 7 字組"喜曉徯匣"：從中古音韻來源來看，"徯"與"喜"有別；就目前調查而言，京山方言不用"徯"字；本韻匣母字僅出現于此字組，且僅此一字。

又如"十一絳"第 14 字組"讓日釀泥"：以上四種條例的前提條件

---

① 由于時間和精力的限制，調查可能存在疏漏之處。

是，不同字組之間一定不同音，所以"釀"當不同于本韻第 2 字組"量諒緉亮"，而今"釀""量諒緉亮"同音，"讓""釀"聲韻均不同。如果讓＝釀≠量諒緉亮，與今方言不符；如果讓≠釀≠量諒緉亮，泥來有別，與整個格局和今方言不合；如果讓≠釀＝量諒緉亮，則 A 字組與 B 字組中的某些字同音，與體例不合。以上究竟哪種情況爲當時的語音實際尚難確定。

　　從以上分析可知，條例一和條例二僅取決于本字組讀音，條例三和條例四則取決于本字組與其它字組讀音的對比關係和對全局的考慮。這裏把運用條例一或條例二分析得出的同音字組記爲"同音字組 A 類"，把運用條例三或條例四分析得出的同音字組和不同音字組分別記爲"同音字組 B 類"和"不同音字組 B 類"。显然其中 A 類可靠程度當高于 B 類。運用以上條例尚難判斷的，單列爲一類。那么"一同"下各字組讀音情況爲：總數：25；同音字組 A 類：19，同音字組 B 類：5，不同音字組 B 類：1。

　　依以上條例，統計各韻字組（"羽聲十二"下無下轄字，未列）情況如下（五海和十邪也列入"不同音字組 B 類"）：

表 2.2　《五聲譜》各字組同音情況統計

	韻目	字組總數	同音字組 A 類	同音字組 B 類	不同音字組 B 類	不確定
宮聲｜二	一同	25	19	5	1	0
	二遲	22	12	4	6	0
	三危	16	7	3	6	0
	四虞	19	9	2	8	0
	五孩	13	7	0	6	0
	六沈	44	23	10	11	0
	七田	43	14	6	23	0

續表

	韻目	字組總數	同音字組A類	同音字組B類	不同音字組B類	不確定
宮聲十二	八調	24	10	2	12	0
	九摩	18	9	0	9	0
	十邪	1	0	0	1	0
	十一彊	29	12	4	13	0
	十二求	19	11	0	7	1
商聲十二	一統	7	3	1	3	0
	二齒	14	5	1	7	1
	三偉	12	8	3	1	0
	四語	16	8	0	8	0
	五海	1	0	0	1	0
	六逞	23	10	1	12	0
	七忝	31	8	2	21	0
	八宛	18	5	1	12	0
	九麽	12	5	0	7	0
	十寫	12	12	0	0	0
	十一襀	20	10	1	9	0
	十二臼	14	6	0	8	0
角聲十二	一洞	10	8	0	2	0
	二繹	13	2	7	4	0
	三魏	15	6	6	3	0
	四遇	16	11	0	5	0
	五害	12	5	3	4	0
	六趍	25	11	5	9	0

續表

	韻目	字組 總數	同音字組 A 類	同音字組 B 類	不同音字組 B 類	不確定
角聲十二	七篁	41	23	4	14	0
	八眺	17	8	1	8	0
	九磨	13	5	0	8	0
	十謝	4	2	0	2	0
	十一絳	19	10	3	4	2
	十二舊	13	7	0	6	0
徵聲十二	一篤	9	1	3	5	0
	二徹	29	11	7	11	0
	三虢	0	0	0	0	0
	四月	0	0	0	0	0
	五黑	0	0	0	0	0
	六質	14	5	6	3	0
	七鐵	0	0	0	0	0
	八滌	0	0	0	0	0
	九末	18	5	4	9	0
	十襪	0	0	0	0	0
	十一甲	11	2	1	8	0
	十二屈	13	4	4	5	0
總計		745	339	100	302	4

2.1.4.2 研究音類的方法

字組和字組之間的對立能給研究《五聲譜》的聲韻調特點提供一定的綫索,我們盡量從中窺探《讀書通》所記語音特徵。楊耐思《中原音韻音系》(1981:29)中使用的方法有一定的借鑒意義。"第一步求出各個韻部應有的韻類^①數；第二步把各個韻部的小韻分別歸到各個韻類之下；第三步構擬出這些韻類的具體音值。""周氏的韻譜分爲十九個韻部，已然劃出了韻母的大類，剩下的問題就是每一個大類之中，究竟有多少個小類，即多少個韻類。韻譜又以'每空是一音'的原則劃清了小韻的界限。按照這個原則來看韻譜，除了在校勘中發現個別小韻屬于劃錯了的以外，同小韻的字必同音，不同小韻的字彼此必不同音。這種不同音不外乎下列三種情形：（1）聲母同，韻母不同；（2）韻母同，聲母不同；（3）聲母、韻母都不同。因此，同一個韻部同調類的各個小韻，如果聲母相同的，其韻母必不同。反之，韻母相同的，其聲母必不同。"《中原音韻》各字組完全同音，這是《五聲譜》無法比擬的，但是二書總的原則相同：不同字組讀音當是不同的。

這裏必須明確的是：同一字組內的字未必同音；不同字組內的字一定不同音；郝敬重視韻和調的差異而不重視聲的差異。因此，研究方法的核心就是根據字組與字組之間的對立來推求音類。

如果存在對立且符合漢語語音格局，又能從音理上加以解釋，則二者分立。如"體透薺"和"底端薺"分屬兩個字組，再對照現代方言，它們之間的區別就只能是送氣與不送氣的對立了。

如果某字組所收字在韻書中從未表現出任何對立現象（個別字的對立現象可能另有原因，不能作爲對立的依據），總是在同一個字組中同時出現，從現代方言來看也是混同的，那麼只能相信它們當時也是同音的。

但是，字組間的對立只能提供一些重要的綫索，要對《五聲譜》的語音特徵作較爲透徹的分析，僅僅尋找字組間的對立是遠遠不夠的。有的具體問題，如見精組細音從不排在一個字組中，就有幾種可能：見精組均未顎化；其中一方發生了顎化。這就需要在梳理武天地區語音史，

---

① 楊耐思原注：韻類指平上去或平上去入相承的一類韻母。

參照和比較官話方言及周邊方言的歷史語音特點，綜合考慮各種因素以後才能作出較爲可靠的推測。

　　既然現代方言、相關通語史和方言史研究成果都是研究《五聲譜》的依據，那么，我們的研究擬采取如下步驟：

　　（1）根據《五聲譜》中系統性的對立現象整理其音類系統；

　　（2）對照今京山方言構擬其音系；

　　（3）歸納聲韻調特點並與當時官話音進行比較，以確定其語音性質。

2.2　《讀書通·五聲譜》的聲韻調

2.2.1　《讀書通·五聲譜》的聲類

　　我們以中古四十一個聲類爲參照來討論《讀書通·五聲譜》的聲母特點。其中依三十六字母區別輕重唇音，不區別泥、娘母。即：

　　重唇：幫滂並明；

　　輕唇：非敷奉微；

　　舌頭：端透定泥（娘）來；

　　舌上：知徹澄；

　　齒頭：精清從心邪；

　　正齒：莊初崇生，章昌船書禪日；

　　牙音：見溪群疑；

　　喉音：影曉匣云以。

　　下面對聲母相關問題分別進行討論。

　　1. 全濁聲母字的讀音

　　漢語官話方言普遍經歷了濁音清化的發展過程。錢曾怡指出，當前學界大體認可的官話方言的特點有：古全濁聲母今讀清音，平聲送氣，仄聲不送氣；古清聲母平聲字讀爲陰平，古濁聲母平聲字讀爲陽平；全濁上聲讀爲去聲，去聲不分陰陽（侯精一，2002：11）。考慮到《五聲譜》編排的特點，我們認爲：

平聲字不便于觀察全濁聲母是否發生清化。總體看來，今西南官話全濁聲母已清化，一般全濁聲母平聲字清化後讀陽平，與清聲母平聲字依然不同音。

上聲字也不便于觀察全濁聲母是否發生清化。今西南官話中古全濁上聲字已變讀爲去聲，所以從上聲字中也看不出全濁音是否清化。

從去聲字中也許能看出《五聲譜》全濁聲母清化的一些迹象。首先，無全濁和清聲母去聲字對立的字組；其次，今京山方言讀音完全相同的古全濁和清聲母字排在一個字組極爲普遍。寧忌浮（2005：9—11）僅列四組去聲字"動＝洞、旱＝漢、但＝旦、善＝扇"來論證全濁聲母清化，較爲簡略。中古十個全濁聲母與同部位清聲母字總是在同一字組中出現，考察角聲十二韻：

（1）群母字和清聲母字同現的字組有 12 個，如：

二稽："忌悸群季寄計繼髻記既懷驥薊見"屬一個字組；

四遇："懼遽具群踞句倨鋸屨拘據見"屬一個字組。

（2）定母字和清聲母字同現的字組有 12 個，如：

二稽："地褅弟娣第遞遰締定帝諦蒂蟷端"屬一個字組；

三魏："憝隊兌定對端"屬一個字組。

（3）澄母字和清聲母字同現的字組有 13 個，如：

三魏："墜縋澄綴餟畷知"屬一個字組；

四遇："柱住澄駐知"屬一個字組。

（4）並母字和清聲母字同現的字組有 13 個，如：

三魏："焙倍並菶幫"屬一個字組；

三魏："備糒犕鞴被避並蔽庇幫"屬一個字組。

（5）奉母字和清聲母字同現的字組有 6 個，如：

四遇："附跗鮒袝坿駙賻奉付賦富樹跗非副訃仆赴敷"屬一個字組；

六趄："憤奉奮債糞非忿噴敷"屬一個字組。

（6）從母字和清聲母字同現的字組有 18 個，如：

三魏："蕞罪從醉最精"屬一個字組；

五害："在從再精"屬一個字組。

（7）船、禪母字和清聲母字同現的字組有 9 個，如：

二稦："示謚船侍蒔噬筮逝誓視嗜是禪弒試世勢貰書"屬一個字組；

十二舊："售授壽禪獸狩首書"屬一個字組。

（8）匣母字和清聲母字同現的字組有 24 個，如：

三魏："會匯惠慧蕙繢繪匣誨晦喙曉"屬一個字組；

六趄："幸匣霽興譻曉"屬一個字組。

（9）邪母字和清聲母字同現的字組有 8 個，如：

一洞："誦頌訟邪宋送心"屬一個字組；

二稦："嗣寺飤邪四泗騆肆柶心"屬一個字組。

以上這些字（除去今京山方言不用的生僻字）今京山方言均同音，讀爲不送氣。此外，徵聲十二韻中的全濁聲母字也總是和清聲母字在一個字組中出現，與去聲字格局相同。因此，我們推測《五聲譜》全濁聲母清化，規律大體爲：全濁平聲讀爲送氣，全濁仄聲讀爲不送氣。

今京山及周邊地區方言全濁聲母清化現象與《五聲譜》所列現象是一致的。

2. 全清和次清聲母對立

全清和次清聲母存在對立在現代漢語語音系統中普遍存在，但郝敬常把同部位的全清、次清聲母字排在一個字組中，這裏有必要提出來討論一下。幫滂、非敷、端透、知徹、精清、莊初、章昌、見溪都有出現在一個字組中的情況。

（1）幫滂

幫母和滂母在 32 個字組中同時出現，如：

四虞："鋪痡㳛餔逋晡幫"屬一個字組；

七田："篇偏翩㳛編鞭鯿邊幫"屬一個字組。

（2）非敷

非母和敷母在 15 個字組中同時出現，如：

一同："風楓封葑非豐灃鄷灃鋒蠭峰烽敷"屬一個字組；

三危："非飛緋扉非妃霏敷"屬一個字組。

（3）端透

端母和透母在 33 個字組中同時出現，如：

一同："東涷冬端通透"屬一個字組；

二遲："低隄端梯透"屬一個字組。

（4）知徹

知母和徹母在 18 個字組中同時出現，如：

十二臼："肘知丑徹"屬一個字組；

六沈："屯窀迍知椿徹"屬一個字組。

（5）精清

精母和清母在 39 個字組中同時出現，如：

五害："再精蔡菜清"屬一個字組；

七簟："鑽精竄爨清"屬一個字組。

（6）莊初

莊母和初母在 23 個字組中同時出現，如：

十一彊："妝裝莊瘡創窗初"屬一個字組；

十二求："鄒騶莊菆初初"屬一個字組。

（7）章昌

章母和昌母在 20 個字組中同時出現，如：

四遇："注鑄章處昌"屬一個字組；

六沈："肫章春昌"屬一個字組。

（8）見溪

見母和溪母在 57 個字組中同時出現，如：

五害："怪夬見快噲蒯塊溪"屬一個字組；

七簋："絹眷見勸券溪"屬一個字組。

這並不表示當時京山方言同部位的全清和次清聲母之間沒有區別。我們發現，郝敬也經常將中古韻、等、呼完全相同，僅聲母存在全清和次清之別的字分別排在不同字組。全清和次清的對立當是對這種情況最好的解釋。

（1）幫滂有別

九麼："跛簸幫果"和"頗叵滂果"分屬兩個字組；

三魏："貝幫泰"和"霈滂泰"分屬兩個字組。

（2）非敷無對立字組出現。

（3）端透有別

五害："帶端泰戴襶端代"和"太泰汰忲透泰態透代"分屬兩個字組；

七田："巔顛端先"和"天透先"分屬兩個字組。

（4）知徹有別

十一絳："帳脹知漾"和"暢閶悵韔徹漾"分屬兩個字組；

一同："中忠衷知東"和"仲徹東"分屬兩個字組。

（5）精清有別

一同："㚈稯葼緵鬃椶駿䝋鬷精東"和"蔥聰驄怱清東"分屬兩個字組；

六質："唧堲精質"和"七漆清質"分屬兩個字組。

（6）莊初有別

九摩："柤莊麻"和"叉杈差初麻"分屬兩個字組；

二徹："側莊職責簀幘莊麥"和"惻測初職策初麥"分屬兩個字組。

（7）章昌有別

十一疆："障瘴嶂章漾"和"唱倡昌漾"分屬兩個字組；

一同："鍾鐘章鍾"和"艟衝憧昌鍾"分屬兩個字組。

（8）見溪有别

四虞："居琚車裾見魚拘駒俱觓見虞"和"袪墟溪魚區驅嶇軀溪虞"分屬兩個字組；

一同："公功攻工見東"和"空箜悾崆溪東"分屬兩個字組。

今京山及周邊地區方言都存在全清和次清聲母的對立，表現爲聲母送氣與否的區別，與以上現象十分一致。當然，以上諸多混排現象也不排除這種可能：儘管存在全清和次清的對立，或許還存在部分全清和次清字混同現象。這裏限于材料的關係，暫無較好的方法將它們一一區分開來。

3. 舌齒音的分合關係

《五聲譜》中，舌齒音精、莊、知、章組出現了分化與合流現象。知、章組無對立，與精組形成對立。莊組大部分與精組混同，小部分與知、章組混同。

（1）知、章組無任何對立，總出現在同一字組中。

知、章母在26個字組中同時出現，無對立現象，如：

一同："中忠衷知鍾鐘終螽章"；

二遲："支枝巵梔肢榰芝之衹脂章知胝知"。

徹、昌母在22個字組中同時出現，無對立現象，如：

一同："忡徹充珫艟衝憧昌"；

二遲："絺瓻螭摛魑笞癡徹蚩嗤媸鴟昌"。

澄、禪母在9個字組中同時出現，無對立現象，如：

六沈："沈呈裎程醒陳塵懲澄澄成城誠臣承丞諶禪"；

七田："纏廛躔澄禪蟬嬋禪"。

知、章組當已合流。

（2）知、章組和精組對立。

精母和知、章母對立，如：

二遲："孜孳滋嵫資咨姿粢齎觜訾眥觜精"和"支枝巵梔肢榰芝之衹

脂章知脈知"分屬兩個字組；

十二求："租撖陬精"和"周州洲舟矖週輖章俯輈知"分屬兩個字組。

清母和徹、昌母對立，如：

一同："蔥聰驄忽清"和"仲徹充玩撞衝憧昌"分屬兩個字組；

八調："此泚清"和"恥徹齒侈昌"分屬兩個字組。

從母和澄母對立，如：

二遲："慈鶿從"和"遲墀坻蚳持馳池篪褫澄"分屬兩個字組；

三巍："蕞罪從"和"墜縋澄"分屬兩個字組。

心、邪母和書、船、禪母對立，如：

二遲："斯廝思罳緦絲司偲私心"和"詩尸屍鳲著施書"分屬兩個字組；

二稊："伺笥四泗駟肆柶心嗣寺邪"和"弒試世勢貰書侍蒔噬筮逝誓視嗜是禪示謚船"分屬兩個字組。

（3）莊組與精、知章組的關係。

甯忌浮（2005：9—11）認爲莊組讀同精組，且以"崇＝從、師＝思、生＝森、爭＝增、潺＝殘、鄒＝租、搜＝蘇、責＝則、棧＝暫"九組字爲證。

下面窮盡考察宮聲十二韻中莊組字的排列情況。

一同："從叢從崇崇"；

二遲："師獅生斯廝思罳緦絲司偲私心"；"淄錙緇菑莊孜孳滋嵫資咨姿粢齏貲眥觜精"；

二危："衰初催縗崔清"；

四虞："菹莊疽覷趄雎蛆砠趨清徂從諏且精"；

五孩："才材裁財纔從"和"柴祡儕豺崇"分屬兩個字組；

六沈："生笙牲甥森參墋生僧孫猻蓀飧心"；"爭臻蓁榛莊崢崇尊曾增憎繒遵精繒嶒從"；

七田："山潸刪芟生"和"杉衫生三珊心"分屬兩個字組；"讒欃鑱巉㜽鑱嶄潺孱崇殘嶄鹺從"；

八調："鈔初超徹弨昌"；"梢筲弰生燒書"；"巢轈崇曹漕嘈槽螬從"；

九摩："租莊㱡托知"；"叉杈差初沙紗裟鯊生車昌扠徹"；"鬃莊撾知"；

十邪：無莊組字；

十一彊："莊妝裝莊瘡創窗初牀崇霜孀鶬驦驦雙生樁知幢撞澄"；

十二求："鄒鶵莊初初鋤愁崇疎疏蔬搜廋蒐生租撖啾精蘇酥心"。

以上所列平聲十二韻中，一同、二遲、三危、四虞、六沈、十二求中的莊組字都和精組字在一個字組；五孩中的莊組字和精組字對立；七田中的莊組字和精組字在一個字組，又和精組及部分莊組字對立，表明莊組字讀音有兩分的格局；八調中的莊組字部分和精組字在一個字組，部分和知章組字在一個字組；九摩、十一彊中的莊組字都和知章組字在一個字組；十邪中莊組字未出現。

可見莊組字與精組字同時出現在一個字組中的幾率高于與知、章組字在一個字組中的幾率，且無莊組同時和精、知章組存在對立的現象。

今京山話中片和南片均不分平翹舌，僅北片平翹舌有別[1]。同屬武天片的周邊地區如武漢、漢川、天門、仙桃、洪湖等地均不分平翹舌。在區分平翹舌的西南官話（如大庸、西昌、鍾祥、自貢、昆明）裏，莊組字的平翹舌的分別與普通話不一樣，鍾祥、自貢、昆明的崇母平聲字讀平舌的比大庸、西昌多（李霞，2004：22）。《五聲譜》中莊組字讀音的複雜性與今區分平翹舌的西南官話中的現象是暗合的。

可見，《五聲譜》莊組字大部分和精組合流，小部分和知章組合流，至于其合流的規律，暫且存疑。

---

[1] 參湖北省京山縣志編纂委員會編《京山縣志》（1990：653），湖北人民出版社。

4. 精組和見、曉組細音聲母

精組指精、清、從、心、邪五母，見、曉組指見、溪、群、曉、匣五母。疑母另外討論。統計宮聲十二韻見、精組細音對立情況如下：

二遲：

"稽雞畿機璣饑犧磯嘰笄畸飢肌基羈羇稘箕見"和"齋躋精"分屬兩個字組；

"谿欺溪"和"妻萋淒悽凄清"分屬兩個字組；

"奇其期旂頎祺旗麒騏綦蘄岐祁祈祇耆淇騎群"和"齊薺臍蠐從"分屬兩個字組；

"犧義嬉嘻譆熹曦僖禧希稀豨晞睎欷曉"和"棲西犀心"分屬兩個字組。

四虞：

"居琚車裾拘駒俱斄見"和"諏且精"分屬兩個字組；

"區驅嶇軀祛袪墟溪"和"趄雎蛆砠趨清"分屬兩個字組；

"吁訏煦盱虛噓歔曉"和"諝胥需鬚須心"分屬兩個字組。

六沈：

"今斤兢矜京荆巾驚筋經涇到禁襟衿見"和"精菁睛晶旌津褑精"分屬兩個字組；

"輕卿欽嵌溪"和"青清親鯖侵駸清"分屬兩個字組；

"懃芹檠擎擒禽群"和"晴情秦從"分屬兩個字組；

"歆欣興馨昕訢曉"和"新薪辛駪星心腥醒惺心"分屬兩個字組。

七田：

"箋濺尖漸煎殲精"和"間監見"分屬兩個字組；

"牽謙騫溪"和"韆阡芊清"分屬兩個字組；

"箝鉗乾虔群"和"前錢潛從"分屬兩個字組；

"權拳顴鬈群"和"全牷從"分屬兩個字組；

"軒掀曉"和"先仙鮮躚心"分屬兩個字組；

"諼喧萱暄曉"和"宣心"分屬兩個字組；

"懸匣"和"旋璿涎邪"分屬兩個字組。

八調：

"交郊茭膠嘹蛟驕嬌澆見"和"焦燋蕉椒鷦精"分屬兩個字組；

"僑蹻群"和"憔譙樵從"分屬兩個字組；

"枵歊囂哮曉"和"蕭簫瀟宵消銷逍霄綃哨心"分屬兩個字組。

十一彊：

"姜疆韁僵薑見"和"將漿精"分屬兩個字組；

"匡筐劻眶腔溪"和"蹡鏘戕斨槍蹌清"分屬兩個字組；

"香鄉薌䅈曉"和"相襄湘緗驤廂箱心"分屬兩個字組。

十二舊：

"鳩樛見"和"啾揫精"分屬兩個字組；

"丘溪"和"秋鶖楸鰍鞦清"分屬兩個字組；

"求球絿述裘毬賕厹仇芁俅觩虯群"和"酋從"分屬兩個字組；

"休咻貅髹曉"和"脩修滫羞心"分屬兩個字組。

《五聲譜》中見、精組細音當分立，其出現在同一個字組的現象僅見于十邪和五海，前文已指出，這兩個韻較爲特殊，均僅下轄一個字組。不能作爲見、精組混同的依據。

今京山方言見、精組細音已混同。

5. 幫組聲母和非組聲母

（1）幫組聲母

幫組聲母包括中古的幫、滂、並、明四個聲母。並母已清化，幫、滂、明母均各自與其它聲母存在對立關係，是三個獨立的聲母。如：

一同："蒙濛朦矇艨饛幪曚盲萌甍瞢明"和"蓬芃篷朋鵬並"分屬兩個字組；

九麼："跛簸幫"和"頗叵滂"分屬兩個字組。

（2）非組聲母

非組聲母包括非、敷、奉、微四個聲母，這裏僅討論非、敷、奉母的關係，微母另外單獨討論。

由于全濁平聲字讀爲陽平，全濁上聲字讀爲去聲是近代官話語音發展的一般規律，所以宮聲十二韻和商聲十二韻都不便于觀察非、敷、奉母的關係，考察角聲十二韻中非、敷、奉母字之間的關係，發現非、敷、奉母字在各韻中均無對立現象：

一洞："奉鳳縫奉諷非賵敷"在一個字組；

三魏："廢芾非癈翡扉狒吠奉肺柿胏敷"在一個字組；

四遇："附駙鮒袝坿駙賻父奉付賦傅富柎跗非訃仆赴副敷"在一個字組；

六趍："忿敷憤分奉奮僨糞非"在一個字組；

七簜："梵颿帆飯奉泛敷販非"在一個字組；

十一絳："放舫非訪敷"在一個字組。

可見非、敷、奉母字總是出現在一個字組中，從未出現任何對立，非、敷、奉母已無區別。

6. 端組聲母

端組聲母包括中古的端、透、定、泥、來五母，這裏只討論端、透、定三母的關係，泥、來母另外單獨討論。

定母已清化，端、透母存在對立關係，是兩個獨立的聲母。如：

七田："巓顛端"和"天添透"分屬兩個字組；

七田："單丹殫鄲簞端"和"灘攤透"分屬兩個字組。

7. 其它聲母的分合

（1）泥、來母的分合

寧忌浮（2005：9—11）列"農＝龍、梨＝泥、陵＝寧、连＝年、勞＝猱、良＝娘、婁＝奴、列＝聶、魯＝弩、立＝匿、斂＝念"共11組字論述泥來不分。我們統計發現，泥、來母在36個字組中同時出現，從未出現對立現象，從不因聲母不同而排列在不同字組。列宮聲十二韻的所有泥、來母字組如下：

一同："農膿儂濃穠醲泥龍瓏籠聾礱朧嚨櫳曨隆窿癃來"；

二遲："尼怩泥黌泥離籬鸝儷驪欏醨麗漓璃禰棃藜鳌氂貍嫠搿棃犂鯬藜來"；

三危："雷儡羸來"；

四虞："閭廬蘆臚梱臚鱸纑來挐泥"；

五孩："來萊狹駃來"；

六沈："能泥倫論掄輪淪崙綸楞來"；

"寧泥陵菱綾棱伶笭苓聆鈴零蛉靈齡檷醽翎鴒囹臨霖林淋鄰麟鱗粼轔嶙來"；

七田："年鮎拈泥連聯漣蓮憐廉帘簾鎌攣來"；

"難南男楠喃諵泥嵐婪藍籃襤欄闌蘭瀾斕來"；

"鸞鑾孿攣欒來"；

八調："聊寮遼瞭嘹撩鷯寥漻膋敹燎來"；

"勞牢醪撈澇來猇猱泥"；

九摩："羅蘿贏覼來那儺泥"；"挐泥"；

十邪：無泥來母字組；

十一彊："良量梁涼粱糧來娘泥"；

"囊泥筤郎廊榔瑯銀狼稂踉蜋來"；

十二求："劉旒瀏榴驑鏐遛飀鶹來留泥"；

"奴駑挐笯笯泥婁樓摟螻膢獳窶髏瓔鏤盧蘆爐鱸壚轤鑪櫨來"。

其中需要指出的是，九摩"羅"字組和"挐"字組主要元音不同，不在于泥來母的對立（詳見下文分析）。可見泥來母字組無任何對立，它們當已混同。

今京山話不分泥、來母，都讀爲 [n]；同屬武天片的漢口、漢川、天門、仙桃、洪湖等地都是泥、來不分。

（2）日母字是否獨立存在

考察宮聲十二韻發現，日母字常常獨立爲一個字組，即與其它聲母字均存在對立：

一同："戎茸日"爲一個字組；

二遲："兒而鮞栭腝肜鴯隃日"爲一個字組；

六沈："人仁任妊紝仍壬雟日"爲一個字組；

九摩："呢日"爲一個字組；

十一彊："瀼穰襀攘瓤日"爲一個字組。

因此，日母字是獨立存在的，今京山話日母也如此。

（3）疑、影、喻母的關係

寧忌浮（2005：9—11）指出，"疑喻影合併，讀零聲母。如：銀＝盈、岸＝暗"。

由于聲母清濁影響聲調分化，而郝敬把陰平、陽平字都排在宮聲十二韻中，不便于觀察疑、影、喻母的關係，所以，我們以商聲十二韻爲例觀察它們之間的關係：

一統："勇涌俑踴溿甬以攤影"在一個字組；

二齒："矣云以苢地以蟻螘艤齮錡儗擬舂疑扆俒倚影"屬一個字組；

三偉："偉葦韡趘鮪洧痏蘴蔿云壝以委螘軌影"屬一個字組；

四語："語圄圉禦敔篽齬鋙疑與予愈庾瘐敔以羽雨宇禹云"屬一個字組；"五伍午仵疑塢影"屬一個字組；

五海：下轄一個字組，不足爲據；

六逞："永隕殞霣拉云尹允狁以惲蘊韞影"屬一個字組；"癭隱影飲癭影樗郢引蚓靷螾穎穎以"屬一個字組；

七忝："眼疑曮魘黤黭影"屬一個字組；"蠍酛釥儼疑偃鰋鼴蝘掩渰奄掩影琰灝衍演兗以"在一個字組；"阮疑遠云苑菀影"屬一個字組；

八宛："襖媼懊影"屬一個字組；"杳窈窅袄影齩疑舀以"屬一個字組；

九麼："我疑"屬一個字組；"雅庌疑"和"啞影瓦疑"分屬兩個

字組；

十寫："也以"和"野冶以"分屬兩個字組；

十一襀："仰疑養憹樣以鞅影"屬一個字組；"往云枉影"屬一個字組；

十二曰："有友云西誘莠牖櫌羑卣以黝影"屬一個字組；"偶耦藕疑嘔影"屬一個字組。

可見疑、影、喻母總是出現在一個字組中，除個別字情況不明外，未出現對立[①]，今京山話疑、影、喻母均讀爲零聲母字，與《五聲譜》一致。

（4）微母是否独立存在

寧忌浮（2005：9—11）指出，《五聲譜》有微母，且以"勿≠屋、萬≠腕、問≠愠"爲證。

以宮聲十二韻爲例。宮聲十二韻中有四個韻出現微母字組。如下：

三危："微薇微惟維唯以""危巍疑韋爲圍違闈幃帷云""威葳蝛逶煨偎隈影"分屬三個字組；

四虞："無巫誣蕪微""吾吳梧疑""烏嗚杇汙塢影"分屬三個字組；

六沈："文聞紋蚊微""溫緼氳影"分屬兩個字組；

十一彊："亡忘微芒鋩茫邙明""王云卬昂疑汪影""厖尨哤駹明"分屬三個字組。

其中四虞下"無巫誣蕪微"和六沈下"文聞紋蚊微"是完全獨立的微母字組，即同一字組中不含其它聲母字，充分説明微母字和其它聲母的字都對立，微母當獨立存在。

上文已述，疑、影、喻母已混同，三危中"惟維唯"當讀爲微母

[①]　九麼下"雅庌疑"和"啞影瓦疑"對立，十寫下"也以馬"和"野冶以馬"對立。不知區別何在，暫且存疑。由于僅"雅庌疑"和"啞影瓦疑"對立，所涉及字數太少，且原因不明，不能作爲影疑母對立的依據。

字，不然無法解釋"惟維唯"和"危巍韋爲圍違闈幃帷"的區別。同理可推十一彊中的"芒茫邙"也當讀爲微母。

今京山話無微母，微母讀如影母。同屬武天片的周邊地區如武漢、漢川、天門、仙桃、洪湖等地微母均讀如影母。

2.2.2 《讀書通·五聲譜》的韻類

郝敬將"五聲"配"十二韻"，得六十韻。除去十八個虛擬的，實有韻部四十二個：同統洞、遲齒稊、危偉魏、虞語遇、孩海害、沈逞趁、田忝簟、調窕朓、摩麽磨、邪寫謝、彊襁絳、求臼舊、篤、徹、質、末、甲、屈。

郝敬所擬韻部和中古韻攝之間的對應關係如下（破折號前爲《五聲譜》韻部，破折號後爲中古韻攝）：

同統洞韻——通攝舒聲字及少量曾梗攝字；

遲齒稊韻——止蟹攝開口細音字；

危偉魏韻——止攝合口三等和蟹攝合口一、三、四等，也有少量止蟹攝開口細音字；

虞語遇韻——遇攝，還有少量流攝唇音字；

孩海害韻——蟹攝開口洪音和合口二等字；

沈逞趁韻——臻深曾梗攝舒聲字；

田忝簟韻——山咸攝舒聲字；

調窕朓韻——效攝字；

摩麽磨韻——果攝洪音字和假攝洪音字；

邪寫謝韻——假攝開口三等字及少量山曾攝入聲字；

彊襁絳韻——江宕攝舒聲字；

求臼舊韻——流攝及部分遇攝字；

篤韻——屋沃燭没職韻；

徹韻——職陌麥德櫛末鐸緝薛屑業葉帖月韻；

質韻——昔錫職陌質迄緝韻；

末韻——末鐸藥覺曷合盍屋韻；

甲韻——月乏恰狎黠鎋曷合盍韻；

屈韻——屋沃燭昔錫没物術韻。

郝敬對于《五聲譜》韻的編排是較爲細緻的，筆者將根據同一韻中相同聲母字的對立及現代京山話等來推測韻類。

2.2.2.1　陰聲韻

（1）遲齒稱韻

這一韻系主要是止、蟹攝開口細音字。其中也混入個別止蟹攝合口字，如宫聲二遲中混入的止蟹攝字有："攜畦""胚"。

止、蟹攝開口細音字無任何對立，且常出現在一個字組中，當已混同。以宫聲二遲爲例：

"幾譏機璣饑犄磯嘰畿畸飢肌姬基羈覊朞箕其止開三稽雞秿笄枅卟蟹開四"屬一個字組；

"宜儀疑沂嶷槐懿廖衪匜移夷飴詒貽台黟痍姨彝怡止開三倪鯢蜺輗霓麑鯢蟹開四"屬一個字組；

"犧羲嬉嘻譆熹熙曦傆禧希稀狶晞睎欷止開三奚傒蹊醯兮鼷攜畦蟹開四"屬一個字組；

"尼怩離籬鸝驪罹黎犁蟊醨嫠犛麗漓襹璃止開三儷泥鬶黎鰲藜蟹開四"屬一個字組。

當時舌尖元音當已經產生：第一，"棲西犀心"和"斯廝思總絲司私偲心"分屬兩個字組；第二，遲、齒、稱韻中的今舌尖元音ʅ、ɿ韻母字和舌面元音i韻母字的排列界限分明，舌尖元音字全部在前，i韻母字全部在後。以宫聲二遲爲例：

〇遲墀持馳池篪褫竾坻〇絺螭摛蚩嗤笞治媸癡鴟魑踟瓶〇支枝之知芝卮梔肢榰衹祗脂胝〇師斯廝思罳罳總絲司私獅偲〇兹玆孳滋淄錙緇資咨姿茨粢瓷餈庛胔訾訾觜髭菑齜差齍齏輜嵫雌〇慈辭辤

祠鶿○詩尸屍施鳲蓍○時鰣匙

　　○妻萋淒悽凄棲西犀○齊薺齎齏蠐臍蟜○稽雞幾譏秕機璣饑犧礣嘰畿碕笄枅卟畸飢肌姬基羈羇萁箕其○其期倛奇斿頎祺旗麒騏綦薪岐祁斯祈衹耆淇騎○欹跂蚑鷈崎欺檱○宜儀疑沂嶷橠懿訑廖訑匜移夷飴詒貽台頤遺宦黟岯痍姨彞怡倪齯蜺輗霓鼮鯢○兒而聏鮞栭胹鴯陑○犧義嬉嘻譆咥熹熙曦爔僖禧希稀豨睎睎欷奚傒蹊醯兮鼷攜畦○衣依伊醫咿鷖繄漪○尼怩離籬鸝驪儷罹棃藜鳌斄狸黐嫠剺泥蠵黎犁犛藜麗漓璃褵○締題提荑虒踶鵜綈騠隄低梯稊○皮陂琵枇毗膍紕批鼙鞞脾埤裨疲陴貔羆郫○丕伾胚○彌弭罙

　　前 8 個字組韻母爲舌尖元音，後 11 個字組韻母爲 i 元音。郝敬將它們排在同一韻，可能囿于十二韻，考慮到作詩押韻、歷史來源及語音相似性等。

　　由于知章組和精莊組分立，如 "支枝之芝卮梔肢衹脂章知朓知"、"絺螭摛笞癡魑藬黐蚩嗤孃昌"、"詩尸屍施鳲蓍書" 和 "孜孳滋資咨姿粢眥訾觜髭鼒嵫精淄錙緇菑莊差初雌清"、"師獅生斯廝思緦絲司私偲心" 分屬六個字組，今湖北地區西南官話方言一般表現爲平翹舌的對立，各有相配的韻母。因此我們推測《五聲譜》當有兩類舌尖元音。[ɿ]、[ʅ]、[i] 語音相似，可能郝敬爲了湊成 "五聲十二韻"，將它們放在同一韻，茲參照現代方言將其分離出來 [①]。

　　關于止攝開口三等 "兒" 字組的聲韻情況討論如下。

　　《五聲譜》中止攝日母字組 "兒而聏鮞栭胹鴯陑" 與 "宜儀疑沂嶷橠懿訑廖訑匜移夷飴詒貽台頤遺宦黟岯痍姨彞怡倪齯蜺輗霓鼮鯢" 對立。"宜" 字組主要是疑、云、以母字，當時已讀爲零聲母；今京山乃至整個湖北西南官話武天片方言 "兒而" 都讀爲 ₋ɯ，"宜儀疑移夷遺

姨"讀爲 ₋i，其它字今不常用。所以我們推測《五聲譜》中的止攝日母字組當不讀爲 ₋i。那麼就有這樣幾種可能：聲母不同，韻母相同，即讀爲 zi；聲母相同，韻母近似但有差異，即讀爲 ɯ 或 ɚ 等；聲母不同，韻母近似但有差異，即讀爲 zɯ 或 zɚ 等。下面根據現有的材料推測哪種情況最爲可能。

根據王力先生的觀點，《中原音韻》時代 ʅ、ɿ 已出現。到了 17 世紀（或較早），"兒"等字已經唸 əɹ，所以金尼閣的《西儒耳目資》把它們列入 ul 韻，徐孝的《等韻圖經》也把它們列入影母之下（王力，1980/2004：194）。丁鋒（2008：46）也指出，er[ɚ] 韻母形成首次出現于《等韻圖經》（1606）①。《五聲譜》和《西儒耳目資》《等韻圖經》時代相隔不遠，是否讀音相同呢？我們推斷，如果《五聲譜》日母止攝字讀爲 ɯ 或 ɚ，那么也該像舌尖元音和舌面元音的排列一樣有一定的順序和較爲固定的位置，或排在舌尖元音之前，或排在舌尖元音和舌面元音之間，或排在舌面元音之後。而實際情況是：《五聲譜》日母止攝字總是與舌面元音韻母字爲伍且沒有固定的位置。

所以，《五聲譜》止攝日母字讀爲 zi 是較爲可能的。王力先生（1980/2004：193—194）指出，《中原音韻》中"兒"等字排在支思韻，從 14 世紀到 17 世紀，其語音發展當經歷了 ʅ>ɹe 的過程。從《五聲譜》來看，京山方言"兒"等字是否一定也經歷了 zi>ʅ>ɹe>ɯ 四個階段呢？從目前材料來看，是否經歷了 ʅ 和 ɹe 的階段尚難以確定。

綜上所述，遲齒稱韻當有三個韻類：開口"茲"類、開口"支"類、開口"衣"類。

（2）危偉魏韻

這一韻系主要是止攝合口三等和蟹攝合口一、三、四等字，但也有

---

① 丁鋒原注：《西儒耳目資》"二耳而"等字讀 ul，亦爲零聲母。姜信沆《〈朝鮮館譯語〉的漢字字音特徵》（《語言研究》1994 年增刊）指出《朝鮮館譯語》的朝漢對音中"兒而耳二"等字已反映 [ə] 音化，其現象比《等韻圖經》早一百多年，值得注意。

少量止蟹攝開口細音字。如平聲三危中的止蟹攝開口字有："迷眉楣嵋湄麋徽靡糜糜""悲卑碑神"，這些都是唇音字。

遲齒穉韻和危偉魏韻都來源于止蟹攝字，郝敬將二者分立，一定是差別很大，主要元音不同。這一韻系不存在同聲母的不同字組之間的對立①，當存在一個韻類，我們稱爲合口"危"類。

（3）虞語遇韻

這一韻系主要是遇攝字，同時還有少量流攝唇音字。中古韻中的一、三等字存在對立。如：

宮聲四虞：

"虞愚隅嵎魚漁_{疑遇合三}"和"吾吳梧_{疑遇合一}"分屬兩個字組；

"烏嗚杇塢_{影遇合一}"與"迂紆_{影遇合三}"分屬兩個字組。

比《讀書通》早二百年的《韻略易通》即已居魚、呼模分立，與《五聲譜》同時代的《西儒耳目資》u、y有別。《五聲譜》這一韻部也當存在兩個韻類：洪音"烏"類和細音"虞"類。

（4）孩海害韻

這一韻系爲蟹攝開口洪音和合口二等字。蟹攝開口一二等有別，如：

宮聲五孩：

"垓該荄陔_{見蟹開一}"與"街皆喈階稭_{見蟹開二}"分屬兩個字組；

"崖_{疑蟹開二}挨_{影蟹開二}"和"皚_{疑蟹開一}埃欸_{影蟹開一}"分屬兩個字組；

"溉_{見蟹開一}"和"戒誡介界芥屆廨玠疥_{見蟹開二}"分屬兩個字組。

蟹攝一等開合口有別，如：

宮聲五孩：

---

① 三偉："累饏壘蕾蘽誄磊傫"和"餒鮾餧"分立爲兩組，平聲"三危"和去聲"三魏"中均無這種對立，暫且存疑。

"乖蟹合二"和"街皆喈階稭蟹開二"分屬兩個字組；

"槐懷淮蟹合二"與"骸諧蟹開二"分屬兩個字組。

這一韻部當存在三個韻類：開口一等"垓"類、開口二等"街"類、合口"乖"類。《西儒耳目資》即存在 ai、iai、uai 三個韻母。

（5）調窕眺韻

這一韻系爲效攝字。效攝三四等合流，如：

宮聲八調：

"蕭簫瀟效開四宵消銷逍霄綃哨效開三"屬一個字組；

"叫效開四轎效開三"屬一個字組。

效攝一等與三四等界限分明，二等字或與一等混同或與三四等混同。如：

宮聲八調：

"聊寮遼瞭嘹撩鷯寥漻髎敹效開四燎效開三"爲一個字組；

"勞牢醪撈澇猇猱效開一轑效開二"爲一個字組；

"漂飄嫖飆穮標猋熛鑣臕瀌杓剽效開三麃效開二"爲一個字組；

"包苞胞泡抛匏炮咆跑效開二褒袍效開一"爲一個字組。

結合現代京山方言，當存在兩個韻類：洪音"包"類、細音"標"類。

（6）摩麽磨韻

這一韻系爲果攝洪音字和假攝洪音字。

從排列來看，摩、麽、磨三韻都是果攝字全部在前，假攝字全部在後。以宮聲九摩爲例：

○摩麻魔蟆婆皤鄱磋礒嶓波坡頗○羅蘿那儺贏覼○訛吪囮鵝娥莪俄峨蛾○阿婑痾呵窠訶窩○河禾和何荷苛○歌戈哥鍋渦薖過科柯珂○多爹佗扡拖跎駝鮀沱酡陀迤鼉驒馱○磋搓蹉瑳醝嵯挼蓑娑挱杪莎梭

○加枷迦笳茄伽珈葭猳家嘉佳○哇鼃蛙○咼○奓楂柤杴○車叉

杈扠茶丫差沙紗裟鯊〇鴉牙芽涯衙〇巴芭爬葩琶犯遐霞鰕〇瓜騧蝸
窊洼窪窐哇娃花華譁驊驊誇夸姱〇挐〇搲髽

以上除"麻蟆""伽佳""攞""呢""杔""扠""涯""娃"
等字外，前8個字組主要爲果攝字，後10個字組爲假攝洪音字。當時果
攝和假攝洪音字是否屬于同一韻部呢？

從歷史淵源來看，上古果假不分，邵雍的《聲音唱和圖》中果假攝
作爲一類排在一起；但根據漢語語音史，明代官話果假攝字有別；

從排列上來看，摩麼磨韻中，果、假攝字界限較分明：果攝字都排
在前面，假攝洪音字排在後面；但由于"五聲十二韻"框架所限，極
可能將不同韻的字排在一韻之中；如遲齒稀韻中包含 [ɿ]、[ʯ]、[i] 三個
韻母。

從現代方言來看，今京山及周邊地區假攝洪音與果攝涇渭分明。寧
忌浮也指出，《五聲譜》將歌、戈、麻三韻合併，設摩、麼、磨三韻。
麻韻字只有"麻""馬"二字與戈韻的唇音"摩""麼"相混，其它的
字都與歌、戈韻字無涉。郝敬這裏只是囿于"五聲十二韻"才將它們放
在一起（寧忌浮，2005：9—11）。

因此，當時果攝和假攝洪音字當是分開的，只是承襲傳統及受"五
聲十二韻"的限制才排在一韻之中。前8個字組和後10個字組的主要元
音不同，根據現代京山方言，前者主要元音爲 o，後者主要元音爲 a。

其中歌韻字和戈韻字不存在對立，出現在同一字組中極爲常見，
如：

宮聲九摩：

"訛吪囮迆鵝娥莪俄峨蛾歌"爲一個字組；

"河何荷苛歌禾和戈"爲一個字組。

此韻系果攝洪細音之間不存在對立，當存在一個韻類："摩"類。

此韻系中存在假攝開合口的對立。如：

宮聲九摩：

"加枷迦笳茄珈葭猳家嘉見假開二"和"瓜騧蝸見假合二"分屬兩個字組。

此韻系假攝洪音字當存在兩個韻類：開口洪音"加"類、合口洪音"瓜"類。

（7）邪寫謝韻

這一韻系爲假攝開口三等字及少量山曾攝入聲字，我們推測郝敬考慮到邪、寫、謝韻字讀音與摩韻主要元音差異太大，所以雖屬同攝，却分列兩韻。這大概就是爲什麽他在"九摩"後注明"舊與邪通"，在"十邪"後注明"舊與摩通"的原因。

十邪下轄一個字組，爲假攝開口三等字及少量山曾攝入聲字，還有一個蟹攝字"畫"，不知何故，不利于進行討論。十寫下均爲同音字組，第六個字組"○惹"和第十二字組"○惹"完全相同，重出；第七個字組"○者"和第十個字組"○赭"中古來源完全相同，重出；第八個字組和第九個字組"○野冶"中古來源完全相同，重出；此外無同聲母的不同字組。十謝下也不存在同聲母的不同字組。

綜上所述，這一韻系存在一個韻類：開口細音"邪"類。

（8）求臼舊韻

這一韻系爲流攝字及部分遇攝字。寧忌浮（2005：9—11）也指出，遇攝模韻舌齒音字及魚、虞二韻莊組字併入求韻[1]，他列字不多，我們補證如下。"屠途圖徒都""土吐肚覩""度渡鍍杜兔妒"爲端組合口一等字，"奴駑盧蘆""魯櫓虜努""怒路賂露"爲泥組合口一等字，"租粗蘇酥精組初鋤疏蔬莊組""祖組徂精組楚礎阻詛莊組""數莊組""醋措精組助莊組""素數愫訴塑精組"爲精組合口一等和莊組合口三等，《五聲譜》中都列入求、臼、舊韻，即遇攝字讀爲流攝字。

---

① 詳見寧忌浮《明末湖北京山方言音系——讀郝敬〈讀書通〉》，《語言研究》2005 年第4 期。

流攝一、三等當存在對立。如：

宮聲十二求：

"留劉旒瀏榴驑鏐遛飂鷚_{來流開三}"和"婁樓摟螻膢獀髏_{來流開一}"爲兩個對立的字組。

這一韻系當存在兩個韻類：洪音"婁"類、細音"留"類。

2.2.2.2　陽聲韻

（1）同統洞韻

這一韻系主要是通攝舒聲字，但也混入少量曾梗攝字。如平聲同韻中混入的曾梗攝字有："盲萌甍""肱""朋鵬""宏閎竑紘弘輯泓礐鍧""兄""轟薨"，其它均爲通攝字。通攝合口一三等對立，如：

宮聲一同：

"邕噰壅雝灉廱饔雍癰_{影通合三}"和"翁螉_{影通合一}"分屬兩個字組。

同統洞韻當存在兩個韻類：洪音"翁"類、細音"邕"類。

（2）沈逞趁韻[①]

這一韻系主要是臻深曾梗攝舒聲字，臻深曾梗攝已混同，常在同一字組中同現。如：

宮聲六沈：

"轟梗薨曾"屬一個字組；

"沈琛諶深成城呈裎程酲梗臣陳塵臻承懲丞澄曾"屬一個字組；

"稱偁曾嗔呻臻蟶脛竀梗郴深"屬一個字組；

"征偵貞楨禎梗蒸烝脀徵曾真珍縝甄臻斟箴針碪砧碪深"屬一個字組。

寧忌浮（2005：9—11）也指出，"臻深曾梗四攝舒聲字合并，立沈逞趁三韻。如：更＝根、林＝鄰＝靈＝陵、運＝詠"。

臻深曾梗攝存在開、合口對立，開口一等和合口一等有別。如：

---

① 六逞："肯懇墾很"和"肯懇"分屬兩組，暫且存疑。

宫聲六沈：

"恩影臻開一"和"温影臻合一"分屬兩個字組；

開口三等和合口三等有別，如：

宫聲六沈：

"征章梗開三蒸烝脀章曾開三真甄章臻開三貞楨禎知梗開三徵知曾開三斟箴針章深開三珍知臻開三碪砧知深開三"與"肫章臻合三屯窀迍知臻合三"分屬兩個字組；

"沈澄深開三成城誠禪梗開三呈裎程醒澄梗開三臣禪臻開三陳塵澄臻開三承丞禪曾開三懲澄曾開三"與"脣滑船臻合三純醇淳鶉蓴禪臻合三"分屬兩個字組；

"稱昌曾開三嗔昌臻開三蟶桯徹梗開三郴徹深開三"與"春昌臻合三椿徹臻合三"分屬兩個字組。

臻深曾梗攝洪細有別。開口洪音和開口細音對立，如：

宫聲六沈：

"恩影臻開一"和"因禋殷慇影臻開三"分屬兩個字組；

合口洪音和合口細音對立，如：

宫聲六沈：

"昏婚惛闇曉臻合一"和"熏薰君獯醺曛纁勳葷曉臻合三"分屬兩個字組；

"盆並臻合一"與"平苹枰評並梗開三荓萍並梗開四憑凭馮並曾開三頻蘋嚬顰貧並臻開三"分屬兩個字組。

梗攝有二等字，或與三四等混，或與一等混，沒有獨立的地位。所以沈逞趁韻當存在四個韻類：開口洪音"恩"類、合口洪音"温"類、開口細音"征"類、合口細音"肫"類。

（3）田忝簟韻

這一韻系主要是山咸攝舒聲字。山咸攝當已混同。寧忌浮（2005：9—11）也指出，"山咸二攝舒聲字合并，立田忝簟三韻。如：南＝難＝

藍、嫌＝賢"。

山咸攝洪音不存在任何對立，且總在一個字組，當已混同，如：

宮聲七田：

"譚潭覃郯餤淡曇咸開一檀彈山開一"屬一個字組；

"貪探聃欻咸開一灘攤歎山開一"屬一個字組；

"單丹殫鄲嘽簞山開一耽眈擔儋甔咸開一"屬一個字組；

"難欄闌蘭瀾山開一南男嵐藍楼籃檻楠咸開一喃諵咸開二爛山開二"屬一個字組；

"干竿乾看山開一堪戡龕咸開一姦奸菅山開二"屬一個字組；

"讒巉鑱槧攙嶄饞儳毚咸開二殘餐山開一慙鏨簪咸開一潺孱山開二"屬一個字組；

"顏間山開二監嵌巖喦碞磛咸開二"屬一個字組。

山咸攝細音不存在任何對立，且總在一個字組，當已混同。如：

宮聲七田：

"田鈿闐填滇畋山開四恬甜咸開四"屬一個字組；

"天山開四添咸開四"屬一個字組；

"鸇山開三占詹瞻苫幨襜霑覘痁咸開三氈旃饘鱣羶山開三"屬一個字組；

"樊煩幡璠籓繁蘋蘩蕃膰墦燔山合三凡帆颿咸合三"屬一個字組；

"先躚阡芊前箋山開四仙鮮韉山開三錢煎山開三尖漸僉籤銛暹殲潛咸開三宣泉山合三"屬一個字組；

"捐娟儇棬圈巻權拳顴鬈蜎山合三蠲涓悁山合四"屬一個字組。

山咸攝一等和二、四等存在對立。一等和二、四等開口存在對立，如：

平聲七田：

"焉嫣鄢影山開三奄崦閹淹影咸開三漹煙影山開四"和"安鞍影山開一庵影咸開一"分屬兩個字組；

　　"單丹殫鄲簞端山開一耽眈擔儋甔端咸開一"和"巔顛端山開四"分屬兩個字組。

　　山咸攝一等和三、四等合口存在對立，如：

　　平聲七田：

　　"冠官棺見山合一"和"涓蠲見山合四"分屬兩個字組；

　　"寬髖溪山合一"和"圈棬卷溪山合三"分屬兩個字組。

　　山咸攝一等存在開合口對立，如：

　　平聲七田：

　　"團摶慱漙定山合一"與"譚潭覃曇郯餤淡定咸開一檀彈定山開一"分屬兩個字組；

　　"干竿乾見山開一甘見咸開一"與"關見山合二鰥見山合二"分屬兩個字組；

　　"難泥山開一南男楠泥咸開一喃諵泥咸開二嵐婪藍籃襤來咸開一欄闌蘭瀾來山開一爛來山開二"與"鸞巒孌欒來山合一"分屬兩個字組。

　　山咸攝三四等存在開合口對立。如：

　　平聲七田：

　　"前從山開四錢從山開三"和"全牷從山合三"分屬兩個字組；

　　"炎云咸開三言疑山開三嚴疑咸開三延埏筵以山開三鹽閻阽簷以咸開三妍研疑山開四"和"原騵嫄源蟬元沅黿疑山合三袁轅洹猿園垣援爰媛湲圓員圜云山合三沿緣蝝鉛鳶以山合三"分屬兩個字組。

　　山咸攝二等字或與一等混同，或與三、四等混同。其中山攝二等見曉組和一等、三四等均存在對立現象。

　　平聲七田：

　　"冠官棺見山合一"、"關鰥見山合二"、"蠲涓見山合四"分屬三個字組；

　　"桓匣山合一"、"環還鬟鐶寰匣山合二"、"玄縣懸匣山合四"分屬三個字組；

去聲七霰：

"夬渙焕曉山合一換匣山合一"、"患豢轘宦幻匣山合二"、"縣炫眩衒袨匣山合四楦曉山合三絢曉山合四"分屬三個字組；

去聲七霰：

"幹榦見山開一紺灥見咸開一"、"諫間澗瞷覵見山開二鑑監見咸開二"、"建見山開三健群山開三見劍見山開四"分屬三個字組。

所以《五聲譜》山咸攝舒聲開口一等、開口二等、開口三四等、合口一等、合口二等、合口三四等之間均存在對立，田忝簟韻共有六個韻類：開口一等"幹"類、開口二等"諫"類、開口細音"建"類、合口一等"夬"類、合口二等"患"類、合口細音"炫"類。

（4）彊襁絳韻

這一韻系主要是江宕攝舒聲字。江宕攝合并。由于江攝只有開口二等，宕攝有一、三等。我們先考察宕攝字的韻母情況，再考察江攝字的韻母情況。

宕攝開口一、三等對立，如：

十一彊：

"牆檣嬙薔從宕開三"和"藏從宕開一"分屬兩個字組；

"剛見宕開一"和"姜疆韁僵薑見宕開三"分屬兩個字組；

"康糠溪宕開一"和"羌蜣溪宕開三"分屬兩個字組。

宕攝合口一、三等混同，如：

十一彊：

"王云宕合三汪影宕合一狂群宕合三"在一個字組。

宕攝一等開合口對立，如：

十一彊：

"皇遑黄潢煌隍蝗惶徨艎簧凰匣宕合一"和"杭吭航匣宕開一"分屬兩個字組。

宕攝三等開合口對立，如：

十一彊：

"羌蟯溪宕開三"和"匡筐劻眶溪宕合三"分屬兩個字組。

所以宕攝字當有三個韻母，與今京山方言一致。

江攝開口二等見組字與宕攝一、三等存在對立。如：

十一彊：

"剛見宕開一"、"江杠矼扛見江開二"、"姜彊韁僵薑見宕開三"分屬三個字組；

"羌蟯溪宕開三"、"腔溪江開二"、"康糠溪宕開一"分屬三個字組。

可見江攝開口二等見組字的韻母與以上宕攝字的韻母不同，彊襀絳韻當有四個韻類：開口一等"剛"類、開口二等"江"類、開口細音"姜"類、合口"王"類。

從以上分析可知，《五聲譜》蟹攝二等、山咸攝二等、江宕攝二等（即江開二）見曉組字均與一等和三四等有別。

2.2.2.3　入聲韻

《五聲譜》的入聲韻有六個，與陽聲韻系或陰聲韻系相對應不確定。除去虛設的幾個入聲韻目，其它有入聲的韻平上去入排列爲：同統洞篤；遲齒稺徹；沈逞趁質；摩麽磨末；彊襀絳甲；求臼舊屈。據《京山縣志》[①]所載，佔全縣人口70%的中片地區有入聲調，分別佔全縣人口24%和6%的南片和北片地區没有入聲調。筆者調查的中片永興區的方言是有入聲調的。

我們同意寧忌浮（2005：9—11）的觀點，古入聲字在《五聲譜》和現代京山話中的分布是很一致的。寧先生列出了《五聲譜》《廣韻》和現代京山話入聲韻的語音對應關係，未列舉例字爲證，我們補上例字列表如下（見表2.3）：

---

① 《京山縣志》，653頁。

表2.3 《五聲譜》《廣韻》和現代京山話入聲韻的語音對應關係

《五聲譜》	《廣韻》	現代京山話	例字
篤	屋沃燭没	ou	篤督
		iou	育獄
徹	職陌麥德櫛末鐸緝薛屑業葉帖月	ɤ	北百
		uɤ	國或
		ie	滅切
		ye	月決
質	昔錫職陌質迄緝	ɿ[①]	尺赤
		i	七漆
末	末鐸藥覺曷合盍	o	末沫
		io	雀覺
甲	月乏洽狎黠鎋曷合盍帖	a	八法
		ia	甲恰
		ua	刷刮
屈	屋沃燭昔錫没物術	u	忽哭
		y	出述

　　若以主要元音爲綱對現代京山方言入聲字進行分類，則得出的結果與郝敬《五聲譜》六類入聲韻是非常一致的；此外，還存在入聲字混入其它聲調的現象（參 §2.2.3）。因此，我們推測當時京山話可能已經失去了入聲韻尾，僅僅作爲一個獨立的調類而存在。下面分別進行討論。

　　（1）篤韻

　　這一韻主要是通攝入聲字及少量臻、曾攝入聲字。即屋、沃、燭、

---

　　① 　寧氏據《湖北方言調查報告》所記京山音，今我們所調查京山方言點舌尖前和舌尖後元音已混，均讀爲舌尖前元音ɿ。

没、職韻。從篤韻中找不出相同聲母的一、三等韻之間的對立，根據通攝舒聲一、三等之間的對立及現代京山方言，這一韻當有兩個韻類。我們稱之爲：洪音"篤"類、細音"蓄"類。

（2）徹韻

這一韻主要是山、咸、曾、臻、深、梗、宕攝入聲字。即職、陌、麥、德、櫛、末、鐸、緝、薛、屑、業、葉、帖、月韻字。

開口洪細有別。如：

"陌明陌開二默墨纆明德開一麥脈覛霡明麥開二"和"滅明薛開三蔑韈明屑開四"分屬兩個字組；

"革隔膈搹見麥開二觡挌骼格見陌開二"和"結絜潔鍥拮見屑開四孑見薛開三羯見月開三"分屬兩個字組。

合口洪細有別。如：

"國見德合一摑蟈見麥合二聒括鴰筈佸見末合一郭椁見鐸合一"和"矍鴂譎鐍抉決見屑合四厥蕨劂橛見月合三"分屬兩個字組。

洪音開合口對立，如：

"黑曉德開一核匣麥開二赫曉陌開二"和"活匣末合一豁曉末合一或惑匣德合一"分屬兩個字組；

"革隔見麥開二觡格見陌開二"和"國見德合一摑蟈見麥合二聒括鴰筈佸見末合一郭椁見鐸合一"分屬兩個字組。

細音開合口對立，如：

"列烈裂冽來薛開三"和"劣埒鋝來薛合三"分屬兩個字組；

"孽疑薛開三葉以葉開三業鄴疑業開三""月疑月合三曰越鉞粵云月合三閱悅以薛合三"分屬兩個字組。

由此，徹韻當有四個韻類：開口洪音"陌"類、開口細音"滅"類、合口洪音"國"類、合口細音"訣"類。

（3）質韻

這一韻主要是曾、梗、臻、深攝開口入聲字，即昔、錫、職、陌、質、迄、緝韻字。

在論述遲齒稀韻時我們已經提到舌尖元音和舌面元音分割井然，質韻亦如此。質韻共 14 個字組，前 2 個字組韻母今均讀爲舌尖元音，第 3 個字組爲日母字，第 4 個字組以下全是今讀爲舌面元音 i 的。由于前兩個字組中無精莊組字，我們擬爲ɿ；第四個字組以下我們擬爲i。

第三個字組，即日母字組的讀音有必要説一下。前面提到，《五聲譜》止攝日母字讀爲 zi 是較爲可能的，這裏的"日"字組是否也一樣呢？根據王力先生的觀點，普通話"日"和"兒"等字有不同的發展，是由于"兒"等字變入ɿ韻的時候，"日"字還唸 i 韻。"日"字轉入支思韻的時候，"兒"等字又已經轉變爲ɚ了（王力，1980/2004：194）。也就是説，普通話"日"字的音變比"兒"等字遲緩。那麼我們推測這裏的"日"字組可能也是讀爲i的。

綜上所述，這一韻當有兩個韻類，分別稱之爲："質"類、"七"類。

（4）末韻

這一韻主要是山、咸攝入聲字，也有少量通江宕攝入聲字。即末、鐸、藥、覺、曷、合、盍、屋韻字。

開合口字常同現，如：

"褐鞨齃鶡匣曷開一合匣合開一欱曉合開一闔盍匣盍開一郝壑曉鐸開一貉涸洛鶴匣鐸開一謈匣沃合一鑊匣鐸合一臛曉沃合一攉矐霍曉鐸合一"屬一個字組；

"覺角桷較攉催見覺開二脚見藥開三斝躩見藥合三"屬一個字組。

僅一處開合口對立，如：

"末沬抹秣妹明末合一"和"莫寞幕鏌漠瘼明鐸開一"分屬兩個字組。

在現代京山方言和贛方言中未找到根據，不知是沿襲了舊韻書的差別還是實際語音有別，暫且存疑。

有洪細對立，如：

"各閣見鐸開一鴿蛤見合開一葛轕割見曷開一"和"覺角桷較攉催見覺開

二脚見藥開三戄躩見藥合三"分屬兩個字組。

這一韻也當有兩個韻類，分別稱之爲：洪音"各"類、細音"覺"類。

（5）甲韻

這一韻主要是山咸攝入聲字，即月、乏、恰、狎、黠、鎋、曷、合、盍韻字。

開口洪音和合口洪音對立，如：

"滑猾匣黠合二"和"狹洽匣洽開二狎匣枑匣狎開二轄匣鎋開二瞎曉鎋開二"分屬兩個字組；

"刷生鎋合二"和"殺樧生黠開二"分屬兩個字組。

開口洪音和開口細音對立，如：

"撒薩心曷開一颯趿靸駇卅心合開一"和"楔心屑開四"分屬兩個字組。

無合口洪音和合口細音字的對立。

這一韻當存在三個韻類：開口洪音"狹"類、開口細音"楔"類、合口"滑"類。

（6）屈韻

這一韻主要是通、臻、梗攝合口入聲字，即屋、沃、燭、昔、錫、沒、物、術韻字。

洪音和細音存在對立，如：

"酷溪沃合一窟溪沒合一哭溪屋合一"和"曲溪燭合三詘溪物合三麯溪屋合三"分屬兩個字組；

"骨汩見沒合一梏見沃合一穀轂谷見屋合一"和"菊掬鞠餶菊鵴鞠見屋合三局跼群燭合三捐見燭合三橘繘鷸見術合三"分屬兩個字組。

這一韻當有兩個韻類：洪音"酷"類、細音"曲"類。

2.2.3 《讀書通·五聲譜》的調類

《五聲譜》按聲調分爲宮、商、角、徵、羽五聲，羽聲下没有字，均以"與某通"的格式標明。宮、商、角、徵依次爲平、上、去、入。宮聲部分實際上依聲母清濁而有區別，且當時已濁音清化，所以平聲當有兩類；全濁上聲已變讀爲去聲，上聲當爲一類；去聲不分陰陽，爲一類；入聲爲一類。分別討論如下。

（1）平分陰陽。

清聲母和濁聲母平聲字常在同一字組。如：

一同：

"窮群穹溪"屬一個字組；

二遲：

"題提綈稊定隄低_端梯透"屬一個字組；

"谿欺溪跂蚑群"屬一個字組；

四虞：

"胥需須諝心徐邪"屬一個字組；

"菹莊疽趄雎蛆趨砠清徂從"屬一個字組。

但其對立現象十分明確，如：

八調：

"漂飄髟滮標杓猋熛鑣臕瀌幫勡麃並"和"瓢並"分屬兩個字組；

十一疆：

"昌倡猖菖閶昌倀徹"和"腸長澄"分屬兩個字組；

"商傷觴殤書"和"裳常嘗償鱨禪"分屬兩個字組；

"相襄湘緗驤厢箱心"和"詳祥翔庠邪"分屬兩個字組；

"荒曉"和"皇遑黃潢煌隍蝗惶徨艎簧凰匣"分屬兩個字組；

十二求：

"尤云由繇猶猷卣游斿遊猷輶以"和"憂幽麀櫌優影"分屬兩個

字組；

“丘溪”和“求球絿逑裘毬賕群”分屬兩個字組。

當時已經平分陰陽，今京山話陰平和陽平的分派與《五聲譜》格局是一致的。

（2）全濁上聲變讀爲去聲。

观察中古全濁上聲字在郝敬所排上、去聲中的分布：

排在上聲韻中的全濁上聲字如下：

二齒：“峙痔澄上”，“恃是市禪上”，“似耜祀巳汜邪上士仕俟涘柿崇上”，“技伎妓群上”，“弟悌娣定上”，“薺從上”，“婢並上”；

三偉：偉韻“跪群上”，“罪從上”；

四語：“巨拒詎距群上”，“祜怙扈匣上”，“序緒敘邪上”，“柱宁佇澄上”，“負父婦阜奉上”，“輔釜奉上”，“豎禪上”；

五海：“蟹駭亥匣上”，“待怠定上”；

六逞：逞韻“朕眣澄上”，“腎禪上”，“葚船上”，“忿憤奉上”，“並臏並上”，“近群上”，“窘菌群上”，“迥泂匣上”，“靖從上”，“悻荇倖匣上”，“挺鋌艇定上”，“很匣上”，“混匣上”，“笨並上”；

七忝：忝韻“殄定上”，“鉉泫匣上”，“鍵群上”，“辯並上”，“撰崇上”，“袒誕定上”，“撼匣上”，“犯範奉上”；

八調：“抱並上”，“昊皓灝暭鎬滈顥浩匣上”，“道稻定上”，“兆肇趙澄上”；

九麽：“墮惰垛定上”，“夏厦踝匣上”；

十寫：“社禪上”；

十一襁：“象像邪上”，“幌晃匣上”，“奘從上”，“杖丈仗澄上”，“簜蕩盪定上”，“棒蚌並上”；

十二臼：“臼舅咎群上”，“紂澄上受禪上”，“厚后後匣上”。

以上這些除個別字如“蟹”“袒”今京山話仍讀爲上聲，其它今京山話口語中常用的字都讀爲去聲。

排在去聲韻中的全濁上聲字如下：

一洞：動定上、重澄上、奉奉上；

二稗：弟悌娣定上、是禪上；

三魏：罪從上、倍並上、被陛並上；

四遇：柱澄上、父奉上、聚從上；

五害：待定上、在從上；

六趁：其禪上、盡静靖從上、近群上、幸匣上、忿憤奉上；

七篡：簟定上、饌撰崇上、旱匣上；

八眺：道定上、浩匣上、抱並上；

九磨：坐從上、夏匣上、罷並上；

十一絳：仗杖澄上、上禪上；

十二舊：杜定上、后後厚匣上。

郝敬對全濁上聲字的態度是矛盾的。部分全濁上聲字如"弟悌娣定上""是禪上""罪從上""柱澄上""父奉上""待定上""靖從上""近群上""忿憤奉上""道定上""浩匣上""抱並上""撰崇上""杖仗澄上""厚后後匣上"既排在上聲韻中，又排在去聲韻中。我們推測，一方面郝敬囿于傳統韻書的模式，另一方面這些字在方言口語中常用且讀爲去聲，所以不得不顧及其實際語音而兩收。當時的全濁上聲字已經變讀爲去聲，今京山話全濁上聲字大部分讀爲去聲。需要指出的是，也不能完全排除部分全濁字正在變去且尚未完成的可能。

郝敬常把同部位的全清次清全濁字排在一組，但在上聲韻中，有幾處全濁上聲單列爲一個字組的情況：六迓"○悖侼倅匣上""○朕眹澄上"；十一襁"○杖丈仗澄上""○簜蕩盪定上"。可能也説明這些字讀音比較特殊，雖是中古上聲字，但實際讀音已經發生變化，所以單列。七忝"○鉉泫匣上炫匣去"，將匣母上聲字和去聲字排在一起，也説明當時匣母上聲和去聲無别。

（3）清聲母去聲和濁聲母去聲無對立。

在討論濁音清化時已提到，清濁去聲無對立，常在同一字組中同現。去聲只有一類。

（4）入聲調獨立存在，部分入聲混入其它聲調。

京山大部分地區有入聲調，古入聲字在《五聲譜》和現代京山話中的語音格局比較一致（參§2.2.2.3）。

部分入聲混入其它聲調。如：

宮聲十邪："邪斜奢賒蛇遮爺爹嗟置茄平賊截絕或活入"屬一個字組；

入聲的消亡當是一個漸進的過程，今京山話中更多入聲字派入陽平。

2.3　《讀書通·五聲譜》音類和構擬

2.3.1　《讀書通·五聲譜》音類系統

2.3.1.1　《讀書通·五聲譜》聲類系統

根據以上分析，歸納《五聲譜》的聲類系統如下：

表2.4　《五聲譜》的聲類系統

類別	聲母	中古聲母來源
唇音	幫	幫、並（仄）
	滂	滂、並（平）
	明	明
	非	非、敷、奉
	微	微
舌音	端	端、定（仄）

續表

類別	聲母	中古聲母來源
舌音	透	透、定（平）
	泥	泥、來
齒音	精	精、莊（多數）、從（仄）、崇（仄、多數）
	清	清、初（多數）、從（平）、崇（平、多數）
	心	心、邪、生（多數）
	章	章、知、莊（少數）、崇（仄、少數）、澄（仄）
	昌	昌、徹、初（少數）、崇（平、少數）、澄（平）
	書	船、書、禪、生（少數）
	日	日
牙喉音	見	見、群（仄）
	溪	溪、群（平）
	曉	曉、匣
	影	影、云、以、疑

2.3.1.2　《讀書通・五聲譜》韻類系統

歸納《五聲譜》的韻類系統如下：

1. 陰聲韻

表 2.5　《五聲譜》陰聲韻韻類系統

《五聲譜》		中古來源	
韻系	韻類	開	合
遲齒穉韻	開口"茲"類	止攝三等精莊（多數）組、蟹攝三等莊（多數）組	
	開口"支"類	止攝三等知莊（少數）章組、蟹攝三等知莊（少數）章組	
	開口"衣"類	止蟹攝細音（除止攝精知莊章組和蟹攝三等知莊章組）	

續表

《五聲譜》		中古來源	
韻系	韻類	開	合
危偉魏韻	合口"危"類	止蟹攝細音（少量）	止攝三等、蟹攝一、三、四等
虞語遇韻	洪音"烏"類		遇攝一等、少量流攝唇音
	細音"虞"類		遇攝三等
孩海害韻	開口一等"垓"類	蟹攝一等	
	開口二等"街"類	蟹攝二等	
	合口"乖"類		蟹攝二等
調窕眺韻	洪音"包"類	效攝一等、二等（部分）	
	細音"標"類	效攝二等（部分）、三、四等	
摩麽磨韻	"摩"類	果攝一等	果攝一等
	開口洪音"加"類	假攝二等	
	合口洪音"瓜"類		假攝二等
邪寫謝韻	開口細音"邪"類	假攝三等、少量山曾攝入聲	
求白舊韻	洪音"婁"類	流攝一等、遇攝（部分）	
	細音"留"類	流攝三等	

2. 陽聲韻

表 2.6　《五聲譜》陽聲韻韻類系統

《五聲譜》		中古來源	
韻系	韻類	開	合
同統洞韻	洪音"翁"類		通攝舒聲一等、曾梗攝舒聲（少量）
	細音"邕"類		通攝舒聲三等

續表

《五聲譜》		中古來源	
韻系	韻類	開	合
沈逞趁韻	開口洪音"恩"類	臻深曾梗攝舒聲一等、二等（部分）	
	合口洪音"溫"類		臻深曾梗攝舒聲一等、二等（部分）
沈逞趁韻	開口細音"征"類	臻深曾梗攝舒聲二等（部分）、三、四等	
	合口細音"肫"類		臻深曾梗攝舒聲二等（部分）、三、四等
田忝簟韻	開口一等"幹"類	山咸攝舒聲一等	
	合口一等"夗"類		山攝舒聲一等
	開口二等"諫"類	山咸攝舒聲二等	
	合口二等"患"類		山攝舒聲二等
	開口細音"建"類	山咸攝舒聲三、四等	
	合口細音"炫"類		山咸攝舒聲三、四等
彊襁絳韻	開口一等"剛"類	宕攝舒聲一等	
	開口二等"江"類	江攝舒聲二等	
	開口細音"姜"類	宕攝舒聲三等	
	合口"王"類		宕攝舒聲一、三等

3. 入聲韻

表 2.7　《五聲譜》入聲韻韻類系統

《五聲譜》		中古來源	
韻系	韻類	開	合
篤韻	洪音"篤"類		屋沃没韻一等
	細音"蓄"類		屋燭韻三等

續表

《五聲譜》		中古來源	
韻系	韻類	開	合
德韻	開口洪音"陌"類	德鐸韻一等、陌麥韻二等	
	合口洪音"國"類		陌麥韻二等、德末鐸韻一等
	開口細音"滅"類	陌業葉月職薛櫛緝韻三等、屑帖韻四等	
	合口細音"訣"類		月職薛韻三等、屑韻四等
質韻	開口"質"類	質職昔緝韻三等（知章日組）	
	開口"七"類	昔職陌質迄緝韻三等（除知章日組），錫四等	
末韻	洪音"各"類	曷鐸合盍韻一等，覺二等	末鐸韻一等
	細音"覺"類	藥韻三等	藥韻三等
甲韻	開口洪音"狹"類	曷合盍一等、洽狎黠鎋二等（部分）	
	開口細音"揳"類	洽狎黠鎋二等（部分）、帖韻四等	
	合口"滑"類		黠鎋韻二等、月乏韻三等
屈韻	洪音"酷"類		屋沃没韻一等
	細音"曲"類		屋燭昔物術韻三等

2.3.1.3 《讀書通·五聲譜》調類系統

根據以上分析，歸納《五聲譜》的調類系統如表 2.8：

表 2.8 《五聲譜》調類系統

《五聲譜》調類	中古聲調
陰平	清平
陽平	濁平

續表

《五聲譜》調類	中古聲調
上聲	清上、部分全濁上聲
去聲	去聲、全濁上聲
入聲	清入、濁入

2.3.2　《讀書通·五聲譜》聲韻構擬

以下僅對《五聲譜》的聲母和韻母分別進行構擬，《五聲譜》的調類雖與今京山方言較爲一致，其調值尚無從進行考察，茲不擬。

2.3.2.1　《讀書通·五聲譜》聲母構擬

根據現代京山方言，擬測其聲母系統如表2.9：

表2.9　《五聲譜》聲母系統

《五聲譜》聲母			現代京山方言聲母
聲類	擬音	中古主要來源	
幫	p	幫、並（仄）	p
滂	pʰ	滂、並（平）	pʰ
明	m	明	m
非	f	非、敷、奉	f
微	v	微	∅
端	t	端、定（仄）	t
透	tʰ	透、定（平）	tʰ
泥	n	泥、來	n
精	ts	精（洪音）、從（洪音、仄）、崇（仄、多數）、莊（多數）	ts
		精（細音）、從（細音、仄）	tɕ

續表

《五聲譜》聲母			現代京山方言聲母
聲類	擬音	中古主要來源	
清	tsʰ	清（洪音）、從（洪音、平）、初（多數）、崇（平、多數）	tsʰ
		清（細音）、從（細音、平）	tɕʰ
心	s	心邪（洪音）、生（多數）	s
		心邪（細音）	ɕ
章	tʂ	章、知、莊（少數）、崇（仄、少數）、澄（仄）	ts
昌	tʂʰ	昌、徹、初（少數）、崇（平、少數）、澄（平）	tsʰ
書	ʂ	船、書、禪、生（少數）	s
日	ʐ	日	ʐ
見	k	見（洪音）、群（洪音、仄）	k
		見（細音）、群（細音、仄）	tɕ
溪	kʰ	溪（洪音）、群（洪音、平）	kʰ
		溪（細音）、群（細音、平）	tɕʰ
曉	x	曉匣（洪音）	x
		曉匣（細音）	ɕ
影	∅	影、云、以、疑	∅

説明：

（1）今京山方言微母字均讀爲零聲母，《五聲譜》中微母獨立存在，擬爲 v。

（2）《五聲譜》和今京山方言中均不分泥、來母，今京山方言一般讀作 n，實際也有 n、l 自由變讀的情況，擬爲 n。

（3）今京山方言絶大部分地區不分平翹舌且都讀爲平舌音，《五聲譜》精、章組分立，擬章組爲 tʂ、tʂʰ、ʂ。

（4）今京山方言有舌面音 tɕ、tɕʰ、ɕ，《五聲譜》見精組分立，推測其均未發生顎化（詳見 §5.1）。

（5）今京山方言日母讀爲 ʐ，《五聲譜》日母獨立存在，擬爲 ʐ。

2.3.2.2　《讀書通・五聲譜》韻母構擬

根據《五聲譜》的分韻情況及其與中古韻攝和現代京山方言的對應情況擬音如下（見表 2.10—2.12）：

1. 陰聲韻

表 2.10　《五聲譜》陰聲韻擬音

《五聲譜》			中古來源		現代京山方言
韻系	韻類	擬音	開	合	
遲齒稊韻	開口"玆"類	ɿ	止攝三等精莊（多數）組、蟹攝三等莊（多數）組		ɿ
遲齒稊韻	開口"支"類	ʅ	止攝三等知莊（少數）章組、蟹攝三等知莊（少數）章組		ʅ
	開口"衣"類	i	止蟹攝細音（除止攝精知莊章組和蟹攝三等知莊章組）		i、ɯ（日母）
危偉魏韻	合口"危"類	ei、uei	止蟹攝細音（少量）	止攝三等、蟹攝一、三、四等	ei、uei
虞語遇韻	洪音"烏"類	u		遇攝一等、少量流攝唇音	u
	細音"虞"類	y		遇攝三等	ɥ
孩海害韻	開口一等"垓"類	ai	蟹攝一等		ai
	開口二等"街"類	iai	蟹攝二等		ai
	合口"乖"類	uai		蟹攝二等	uai
調窕眺韻	洪音"包"類	au	效攝一等、二等（部分）		au
	細音"標"類	iau	效攝二等（部分）、三、四等		iau

續表

《五聲譜》			中古來源		現代京山方言
韻系	韻類	擬音	開	合	
摩麼磨韻	"摩"類	o、uo	果攝一等	果攝一等	o（幫組）、uo
	開口洪音"加"類	a	假攝二等		a（部分）、ia（部分）
	合口洪音"瓜"類	ua		假攝二等	ua
邪寫謝韻	開口細音"邪"類	ie	假攝三等、少量山曾攝入聲		ʅ（知莊章組）、ie
求白舊韻	洪音"嘍"類	əu	流攝一等、遇攝（部分）		əu
	細音"留"類	iəu	流攝三等		iəu

説明：

（1）中古的 p^w、b^w 在《中原音韻》時已變爲開口（陸志韋，1988：4），現代京山話裏唇音後面和 n/l 後面都沒有合口的 uei，唇音止蟹攝合口字都變爲了開口呼。推測危偉魏韻有兩個韻母：ei 和 uei。《五聲譜》體現不出這種差別，這裏據現代京山方言把危偉魏韻分爲 ei 和 uei 兩個韻母，把摩麼磨韻分爲 o 和 uo 兩個韻母[①]。

（2）現代京山方言撮口呼介音爲 ɥ，武天片其它地域沒有這種現象，擬爲 y，下同。

（3）假攝開口二等今讀爲 a 或 ia，部分見組字存在文白異讀，文讀爲 ia，白讀爲 a，《五聲譜》體現不出這種差別，擬爲 a。

（4）假攝開口三等字今知莊章組讀 ʅ，其它讀 ie，今擬爲 ie。

2. 陽聲韻

---

① 張維佳指出，[o]韻圓唇性質可以使聲韻之間産生一個輔音性過渡音，最後這個過渡音演變成[u]介音，從而形成[uo]韻。詳見《關中方言果攝讀音的分化及歷史層次》，《方言》，2002年第3期。

表 2.11 《五聲譜》陽聲韻擬音

《五聲譜》			中古來源		現代京山方言
韻系	韻類	擬音	開	合	
同統洞韻	洪音"翁"類	oŋ		通攝舒聲一等、曾梗攝舒聲（少量）	oŋ
	細音"邕"類	ioŋ		通攝舒聲三等	ioŋ
沈逞趁韻	開口洪音"恩"類	nə	臻深曾梗攝舒聲一等、二等（部分）		nə
	合口洪音"溫"類	uən		臻深曾梗攝舒聲一等、二等（部分）	uən
	開口細音"征"類	in	臻深曾梗攝舒聲二等（部分）、三、四等		in
	合口細音"肫"類	yən		臻深曾梗攝舒聲二等（部分）、三、四等	ɥən
田忝簞韻	開口一等"幹"類	on	山咸攝舒聲一等		an
	合口一等"奐"類	uon		山攝舒聲一等	an（幫端泥精組）、uan
	開口二等"諫"類	an	山咸攝舒聲二等		an（部分）、in（部分）
	合口二等"患"類	uan		山攝舒聲二等	uan
	開口細音"建"類	iɛn	山咸攝舒聲三、四等		an（知章組）、in
	合口細音"炫"類	yɛn		山咸攝舒聲三、四等	ɥɛn
彊襁絳韻	開口一等"剛"類	ɔŋ	宕攝舒聲一等		aŋ
	開口二等"江"類	aŋ	江攝舒聲二等		aŋ、iaŋ（部分見組）
	開口細音"姜"類	iaŋ	宕攝舒聲三等		iaŋ
	合口"王"類	uaŋ		宕攝舒聲一、三等	uaŋ

説明：

（1）現代京山方言乃至整個武天方言山、咸攝開口二等均無獨立地位，或與一等混，或與三、四等混。而《五聲譜》山咸攝開口二等存在與一等和三、四等字對立現象，這種現象在今贛方言中大量存在。武天方言歷史上多次接受江西移民，推測其受贛方言影響所致。贛方言多爲 on 和 an 之別，兹依此擬。

山咸攝開口一、二等現代贛方言多爲 on 和 an 之別，山攝合口一、二等多爲 uon 和 uan 之別，依此擬。

（2）山咸攝舒聲開口三、四等今京山多讀爲 in，同臻深曾梗攝舒聲開口細音，而武天片其它地方均無此特點；且《五聲譜》山咸攝舒聲開口三、四等不與臻深曾梗攝舒聲開口細音混，故擬爲 iɛn。

（3）宕攝開口一等擬爲 ɔŋ，以別于江攝開口二等 aŋ 和通攝一等 oŋ。

3. 入聲韻

表2.12　《五聲譜》入聲韻擬音

《五聲譜》			中古來源		現代京山方言
韻系	韻類	擬音	開	合	
篤韻	洪音"篤"類	əu		屋沃没韻一等	əu
	細音"蓄"類	iəu		屋燭韻三等	əu（知章組）、iəu
徹韻	開口洪音"陌"類	ɤ	德鐸韻一等、陌麥韻二等		ɤ、o/uo（鐸韻）
	合口洪音"國"類	uɤ		德末鐸韻一等、陌麥韻二等	o/uo
	開口細音"滅"類	ie	陌業葉月職薛櫛緝韻三等、屑帖韻四等		ɤ（知莊章組）、ie
	合口細音"訣"類	ye		月職薛韻三等、屑韻四等	ɥe

續表

《五聲譜》			中古來源		現代京山方言
韻系	韻類	擬音	開	合	
質韻	開口"質"類	ʅ	質職昔緝韻三等（知章組）		ʅ
	開口"七"類	i	昔職陌質迄緝韻三等（除知章組），錫四等		i
末韻	洪音"各"類	o、uo	曷鐸合盍韻一等，覺二等	末鐸韻一等	o、uo
	細音"覺"類	io	藥韻三等	藥韻三等	io
甲韻	開口洪音"狹"類	a	曷合盍一等、洽狎黠鎋二等（部分）		a
	開口細音"揳"類	ia	洽狎黠鎋二等（部分）、帖韻四等		ia
	合口"滑"類	ua		黠鎋韻二等、月乏韻三等	ua
屈韻	洪音"酷"類	u		屋沃沒韻一等	u
	細音"曲"類	y		屋燭昔物術韻三等	ɥ

説明：

（1）鐸韻開口一等今京山讀爲 o/uo，德韻開口一等和陌麥韻開口二等讀爲 ɣ，德末鐸韻合口一等和陌麥韻合口二等讀爲 o/uo，考慮其系統性及開合口之別，分別擬爲 ɣ 和 uɣ。

（2）依現代京山方言擬末韻洪音"各"類爲 o、uo，理由同上。

綜上所述，《五聲譜》的韻母系統整理如下（見表 2.13）：

表 2.13 《五聲譜》韻母系統

ɿ、ʅ	i	u	y
a	ia	ua	
o	io	uo	
ɣ	ie	uɣ	ye

續表

ai	iai	uai	
ei		uei	
au	iau		
əu	iəu		
on		uon	
an	iɛn	uan	yɛn
ən	in	uən	yən
ɔŋ			
aŋ	iaŋ	uaŋ	
oŋ	ioŋ		

2.4 《讀書通·五聲譜》的語音特點及與官話方言的比較

2.4.1 《讀書通·五聲譜》的語音特點

綜合以上對《五聲譜》聲韻調的分析，歸納《五聲譜》聲母、韻母和聲調主要特點如下：

1. 聲母方面

（1）全濁聲母清化。由于韻書的粗略性，清化的具體規律尚不清楚，不能完全排除其送氣字和不送氣字多有混讀現象的可能；

（2）精組與知章組分立，莊組大部分和精組混同，小部分和知章組混同；

（3）區分尖團，同一韻中精組和見組細音截然分立；

（4）泥、來母混同；

（5）非、敷、奉母合流；

（6）微母獨立存在；

（7）影、云、以、疑母合流；

（8）日母獨立存在。

2. 韻母方面

（1）遇攝合口一等端、泥、精組和遇攝合口三等莊組讀入流攝（詳見下文§5.2.2.1）；

（2）臻、深、曾、梗四攝舒聲字混同；

（3）洪細二分。但是部分攝一、二等分立。蟹攝開口二等與一、三、四等對立；咸山攝混同，咸山攝二等字與一、三、四等對立；江宕攝合并，江攝開口二等與宕攝一、三等對立；

（4）臻、山攝端、泥、精組多存在合口字讀爲開口現象（詳見§5.2.1.1）。

3. 聲調方面

《五聲譜》的聲調系統比較簡單，平分陰陽，濁上變去。入聲獨立存在，共五個聲調：陰平、陽平、上聲、去聲、入聲。

2.4.2　《讀書通·五聲譜》與明代官話音系的比較

徐孝《等韻圖經》（1606）和金尼閣《西儒耳目資》（1626）與《讀書通·五聲譜》同時代，都能代表明末官話音[1]。《西儒耳目資》和《等韻圖經》的共同之處當可看作當時官話正音的特點。這裏以這兩

---

① 葉寶奎在《明清官話音系》（2001·114—115）中指出：“從《西儒耳目資》與《洪武正韻》的聯繫和它与《韻略易通》《韻略匯通》《五方元音》都比較相近的情況來看，將《西儒耳目資》音系當作明代後期官話音的代表是適宜的。”他認爲《西儒耳目資》與《等韻圖經》的差別體現了官話音與基礎方言口語音的差別。據魯國堯先生（1985/2007）的研究，《西儒耳目資》反映的是以南京方言爲基礎的官話語音，明末官話的基礎方言是南京話。我們認爲，把這兩種書作爲明末南北官話音的代表應該是可行的。參魯國堯《明代官話及其基礎方言問題——讀利瑪竇中國札記》（1985）和《研究明末清初官話基礎方言的廿三年歷程——“從字縫裏看”到“從字面上看”》（2007）。

種韻書作爲參照，將《五聲譜》與《等韻圖經》《西儒耳目資》音系作一比較 [①]。

1. 聲母的比較（見表 2.14）

表 2.14　《五聲譜》與當時官話聲母的比較

	《五聲譜》	《西儒耳目資》	《等韻圖經》
唇音	p pʰ m f v	p pʰ m f v	p pʰ m f
舌音	t tʰ n	t tʰ n l	t tʰ n l
齒音	ts tsʰ s	ts tsʰ s	ts tsʰ s
	tʂ tʂʰ ʂ ʐ	tʂ/tʃ tʂʰ/tʃʰ ʂ/ʃ ʐ/ʒ	tʂ tʂʰ ʂ ʐ
牙喉音	k kʰ x ø	k kʰ ŋ x ø	k kʰ x ø

説明：

（1）葉寶奎認爲《西儒耳目資》音系中"知章組"與"莊組"尚未完全混同，知章組三等韻已有部分轉爲洪音，但尚有相當多保持細音的，如：chi（知）、chin（真）、chien（氈）等，故列爲兩組：tʂ 組和tʃ 組。我們同意薛志霞（2008：88）的觀點，這組聲母可拼洪音也可以拼細音，未形成音位對立，當爲一類。

從上表可知，《五聲譜》和當時官話正音聲母的主要差異在于：

（1）《五聲譜》泥來母混同，《等韻圖經》《西儒耳目資》泥來母不混。

2. 韻母的比較（見表 2.15）

[①]　《等韻圖經》和《西儒耳目資》的相關研究結論據葉寶奎《明清官話音系》（2001：176—180），以下不再一一注明。

表 2.15　《五聲譜》與當時官話韻母的比較

《五聲譜》 開	齊	合	撮	《西儒耳目資》 開·洪	開·細	合·洪	合·細	《等韻圖經》 開	齊	合	撮
a	ia	ua		a aʔ	ia iaʔ	ua uaʔ		a	ia	ua	
ɤ	ie	uɤ	ye	ε εʔ	iε iεʔ		iuε iuεʔ	ε	iε	uε	yε
ɿ ʅ	i			ɿ ʅʔ ɚ	i iəʔ			ɿ ʅ ɚ	i		
ei		uei				uəi		ei		uei	
o	io	uo		ɔ ɔʔ	iɔʔ	uɔʔ		o	io	uo	
				oʔ	ioʔ	uəʔ					
		u				u uʔ				u	(iu)
			y			ʮ ʮʔ	iʮ iʮʔ			ʮ	y
ai	iai	uai		ai	iai	uai		ai	iai	uai	
au	iau			ao	iao			ɑu	iɑu	(uɑu)	
ɔŋ /aŋ	iaŋ	uaŋ		ɑŋ	iɑŋ	uɑŋ		ɑŋ	iɑŋ	uɑŋ	
on /an	iεn	uon / uan	yɐn	an	iεn	uan / uɔn	iuen	an	iεn	uan	yɐn
ɐŋ	iɐŋ			ɐŋ	iɐŋ			ɐŋ	iɐŋ		
oŋ	ioŋ			əŋ	iŋ	uŋ uəŋ	iuŋ	əŋ	iŋ	uŋ	yŋ
ən	in	uən	yən	en	in	uen	iun	ən	in	un	iun

說明：

葉寶奎認爲《西儒耳目資》韻母系統爲開合洪細的格局，也有認爲開齊合撮格局的，這裏不以此作爲《西儒耳目資》和《等韻圖經》韻母的差異。

從上表可知，《五聲譜》和當時官話正音韻母的主要差異在于：

（1）《五聲譜》尚未出現ɚ韻母，而當時官話正音已出現ɚ韻母。

（2）《五聲譜》江宕攝開口二等與一等和三等對立，當時官話正音江宕攝開口二等無獨立地位。

（3）《五聲譜》咸山攝開口二等字與一等和三、四等對立，當時官話正音咸山攝二等字無獨立地位。

（4）《五聲譜》臻深曾梗攝舒聲尾合并，無 ən 和 əŋ、in 和 iŋ 之別，當時官話正音韻母尚存在這種區別。

3.聲調的比較

《五聲譜》聲調類型爲：陰平、陽平、上聲、去聲、入聲；《西儒耳目資》同《五聲譜》；《等韻圖經》聲調類型爲：陰平、陽平、上聲、去聲。

可見，《五聲譜》和當時官話正音調類差別不大。

綜合以上討論，郝敬重視鄉音（如§2.1.2.2所述），且今京山話及周邊地區語音與《五聲譜》的聲韻調有明顯的繼承關係（參見第五章），此書當記載了明代後期京山方言。從《五聲譜》和明代後期官話正音的比較來看，大部分相同，小部分有差別。其相同之處表明明代後期京山方言已屬于官話音系，其不同之處表明明代後期京山方言尚與官話正音存在差別。因此，《五聲譜》所描寫的當是明代官話中的京山方音，它與現代京山方音的性質相同，都屬于官話音。我們推測現代武天片在明代已有雛形，這也是我們拿它代表明代武天方音的原因。

2.5 《讀書通·五聲譜》聲韻調配合表

爲了更好地展示《讀書通·五聲譜》的語音結構特徵，根據以上對其聲母、韻母和聲調的分析，試圖擬測其聲韻調配合表（見表2.16）。

説明：

（1）個別字（如"紓""傒""釀"等，參見§2.1.4.1）尚不確定在《五聲譜》中的讀音，故擬定聲韻調配合表時未納入。類似的字還有

"吞""呪""或活畫""苴"。

（2）中古來源和今讀音相同，而分屬兩個字組的字，取其中一個填入。如："哇蛙䗐"和"宂洼窐哇窐娃"分屬兩個字組，取"哇"填入。

（3）部分字組存在重出現象，疑爲兩讀，但由于無注釋，暫且存疑，取其中一個填入。如："六逗"下"○肯懇墾很"和"○肯懇"爲兩個字組，後一字組疑衍，不列；"七箑"下"○散汕訕"和"○訕汕"爲兩個字組，後一字組疑衍，不列；"十寫"下第六字組"○惹"和第十二字組"○惹"完全相同，重出；"十寫"下第七個字組"○者"和第十個字組"○赭"中古來源完全相同，後者不列；"十寫"下第八個字組"○也"和第九個字組"○野冶"中古來源完全相同，後者不列。

（4）參中古音和現代方言當區分開合口而處于一個字組中的，依开合口分立。"六逗"下第四字組"○忍朒稔荏衽妊飪葚甚踸脤蜃蠢驕毳隼準蹲盾楯"當依開合分開，否則與第一字組"○逗騁軫畛整鬒診紾袗疹賑拯輾枕"的對立不好解釋。

（5）"○挺鋌脡梃艇酊町頂鼎訂打等冷"依洪細分開，否則端組上聲開口洪音無字。

（6）"○末沫抹秣鈸妹"和"○莫寞幕鏌漠瘼鬢"擬爲開合之別。

表 2.16　《五聲譜》聲韻調配合表

韻系	韻母	調	p pʰ m f v	t tʰ l	tʂ tʂʰ ʂ ʐ	ts tsʰ s	k kʰ x	ø
遲齒穉韻"茲"類	ɿ	陰	○○○○○	○○○	○○○○	茲雌師	○○○	○
		陽	○○○○○	○○○	○○○○	○慈○	○○○	○
		上	○○○○○	○○○	○○○○	子此矢	○○○	○
		去	○○○○○	○○○	○○○○	字次四	○○○	○

續表

韻系	韻母	調	p pʰ m f v	t tʰ l	tʂ tʂʰ ʂ ʐ	ts tsʰ s	k kʰ x	ø
遲齒稺韻"支"類質韻"質"類	ʅ	陰	○○○○○	○○○	支絺詩○	○○○	○○○	○
		陽	○○○○○	○○○	○遲時○	○○○	○○○	○
		上	○○○○○	○○○	紙齒豕○	○○○	○○○	○
		去	○○○○○	○○○	制熾弑○	○○○	○○○	○
		入	○○○○○	○○○	質尺識○	○○○	○○○	○
遲齒稺韻"衣"類質韻"七"類	i	陰	○丕○○○	低梯○	○○○○	躋妻西	稽攲犧	衣
		陽	○陂彌○○	○締尼	○○○兒	○齊○	○其奚	宜
		上	比秕米○○	邸體里	○○○耳	泲○洗	紀起喜	以
		去	泌睥○○○	地替利	○○○二	祭砌細	季氣戲	意
		入	筆僻蜜○○	迪踢立	○○○日	績七習	急喫吸	一
虞語遇韻"烏"類屈韻"酷"類	u	陰	鋪鋪○夫○	○○○	○○○○	○○○	孤枯呼	烏
		陽	○蒲模扶無	○○○	○○○○	○○○	○○胡	吾
		上	補普母府侮	○○櫓	○○○○	○○○	古苦虎	五
		去	布鋪暮附務	○○○	○○○○	○○○	故庫互	悟
		入	卜扑目弗勿	○○○	○○○○	○○○	骨酷忽	屋
虞語遇韻"虞"類屈韻"曲"類	y	陰	○○○○○	○○○	朱摴書○	葅蛆諝	居區虛	迂
		陽	○○○○○	○○閭	○除殳如	○徂徐	○渠○	虞
		上	○○○○○	○○呂	主處暑汝	咀取○	舉齲許	語
		去	○○○○○	○○慮	注處樹孺	聚趣絮	句去昫	遇
		入	○○○○○	○○律	○出述○	○○戌	局曲血	役
摩麼磨韻"加"類甲韻"狹"類	a	陰	巴苴○○○	○○○	爹差沙○	○○○	加○○	鴉
		陽	○爬○○○	○○拏	○茶○○	○○○	○○霞	牙
		上	把○○○○	打○○	○○○○	鮓○○	假錁間	雅
		去	灞帕罵○○	○○○	○○○○	○○○	駕○夏	亞
		入	八○○法韈	答塌納	詐侘○○	雜插薩	軋恰瞎	鴨

續表

韻系	韻母	調	p pʰ m f v	t tʰ l	tʂ tʂʰ ʂ ʐ	ts tsʰ s	k kʰ x	ø
甲韻"搣"類	ia	入	○○○○○	○○○	○○○○	○○○	甲篋呷	○
摩麽磨韻"瓜"類甲韻"滑"類	ua	陰	○○○○○	○○○	摑○○○	○○○	瓜夸花	哇
		陽	○○○○○	○○○	○○○○	○○○	○○○	○
		上	○○○○○	○○○	○○○○	○○○	○○○	○
		去	○○○○○	○○○	○○○○	○○○	卦跨化	○
		入	○○○○○	○○○	○○刷○	○○○	刮○滑	○
摩麽磨韻"摩"類末韻"各"類	o	陰	波坡○○○	○○○	○○○○	○○○	○○○	阿
		陽	○婆摩○○	○○○	○○○○	○○○	○○○	訛
		上	跛頗麽○○	○○○	○○○○	○○○	○○○	○
		去	播破磨○○	○○○	○○○○	○○○	○○○	餓
		入	剝粕莫○○	○○○	○○○○	○○○	○○○	遏
末韻"覺"類	io	入	○○○○○	○○略	○○○弱	嚼鵲削	覺却學	樂
摩麽磨韻"摩"類末韻"各"類	uo	陰	○○○○○	多拖○	○○○○	○磋娑	歌科○	○
		陽	○○○○○	○馱羅	○○○○	○嵯○	○○河	○
		上	○○○○○	朵妥贏	○○○○	左○鎖	果可火	○
		去	○○○○○	惰唾懦	○○○○	坐剉○	箇課賀	○
		入	○○末○○	奪託洛	濁踔鑠○	作錯索	各渴褐	○
徹韻"陌"類	ɤ	入	白魄陌○○	得特○	○○○○	責惻○	格客黑	額
邪寫謝韻"邪"類徹韻"滅"類	ie	陰	○○○○○	爹○○	遮○奢	嗟○○	○○○	○
		陽	○○○○○	○○○	截○蛇○	○○邪	○茄○	爺
		上	○○○○○	○○○	者○捨惹	○○○	姐且寫	也
		去	○○○○○	○○○	蔗○射○	借○謝	○○○	夜
		入	別瞥滅○○	迭貼列	浙徹設熱	絕竊色	結怯協	業

續表

韻系	韻母	調	p pʰ m f v	t tʰ l	tʂ tʂʰ ʂ ʐ	ts tsʰ s	k kʰ x	∅
徹韻"國"類	uɤ	入	○○○○○	○○○	拙歠説○	○○○	國廓獲	○
徹韻"訣"類	ye	入	○○○○○	○○劣	○○○○	○○○	訣闋穴	月
孩海害韻"垓"類	ai	陰	○○○○○	○鮖○	○釵○○	哉猜顋	垓開○	哀
		陽	○徘埋○○	○臺來	○柴○○	○才○	○○孩	崖
		上	擺○買○○	○○乃	○○○○	宰彩灑	改凱海	矮
		去	敗派邁○○	帶態奈	債蠆○	在菜○	介慨害	愛
孩海害韻"街"類	iai	陰	○○○○○	○○○	○○○	○○○	街揩○	○
		陽	○○○○○	○○○	○○○	○○○	○○○	○
		上	○○○○○	○○○	○○○	○○○	○○○	○
		去	○○○○○	○○○	○○○	○○○	○○○	○
孩海害韻"乖"類	uai	陰	○○○○○	○○○	○○○	○○○	乖○○	○
		陽	○○○○○	○○○	○○○	○○○	○○槐	○
		上	○○○○○	○○○	○○○	○○○	○○○	○
		去	○○○○○	○○○	○○○	○○○	怪快壞	○
危偉魏韻"危"類	ei	陰	悲醅○非微	○○○	○○○	○○○	○○○	○
		陽	○陪迷肥○	○○○	○○○	○○○	○○○	○
		上	○○每斐尾	○○餒	○○○	○○○	○○○	○
		去	背配媚廢未	○○○	○○○	○○○	○○○	○
危偉魏韻"危"類	uei	陰	○○○○○	堆○○	錐吹○○	○催雖	規魁輝	威
		陽	○○○○○	○頹雷	○垂誰綏	○○隨	○葵回	危
		上	○○○○○	○腿累	○○○蘂	○○髓	鬼跬悔	偉
		去	○○○○○	對○○	墜○睡芮	醉翠遂	貴喟會	魏

續表

韻系	韻母	調	p pʰ m f v	t tʰ l	tʂ tʂʰ ʂ z	ts tsʰ s	k kʰ x	∅
調窕眺韻 "包"類	au	陰	包抛○○○	刀滔○	○○○○	遭操臊	高尻蒿	坳
		陽	○袍毛○○	○桃勞○	○○○○	○曹○	○○毫	敖
		上	飽○昂○○	倒討腦	○○○○	早草嫂	杲考好	襖
		去	暴炮冒○○	到○閙	○○○○	躁慥○	告犒浩	奧
調窕眺韻 "標"類	iau	陰	標漂○○○	貂挑○	招超燒	焦○蕭	交蹺梟	腰
		陽	○瓢苗○○	○調聊	○潮韶饒	○憔○	○喬肴	堯
		上	表縹眇○○	鳥窕了	沼○少繞	湫悄小	矯巧曉	杳
		去	驃票妙○○	掉眺料	照踔邵○	噍陗嘯	叫竅孝	要
求臼舊韻 "婁"類 篤韻"篤"類	əu	陰	○○○○○	都偷○	○○○○	掫粗疏	溝摳○	謳
		陽	○抔謀浮○	○頭奴	○愁○	○○侯	○
		上	○剖畝○○	肚土魯	○○○○	走楚叟	苟口吼	偶
		去	○○貿覆○	豆透怒	○○○○	奏助素	姤寇后	漚
		入	○○○○○	篤禿鹿	○○○○	○○○	○○○	○
求臼舊韻 "留"類篤韻 "蓄"類	iəu	陰	彪○○○○	○○○	周抽收	啾秋修	鳩丘休	悠
		陽	○滮繆○○	○○留	○綢○柔	○酋○	○求○	尤
		上	○○○○○	○○柳	帚丑手○	酒○湫	九○糾	有
		去	○○謬○○	○○雷	宙臭授○	○○秀	○○舊	宥
		入	○○○○○	○○忸	祝觸叔辱	足蹴速	○○蓄	郁
田忝簟韻 "幹"類	on	陰	班攀○翻○	單貪○	○○○○	簪參三	干堪酣	安
		陽	○○蠻樊○	○譚難	○○○○	○殘○	○○邯	○
		上	○○○反晚	膽坦覽	○○○○	○慘散	敢坎罕	○
		去	半判曼梵萬	旦炭爛	○○○○	贊燦○	幹闞旱	按

續表

韻系	韻母	調	p pʰ m f v	t tʰ l	tʂ tʂʰ ʂ ʐ	ts tsʰ s	k kʰ x	∅
田忝簟韻"奐"類	uon	陰	○潘○○○	端湍○	○○○○	鑽○○	冠寬歡	剜
		陽	○盤○○○	○團鑾	○○○○	○攢○	○○桓	完
		上	○○滿○○	短疃○	○○○○	纂○○	管款○	○
		去	○○○○○	斷彖亂	○○○○	鑽竄算	貫○奐	腕
田忝簟韻"諫"類	an	陰	○○○○○	○○○	○○山○	○○○	監嵌	○
		陽	○○○○○	○○○	○○○○	○○○	○○閒	顏
		上	○○○○○	○○○	○○○○	○○○	簡○○	眼
		去	辦○○○○	○○○	○○汕○	綻○訕	諫掔○	○
田忝簟韻"建"類	iɛn	陰	編篇○○○	巓天○	鸇覘羶○	尖千先	兼謙軒	焉
		陽	○便綿○○	○田年	○禪○然	○錢旋	○箝嫌	言
		上	貶○勉○○	點忝輦	展闡閃染	剪淺鮮	撿遣顯	掩
		去	卞片面○○	簟瑱念	戰○善○	賤倩羨	建欠憲	彥
田忝簟韻"患"類	uan	陰	○○○○○	○○○	○○○○	○○○	關○○	彎
		陽	○○○○○	○○○	○○○○	○○○	○○環	頑
		上	○○○○○	○○○	○○○○	○○○	○○○	宛
		去	○○○○○	○○○	○○○○	○○○	○○患	○
田忝簟韻"炫"類	yɛn	陰	○○○○○	○○○	專穿○○	鐫梭酸	捐圈○	冤
		陽	○○○○○	○○○	○船○○	○全○	○權玄	原
		上	○○○○○	○○卵	○喘吮頓	○○○	卷犬蠉	阮
		去	○○○○○	○○○	轉串○○	○○○	卷勸縣	願
沈逞趁韻"恩"類	ən	陰	奔砰○分○	登懕○	○○○○	尊○生	更硍亨	恩
		陽	○盆門焚文	○豚能	○○○○	○存○	○○痕	○
		上	本○懣粉吻	等○冷	○○○○	嶟忖○	耿肯很	○
		去	○○悶忿問	頓○論	○○○○	贈○潠	亙○○	○

續表

韻系	韻母	調	p pʰ m f v	t tʰ l	tʂ tʂʰ ʂ ʐ	ts tsʰ s	k kʰ x	ø
沈逞趁韻 "征" 類	in	陰	賓伻○○○	丁聽○	征稱身○	精青心	今輕歆	因
		陽	○平民○○	○廷陵	○沈神人	○○○	○琴行	迎
		上	丙品皿○○	頂挺領	整逞審忍	井請醒	謹頃○	隱
		去	病娉命○○	定聽令	陣稱聖刃	晉槧性	近慶釁	印
沈逞趁韻 "溫" 類	uən	陰	○○○○○	○○○	○○○○	○○○	○昆昏	溫
		陽	○○○○○	○○○	○○○○	○○○	○○渾	○
		上	○○○○○	○○○	○○○○	○○○	緄閫焜	穩
		去	○○○○○	○○○	○○○○	○○○	○○○	慍
沈逞趁韻 "肫" 類	yən	陰	○○○○○	○○○	肫春熏	○○○	君傾熏	○
		陽	○○○○○	○○○	○脣○○	○○巡	○瓊○	雲
		上	○○○○○	○○○	準蠢○○	○○○	○○迥	永
		去	○○○○○	○○○	○○舜閏	俊○浚	郡○訓	運
彊襆絳韻 "剛" 類	ɔŋ	陰	邦滂○方○	當湯○	裝瘡霜	臧倉桑	剛康○	○
		陽	○旁芒房亡	○堂囊	○牀○○	○藏○	○○杭	○
		上	榜○莽仿網	黨儻曩	○○○	○○○	○慷	○
		去	謗○○放妄	盪○浪	○○○○	葬○喪	○亢○	益
彊襆絳韻 "江" 類	aŋ	陰	○○○○○	○○○	○○○○	○○○	江腔	○
		陽	○○○○○	○○○	○○○○	○○○	○○○	○
		上	○○○○○	○○○	○○○○	○○○	○○○	○
		去	○○○○○	○○○	○○○○	○○○	○○○	○
彊襆絳韻 "姜" 類	iaŋ	陰	○○○○○	○○○	章昌商○	將蹡相	姜羌香	央
		陽	○○○○○	○○良	○腸裳瀼	○牆詳	○彊○	陽
		上	○○○○○	○○兩	長敞孃壤	獎搶想	繈○享	仰
		去	○○○○○	○○量	帳暢上讓	將○相	絳○向	漾

續表

韻系	韻母	調	p pʰ m f v	t tʰ l	tʂ tʂʰ ʂ ʐ	ts tsʰ s	k kʰ x	∅
彊禓絳韻 "王" 類	uaŋ	陰	○○○○○	○○○	○○○○	○○○	○匡荒	尫
		陽	○○○○○	○○○	○○○○	○○○	○狂皇	王
		上	○○○○○	○○○	○○○○	髒○爽	廣○恍	往
		去	○○○○○	○○○	狀創○○	○○○	迁曠○	旺
同統洞韻 "翁" 類	oŋ	陰	○○○風○	東通○	○○○○	宗蔥○	公空烘	翁
		陽	○蓬蒙逢○	○同龍	○○○○	○○○	○○紅	○
		上	奉捧猛○○	董統壟	○○○○	○○○	拱恐○	○
		去	○○孟奉○	洞痛○	○○○○	○○○	共控鬨	甕
同統洞韻 "邕" 類	ioŋ	陰	○○○○○	○○○	中充○○	○○松	○○凶	邕
		陽	○○○○○	○○○	○重○戎	○從○	○窮雄	容
		上	○○○○○	○○○	踵寵○宂	○○竦	○○洶	勇
		去	○○○○○	○○○	衆○○○	縱○誦	○○○	用

第三章
從《漢音集字》看清代武天地區語音

《漢音集字》記錄了清末漢口方音，我們以此作爲清代武天地區語音的代表並對《漢音集字》語音作較爲全面的研究。

3.1 《漢音集字》體例及標音

3.1.1 《漢音集字》的編纂

《漢音集字》（Hankow Syllabary），著者殷德生[①]（Ingle，James Addison）（1867—1903），美國聖公會（American Church Mission）教士。1891 年來華，先在上海傳教，後調往漢口。1902 年升爲聖公會漢口區主教。

《漢音集字》引言[②]是此書的重要組成部分，對編纂目的、編纂緣起、記音系統及相關問題都作了説明，是我們進行研究的重要依據。

引言中提到，編纂此書是爲了幫助外國人聽懂漢口話，服務于當時的美國聖公會。書的封面也標明"Prepared For Use In the

---

① 參見中國社會科學院近代史研究所翻譯室編《近代來華外國人名辭典》，中國社會科學出版社，1981 年版第 229 頁。

② 據朱建頌《〈漢音集字〉疏證》引言譯文，見黃群建主編的《湖北方言文獻疏證》，武漢：湖北教育出版社 1999 年版。下同。

American Church Mission"。引言中還指出，此書參考了帕特里奇（S.C.Partridge）《武昌話音節表》（A Syllabary of Wuchang Sounds）每個音下列出 5 個聲調和翟理斯[①]（Giles）的字典區分送氣與否的編纂方法來描述漢口話。

3.1.2 《漢音集字》體例

據引言，《漢音集字》無部首索引。其體例爲：音節—聲調—字組。即先按音節分類，每音節下按五聲（上平、下平、上聲、去聲、入聲）分別排列同音字組。

1.按音節分類

音節按英文字母順序排列。《漢音集字》共 299 個音節，其編排順序如下：

chi/ch'i/chia/ch'ia/chiang/ch'iang/chiao/ch'iao/chie/ch'ie/chien/ch'ien/chiᵉo/ch'iᵉo/chin/ch'in/chioh/ch'ioh/ch'iung/chü/ch'ü/chue/ch'ueh/chuin/ch'uin/

êr/

fah/fan/fang/fei/fᵉn/fᵉo/fu/fung/

ha/hai/han/hang/hao/hêh/hᵉn/hᵉo/ho/hsi/hsia/hsiang/hsiao/hsie/hsien/hsiᵉo/hsin/hsioh/hsiung/hsü/hsue/hsuen/hsuin/hu/hua/huai/huan/huang/huêh/huei/hung/huᵉn/

i/

k'a/kai/k'ai/kan/k'an/kang/k'ang/kao/k'ao/kêh/k'ê/kᵉn/k'ᵉn/kᵉo/k'ᵉo/ko/k'o/ku/k'u/kua/k'ua/kuai/k'uai/kuan/k'uan/kuang/k'uang/kuêh/kuei/k'uei/

---

① 翟理斯（赫伯特·艾倫·賈爾斯 Herbert Allen Giles）（1845—1935），英國領事官，漢學家。1867 年來華爲使館翻譯學生。翟理斯的字典所指當爲其《華英字典》（A Chinese-English Dictionary）（1892）。參見中國社會科學院近代史研究所翻譯室編《近代來華外國人名辭典》，中國社會科學出版社，1981 年版第 166—167 頁。

kung/k'ung/ku^{e}n/k'u^{e}n/

la/lai/lan/lang/lao/lêh/lei/l^{e}n/l^{e}o/li/liang/liao/lieh/lien/li^{e}o/lin/lo/lü/lung/lüoh/

ma/mai/man/mang/mao/mêh/mei/m^{e}n/m^{e}o/mi/miao/mie/mien/min/mo/mung/

na/nai/nan/ngai/ngan/ngang/ngao/ngêh/ng^{e}n/ng^{e}o/ngung/ni/niang/niao/nieh/nien/ni^{e}o/nin/no/nü/

o/

pa/p'a/pai/p'ai/pan/p'an/pang/p'ang/pao/p'ao/pêh/p'êh/pei/p'ei/p^{e}n/p'^{e}n/pi/p'i/piao/p'iao/pie/p'ieh/pien/p'ien/pin/p'in/po/p'o/pu/p'u/pung/p'ung/

ran/rang/rao/rê/r^{e}n/r^{e}o/rüei/

sa/sai/san/sang/sao/sê/s^{e}n/s^{e}o/so/sua/suai/suan/suang/suei/sung/sz/

ta/t'a/tai/t'ai/tan/t'an/tang/t'ang/tao/t'ao/têh/t'êh/tei/t'ei/t^{e}n/t'^{e}n/t^{e}o/t'^{e}o/ti/t'i/tiao/t'iao/tie/t'ieh/tien/t'ien/ti^{e}o/tin/t'in/to/t'o/tsa/ts'a/tsai/ts'ai/tsan/ts'an/tsang/ts'ang/tsao/ts'ao/tsê/ts'ê/tsei/ts'ei/ts^{e}n/ts'^{e}n/ts^{e}o/ts'^{e}o/tso/ts'o/tsua/ts'uai/tsuan/ts'uan/tsuang/ts'uang/tsuei/ts'uei/tsung/ts'ung/tsz/ts'z/tung/t'ung/

wa/wai/wan/wang/wei/w^{e}n/wo/wu/

ya/yang/yao/yen/y^{e}o/yie/yin/yoh/yü/yüeh/yüen/yüin/yung

2. 音節下區分聲調

各音節下按上平、下平、上聲、去聲、入聲排列同音字組，其中有的音節并非五聲俱全，則所缺的調類不列出。如：

chi 上平 / 上聲 / 去聲 / 入聲

chiao 上平 / 上聲 / 去聲

chue 上平 / 入聲

chioh 入聲

3. 各聲調下轄同音字

各聲調下轄字均爲同音字。如：

ch'i

上平：妻淒棲悽綾萋期欺僛溪嵠谿磎栖敧岐歧

下平：其琪騏淇祺棋萁碁璂麒旗綦齊蠐臍芪軝衹祁圻斩旂蘄頎祈奇畸崎琦碕踦騎耆鰭鬐

上聲：杞屺芑起啟啓綮綮豈

去聲：氣器棄砌瘈契褉妻炁愒揭甈罊憩騎愒

入聲：七柒乞訖吃扢泰漆戚慽慼喫

其中"妻""其""杞""氣""七"等分別爲同音字組。

3.1.3 《漢音集字》記音符號

《漢音集字》用一種可以近似地表述本地聲韻調的拉丁字母體系標音。

引言中提到，本書按翟理斯的字典裏的字母還不能描述漢字時，還是另外盡量使用羅馬字母，而翟理斯的字典所使用的拼音即威妥瑪式拼音（Wade-Giles Spelling System）[①]。我們以《中國大百科全書》和《現代漢語通用字典》[②]（1987：718）的漢語拼音、國際音標、威妥瑪式拼法對照表爲參照討論其音值。

[①] "威妥瑪式拼音"（Wade-Giles Spelling System），又稱"威妥瑪—翟理斯式拼音"。這是從清末到1958年漢語拼音方案公布前，國際上最流行的中文拼音方案。由英國駐華使館官員威妥瑪（Tomas F·Wade 1818—1895）製訂，用于他爲外國人學習漢語而編著的《尋津錄》和《語言自邇集》。其後另一名使館官員翟理斯（H·A·Giles）采用了威式拼音并加以改進，用在他的《語學舉隅》《字學舉隅》及《華英字典》中（因此這個方案又稱爲 Wade-Giles Spelling System）。詳見《中國大百科全書·語言文字卷》（1988：397—398）及《中國大百科全書》第二版23冊103—104頁，中國大百科全書出版社；駢宇騫、王鐵柱主編《語言文字詞典》（1999：237），學苑出版社。

[②] 《現代漢語通用字典》編寫組．現代漢語通用字典．外語教學與研究出版社，1987.

3.1.4　研究方法

我們擬對《漢音集字》采取如下研究方法：

（1）《漢音集字》引言中比照英語對一些具體讀音進行了描述，在擬音時將充分利用作者對其記音符號所作的説明；對于英語中没有而漢語中有的音，則充分利用一切可資利用的材料進行擬測。

（2）《漢音集字》按音節來編排漢字，對于引言中未提及的音，依《漢音集字》的編排體例、《湖北方言調查報告》、現代漢口方言、莊延齡[①]（Parker，Edward Harper）《漢口方言》（The Hankow Dialect）（1877）中的描述等來進行擬定。

（3）莊延齡《漢口方言》對聲調有較細緻的描述，且多參照其它方言調值，故在擬定聲調時將充分利用比較法。

3.2　《漢音集字》聲韻調及中古來源

3.2.1　《漢音集字》的聲母

3.2.1.1　聲母擬音

《漢音集字》引言中比照英語對一些聲母的音值進行了描述：

Ch　如 g 在 gem 中

Ch'　如 ch 在 chat 中

Hs　如 sh

K　如 g 在 go 中

---

① 帕克，愛德華·哈珀（Parker，Edward Harper）（1849—1926），漢名莊延齡，英國領事官，漢學家。1869—1871 年任駐華公使館翻譯學生。1871—1875 年在天津、大沽、漢口、九江及廣州等領事館任職。參中國社會科學院近代史研究所翻譯室編《近代來華外國人名辭典》，中國社會科學出版社，1981 年版第 373 頁。

K' 如 k

P 如 b

P' 如 p

T 如 d

T' 如 t

威式拼音亦如此，能擬定 Ch[tɕ]、Ch'[tɕʰ]、Hs[ɕ]、K[k]、K'[kʰ]、P[p]、P'[pʰ]、T[t]、T'[tʰ]。

引言中提到：

Sz 一個共振的噝音，不像 sizzle 中的 siz，i 的發音急促而不清楚

Ts 和 Tsz 如 dze 在 adze 中

Ts' 或 Ts'z 如 ts 在 hats 中

所記舌尖前元音非常清晰，根據現代漢口方言，擬爲 S[s]、Ts[ts]、Ts'[tsʰ]、z[ɿ]。威式拼音則有所不同，[ts][tsʰ] 記作 ts、ts'，而 [ɿ][ʅ] 記作 ǔ 或 ih。

《漢音集字》中還有 r、n、l、m、f、h、ng 等拼音符號引言中未討論到，下面分別進行討論。

先説 r、n、l。威式拼音把 [n][l] 記作 n、l。《漢音集字》引言中提到：“什麼地方也沒有像這三個音（L、N 和 R）那樣糾纏不清的。nan 被大部分人發成 lan，而 rang 變成了 lang。事實上，在武昌，所有的 r 音幾乎變成了 l 音，而在漢口，我却找不到任何有規律的音變。”

《漢音集字》o、ie、i、ü、ai、iao、iᵉo、ien、in、iang 韻母中“挪儺娜諾懦糯捏聶囁躡鑷孽呢尼泥~巴妮怩伲你擬泥拘~膩匿暱溺逆女乃奶萰奈耐鳥褭牛忸扭杻紐鈕妞拈鮎輦攆捻碾撚念廿寧嚀凝佞賃娘孃梁”等字聲母都同時有 [l]、[n] 二讀。此外，a、üoh、êh、ei、ao、ᵉo、an、en、ang、ung 等韻母所轄字聲母只有 [l] 一讀。從比例上來講，泥母洪音字大部分讀爲 [l]，小部分讀爲 [n]；泥母細音字一半讀爲 [l]，一半讀爲 [n]，來母字幾乎都讀爲 [l]。n、l 當處于自由變讀的階段，無音位對立。

據引言，r、l、n 也多相混。"在漢口，我却找不到任何有規律的音變"，作者索性借助賈氏字典把 r 與 l、n 二音區分開來，可能也是符合大部分人的語音實際的。我們不妨認爲作者所瞭解到的漢口話一般是把 r 從 l 和 n 中區分出來的。《漢音集字》中 r 聲母轄字如下：

rê[上聲] 惹喏 [入聲] 熱

ruei[去聲] 銳睿

rao[下平] 饒嬈撓蕘橈鐃 [上聲] 繞撓擾

rᵒo[下平] 柔揉踩猱 [上聲] 蹂 [去聲] 輮 [入聲] 肉月辱蓐褥溽

ran[下平] 然燃髯 [上聲] 冉苒染

rên[上平] 扔 [下平] 壬妊任姙人儿仁仍 [上聲] 忍餁荏恁您 [去聲] 刃仞紉靭妊姙衽任紝

rang[陽平] 瀼儴攘瓤蘘 [上聲] 釀嚷壤攘 [去聲] 讓

r 不與 l、n 相混。因此有給 r 設立獨立音位的必要，根據現代方言，擬 r 爲 [ɹ]。

其它拼音符號 m、f、h、ng 引言中未作説明，當同威式拼音，擬音爲 [m]、f[f]、h[x]、ng[ŋ]，與今漢口方言也十分吻合。

另外還有 ∅。

綜上所述，《漢音集字》聲母系統如下（見表 3.1）：

表 3.1　《漢音集字》聲母系統

聲母擬音	p[p]	p'[pʰ]	m[m]	f[f]
例字	巴爸	爬怕	媽麻	發法
聲母擬音	t[t]	t'[tʰ]	l[l]	
例字	打大	她塔	拉拿	
聲母擬音	ts[ts]	ts'[tsʰ]		s[s]
例字	渣眨	叉茶		沙殺
聲母擬音				r[ɹ]

續表

例字				熱柔
聲母擬音	ch[tɕ]	ch'[tɕʰ]		hs[ɕ]
例字	家假	恰巧		下小
聲母擬音	k[k]	k'[kʰ]	ng[ŋ]	h[x]
例字	古跪	苦垮	哀愛	孩害
聲母擬音	[ø]			
例字	委衣			

3.2.1.2 聲母中古來源

在擬測《漢音集字》聲韻調的基礎上，我們對照中古音進行較爲細緻的比較。以《漢音集字》的聲韻調爲參照，整理其中古來源，如表3.2。

表 3.2　《漢音集字》聲母的中古來源

《漢音集字》聲母	中古來源	
	主要來源	其它來源及例字
p	幫母和並母仄聲	笆抨繽玻媲睥怖滂
pʰ	滂母和並母平聲	逋迫捭擺爆鄙彎憋嫛譜圃濮卜絆幫箔暴愎弼勃僕脖渤曝瀑佩畔並仄
m	明母	杳窈影
f	非、敷、奉母	—
t	端母和定母仄聲	貸透佟定平
tʰ	透母和定母平聲	怛端鐸特衵悌殄艇慟定仄
l	來母和泥母	疑宜牛凝麎倪霓妍研虐孽擬逆驗諺嗲啥疑若廿日
ts	精、知、莊、章母和從、澄、崇母仄聲	雌清屐傕潺崇平涓鵑捲卷眷卷絹見

續表

《漢音集字》聲母	中古來源	
	主要來源	其它來源及例字
tsʰ	清、徹、初、昌母和從、澄、崇、禪母平聲	瘁悴從仄詞祠辭邪平吒窒知擇澤撞轍豸雉稚滯秩帙鳩澄仄翅書攫卷見仄勸券犬溪仄拳蜷權顴群平圈溪平
s	心、邪、生、船、書、禪母	峙肇兆澄寨崇
ɹ	日母	銳睿以
tɕ	精見母細音、部分見母開口二等字和從群母細音仄聲	侵睢竣趄清蛛誅猪輆知合三佇澄合三朱珠硃諸諄肫拙塵主渚蛀炷鑄准準章合三詰企溪伽期跂鯨癏群平迄曉秸襉脛匣
tɕʰ	清溪母細音、部分溪母開口二等字和從群母細音平聲	藉誚從仄囚泅庠祥詳翔邪平拄知合三椿黜怵徹合三廚躕除儲躇澄合三樞春處杵出蠢昌合三訖襖匵鐶見騎群
ɕ	心、邪、曉、匣母細音和部分匣母開口二等字	脣術秫述船合三舒輸書暑黍鼠戌恕庶舜瞬書合三殊殳淳醇鶉純墅樹曙署薯禪合三
k	見母開口洪音和合口字、群母合口三等仄聲字	——
kʰ	溪母開口洪音和合口字、群母合口三等平聲字	柯箍昆溉括檜膾儈劊盥礦見活潰浣皖匣
ŋ	影母和疑母字	——
x	曉、匣母開口洪音和合口字	——
ø	微、疑、影、喻母和日母三等字	——

從表 3.2 可以看出，《漢音集字》和中古聲母主要差別在于：

（1）中古全濁聲母已全部消失，按平聲送氣仄聲不送氣的規律分派到相應的全清和次清聲母中，其中也存在部分例外字；

（2）中古非、敷、奉母合流；

（3）微、疑、影、喻母和日母三等字合流爲影母；

（4）尖團合流，古精見組細音都顎化；

（5）中古精、知、莊、章組今讀爲洪音的全讀 ts 等；

（6）泥、來母混同；

（7）中古疑、影母今讀爲開口洪音的都讀ŋ。

3.2.2 《漢音集字》的韻母

3.2.2.1 韻母擬音

《漢音集字》中的音節首字母均大寫。u 的大寫形式爲 w，音節爲 u 的記作 wu；i 的大寫形式爲 y，音節爲 i 的記作 yi；ü 的大寫形式爲 y，音節或介音爲 ü 的首兩個字母記作 yü。我們根據《漢音集字》的 299 個音節進行歸納，統計出 z、i、u、ü、êr、a、ah、ia、ua、o、uo、üoh、ioh、ê、êh、ie、ieh、uê、uêh、ue、ueh、üeh、ai、uai、ei、uei、üei、ao、iao、ᵉo、iᵉo、an、ien、uan、uen、üen、en、in、uen、uin、üin、ang、iang、uang、ung、iong 共 46 種韻母類別。其中有 ah、üoh、ioh、êh、ieh、uêh、ueh、üeh 共 8 類以 h 結尾的音節。這裏我們先對有無入聲韻尾的問題進行討論。

首先，從此書的編排上來看，凡音節下排有除"入聲"外的"上平""下平""上聲"或"去聲"調的，這樣的音節都無 h 尾。可見這些音節中的"入聲"字和非"入聲"字的區別僅在于聲調不同；某些音節下轄字中不存在"入聲"以外的調，這樣的音節才標有 h 尾。如下所示：

chi

[上平] 幾機饑譏磯璣畿機犄嘰雞鷄肌机飢卪基箕萁期稽秅姬羈羇笄齎齍虀躋攲剞刔

[下平] 幾蟣己紀几麂擠霽薺

[去聲] 寄霽濟悸嚌劑瘠檕計記季悸鯚既塈繼技妓伎芰屐跂企忌惎跽祭鄒際薊沛髻曁薣

[入聲] 積績磧勣及級伋岌笈汲芨亟極殛擊即喞椰鯽蝍塈激跡迹急脊

瘩踏鶻籍糙厝稷叕集吉姑佶劼蛞拮疾嫉蒺給戟戢戠濈緝輯葺胥寂唙棘襋劇盝迄訖汔

chioh

[入聲] 覺爵嚼爝穚角挶腳傕噱屩

ch'ioh

[入聲] 雀確榷搉鵲却卻碏舋愨躍矍钁恪

其次，《漢音集字》引言中提到，"詞尾 h 不發音，僅表示這些漢字都是入聲"。

因此，當時的入聲已經失去了塞音韻尾，是一個獨立的調類。h 僅作爲入聲字的標記而存在。標有 h 的是當時讀爲"入聲"調的字，音節上未標記 h 的"入聲"字也是當時讀爲"入聲"調的字。所以，如果兩個音節之間的區別僅在于有無 h 尾，那麼這兩個音節是同一個音節。

《漢音集字》的 46 種韻母類別中，z、i、u、ü、êr、ia、ua、ai、uai、ei、ao、iao、ᵉo、iᵒo、an、ien、uan、ᵉn、in、uᵉn、ang、iang、uang、ung、iong 共 25 種可視爲獨立的韻母，在音系中爲獨立的音位；其它 21 種韻母存在兩個或兩個以上當歸併爲一個音位（表 3.3 中用"/"將這種音節隔開）的問題。韻母的分合及擬音情況討論如下。

（1）z、i、u、y、êr 的擬音。

z 的擬音上文已述，擬爲 [ɿ]。

i、u、ü 讀音無特殊之處。

《漢音集字》引言中提到：

i —— 如 i 在 machine 中

—— 位于 n 前　如 i 在 pin 中

u —— 字尾　如 oo 在 moon 中

—— 位于元音字母前　如 w 在 win 中

—— 位于 ng 前　如 oo 在 look 中

ü —— 如德語中的 ü

威式拼音 i[i]、u[u]、ü[y]，我們擬同此。

威式拼音中無 ɯ 音，僅 êrh[ər]。《湖北方言調查報告》止攝日母字記爲 ʅ，舌位略低于 ɯ，韻母讀同"格革"；今武天片止攝日母字全讀 ɯ，不同于"格革"。《漢音集字》止攝日母字讀音不與"格革"混同，應當不同于 ʅ，推測其可能限于字母形式注音無法十分精確，綜合考慮這些因素，推測 êr 可能爲 [ɯ]。

（2）a/ah、ia、ua 的擬音。

《漢音集字》引言中提到"a——詞尾或後有 h　如 a 在 father 中"。又威式拼音 a[a]、ia[ia]、ua[ua]，今漢口方言亦同，擬同此。

（3）o/uo、üoh/ioh 的擬音。

《漢音集字》以 o 爲韻母的音節較多，以 uo 爲韻母的僅一例。音節 o 下僅轄"阿啊"二字，wo 下也轄有"阿啊"二字，從現代漢口方言來看，實際語音無別。故這兩個字組可合爲一個字組：[o][上平] 阿屙娿渦倭萵 [下平] 俄哦娥蛾峨鵝訛 [上聲] 我 [去聲] 餓臥啊 [入聲] 惡鄂諤崿齶愕握渥幄噩遏沃"。依威式拼音，uo/o 都讀爲 [o]，今漢口方言亦同，擬爲此。此外，莊延齡（1877）也指出，漢口方言"ko——interchanged with kuo，k'o——interchanged with k'uo"（ko 和 kuo 互換，k'o 和 k'uo 互換）也表明二者的密切聯繫。

üoh 僅出現于音節 lüoh 中，ioh 僅出現在音節 chioh、ch'ioh、hsioh 中，兩個音節爲互補關係，無音位對立。不論從音節下轄字的歷史來源還是今漢口方言讀音來看，它們都應該是同一韻母。

此外，莊延齡（1877）也指出，"chio——interchanged with chüo"（chio 和 chüo 互換），其它處于這種關係的還有 hsüo 和 hsio、lio 和 lüo 等，可能也表明它們實際上無音位差別。

（4）ê/êh、ie/ieh、uê/uêh、ue/ueh/üeh 的擬音。

ueh/üeh、uen/üen、uin/üin 三組韻母中，ueh、uen、uin 都出現于 ch、ch'、hs 後面，üeh、üen、üin 均出現在零聲母音節中，從《漢音集

字》的拼寫方式來看，ch、ch'、hs 後面的 ü 常寫作 u；再結合歷史來源和今漢口方言讀音，"/" 前後的音節當沒有音位差別。

《漢音集字》引言中提到 "e——如 e 在 egg 中；ê——如 e 在 me（rcy）中"，又依威式拼音，ê[ɤ]、eh[ɛ]、üeh[yɛ]，再根據現代漢口方言，擬爲 ê/êh[ɤ]、ie/ieh[ie]、uê/uêh[uɤ]、ue/ueh/üeh[ye]。

（5）ai、uai、ei、uei/üei、ao、iao 的擬音。

《漢音集字》引言中提到 "ai——如 ai 在 aisle 中；ao——類似 ow（但發音時間更長）如 ow 在 cow 中；ei——類似 ei（但發音時間更長）如 ei 在 eight 中"；威式拼音 ai[ai]、uai[uai]、ei[ei]、ao[au]、iao[iau]；今漢口方言亦同，依此。üei 僅出現于 rüei 中，和 uei 不存在任何對立且較爲相似，擬爲同一音位。

威式拼音 uei/ui[uei]，《漢音集字》韻母拼音爲 uei 的字今漢口方言均讀爲 [uei]，擬爲 [uei]。

（6）ᵉo、iᵒo 的擬音。

這兩個音節下轄字今漢口方言讀爲 [əu]、[iəu]；威式拼音 ou[əu]、iu[iəu]。《漢音集字》引言中提到 "e——如 e 在 below 中"，又 "o——如 o 在 no 中"，把這兩條放在一起，我們推測 ᵉo、iᵒo 的讀音可能類似 [əu]、[iəu] 但又有所不同，所以未采用威式拼音而自創，出于音位的考慮，這裏仍擬爲 [əu]、[iəu]。

（7）an、ien、uan、uen/üen 的擬音。

威式拼音 an[an]、ien[ian]、uan[uan]、üan[yan]，《湖北方言調查報告》咸山兩攝舒聲的主要元音在 i、y 之後變 e，今漢口方言 [an]、[iɛn]、[uan]、[yɛn]。《漢音集字》音節 ien、uen/üen 和 an、uan 主要元音有所差異，可見其聽感上當有不同，綜合這些因素，依今漢口方言擬 an [an]、ien [iɛn]、uan [uan]、uen/üen [yɛn]。

（8）ᵉn、in、uᵉn、uin/üin 的擬音。

威式拼音 ên[ən]、in[in]、un[uɔn]、ün[yn]，今漢口方言 [ən]、[in]、

[uən]、[yn]。《漢音集字》的音節 °n、in、u°n、uin/üin 記録的讀音當與威式有一定的差別。擬爲 °n [ən]、in [in]、u°n [uən]、uin/üin [yn] 較爲合適。

（9）ang、iang、uang 的擬音。

威式拼音 ang[aŋ]、iang[iaŋ]、uang[uaŋ]，今漢口方言亦同。擬同此。

（10）ung、iung 的擬音。

威式拼音 ung[uŋ]、iung[yŋ]，今漢口方言 [oŋ]、[ioŋ]。差別不大，這裏依漢口方言擬爲 ung[oŋ]、iung[ioŋ]。

綜上所述，《漢音集字》韻母所用拼音及擬音如下（見表 3.3）：

表 3.3　《漢音集字》韻母系統

z[ɿ] 是字	i[i] 泥幾	u [u] 哭估	ü[y] 雨舉
êr[ɯ] 兒日			
a/ah[a] 啊馬	ia[ia] 假下	ua[ua] 瓜花	
o/uo[o] 落錯	üoh/ioh[io] 腳略		
ê/êh[ɤ] 北拍	ie/ieh[ie] 威貼	uê/uêh[uɤ] 或國	ue/ueh/üeh[ye] 靴月
ai[ai] 愛蓋		uai[uai] 怪壞	
ei[ei] 雷催		uei/üei [uei] 回貴	
ao[au] 老告	iao[iau] 要掉		
°o[ou] 樓狗	i°o[iou] 有久		
an[an] 般短	ien[iɛn] 邊面	uan[uan] 穿犬	uen/üen[yɛn] 掀鮮
°n[ən] 正乘	in[in] 兵並	u°n[uən] 昆橫	uin/üin [yn] 軍蠢
ang[aŋ] 忙胖	iang[iaŋ] 江搶	uang[uaŋ] 牀爽	
ung[oŋ] 風東	iong[ioŋ] 窮兄		

注："/"前後的音節代表同一個音位。

3.2.2.2 韻母中古來源

表 3.4 《漢音集字》韻母的中古來源

《漢音集字》韻母	中古主要來源
a	假攝舒聲的開口二等幫泥知莊曉組字和開口三等章組字、山攝入聲的幫非端泥精莊組字、咸攝入聲的開口一二等端泥精知莊組字和非組字、果攝舒聲開口一等端泥組字
ia	假攝舒聲開口二等莊見曉影組字和開口三等精組字、咸攝入聲開口見曉影組字、山攝入聲開口二等影曉組字、蟹攝舒聲開口二等見組字、果攝舒聲開口三等見組字
ua	假攝舒聲合口二等見曉影組字、蟹攝舒聲合口二等見曉組字、山攝入聲合口洪音見曉組字
o	果攝舒聲開合口一等幫端泥精見曉影組字、遇攝舒聲幫精莊組字、山攝入聲合口一等幫端精組字和開合口一等見曉組字、宕攝入聲開口一等端泥精組字和開口三等知章日組字及開合口一等見曉組字、咸攝入聲開口一等見曉組字、江攝入聲開口二等知莊見影組字
io	宕攝入聲開口三等精日見曉影組字和合口三等見組字、江攝入聲開口二等見曉組字
ɤ	曾攝入聲開口一等端泥精見曉影組字和開口三等莊組字、山攝入聲開口三等知章日組字、假攝舒聲開口三等章日組字、宕攝入聲開口一等幫見組字、梗攝入聲開口二等幫知莊章見曉影組字、咸攝入聲開口三等章組字
uɤ	曾攝入聲合口一等見曉組字、梗攝入聲合口二等見曉組字
ie	山攝入聲開口細音幫端泥精見曉影組字、假攝舒聲開口三等精影組字、咸攝入聲開口細音端泥精見曉影組字
ye	山攝入聲合口細音章見影組字
ɿ	止攝舒聲開口精知莊章組字、梗攝入聲開口知章組字、臻攝入聲開口知章組字、深攝入聲開口知章組字、蟹攝舒聲開口章組字
ɯ	止攝舒聲開口日母字
i	止攝舒聲開口幫泥見曉影組字、蟹攝舒聲開口細音幫端泥精見曉影組字、曾攝入聲開口三等幫泥精見影組字、梗攝入聲開口細音精見影組字、臻攝入聲開口三等幫泥精見影組字、深攝入聲開口三等泥精見影組字
u	遇攝舒聲合口一等幫見曉影組和合口三等非組字、通攝入聲合口一等幫見曉影組和合口三等非組字、臻攝入聲合口一等幫見曉組字和合口三等非組字、流攝舒聲非組開口三等字

續表

《漢音集字》韻母	中古主要來源
y	遇攝入聲合口三等見組字、遇攝舒聲合口三等泥精知章日見曉影組字、臻攝入聲合口三等泥精知章見影組字
ai	蟹攝舒聲開口洪音的幫端泥精莊見曉影組字
uai	蟹攝舒聲合口洪音見曉組字、止攝舒聲合口三等莊組字、山攝舒聲合口三等章組字
ei	止攝舒聲開口三等幫組字和合口三等非泥精組字、蟹攝舒聲合口三等非組字和合口一等端泥精組字
uei	止攝舒聲合口三等非知章見曉影組字、蟹攝舒聲合口精見曉影組字
au	效攝舒聲幫端泥精莊章日見曉影組字
iau	效攝舒聲幫端泥精莊見曉影組字、流攝舒聲開口三等幫組字、江攝入聲開口二等見組字
ou	流攝舒聲開口三等知莊章日組字和開口一等見曉影組字、通攝入聲端泥精知章日組字、遇攝舒聲端泥精莊組字、臻攝入聲合口一等端精組字
iou	流攝舒聲開口三等泥精見曉影組字、通攝入聲合口三等見曉影組字
an	山攝舒聲幫端泥精莊見曉影組洪音和非知章日組細音字、咸攝舒聲開口端泥精知莊章日見曉影組字和合口三等非組字
iɛn	山攝舒聲開口幫端泥精見曉影組字和合口三等精組字、咸攝舒聲開口幫端泥精見曉影組字
uan	山攝舒聲合口幫非知莊章見曉影組字
yɛn	山攝舒聲精見曉影組字
ən	曾攝舒聲開口端精知章見曉組字、梗攝開口二等幫知莊見曉組字和開口三等知章組字、臻攝舒聲合口幫非泥精組字和開口三等知莊章日組字及開口一等見曉組字、深攝舒聲開口三等知莊章日組字
in	曾攝舒聲開口三等幫泥見曉影組字、梗攝舒聲開口二三四等幫端泥精見曉影組字和合口細音見曉影組字、臻攝舒聲開口三等幫泥精莊見曉影組字和合口三等精組字、深攝舒聲開口三等泥精見影組字
uən	臻攝舒聲合口非見曉影組字、梗攝舒聲合口二等曉組字
yn	臻攝舒聲合口三等章日見曉影組字、梗攝舒聲合口見曉影組字
aŋ	江攝舒聲開口二等幫見曉組字、宕攝舒聲合口三等非組字和開口幫端泥精知莊章日見曉組字

續表

《漢音集字》韻母	中古主要來源
iaŋ	江攝舒聲開口二等見組字、宕攝舒聲開口三等泥精見曉影組字
uaŋ	江攝知莊組字、宕攝舒聲莊見曉影組字
oŋ	通攝舒聲幫非端泥精知章見曉影組字、通攝入聲幫組字、遇攝舒聲合口一等幫組字、曾攝舒聲一等幫曉組字、梗攝舒聲洪音幫曉組字、流攝舒聲開口一等幫組字
ioŋ	通攝舒聲合口三等日見曉影組字、梗攝舒聲合口三等曉影組字

從表 3.4 可以看出,《漢音集字》不同于中古韻攝之處主要有:

（1）江、宕攝合并,臻、梗、曾、深攝合并,山、咸攝合并;

（2）遇攝舒聲端、泥、精、莊組字讀爲流攝;

（3）臻、止、蟹、山攝合口字存在讀爲開口現象。

3.2.3 《漢音集字》的聲調

3.2.3.1 聲調擬測

《漢音集字》將聲調分爲陰平、陽平、上聲、去聲、入聲五類,但未對調值進行論述。而同時代的莊延齡（E.H.Parker）在《漢口方言》（The Hankow Dialect）（1877：308—312）中不僅指出漢口方言"Has 5 tones, the 上平、下平、上聲、去聲 and 入聲"（漢口方言有 5 個聲調,上平、下平、上聲、去聲和入聲）,而且對這五個聲調的調值有一些描述,所以我們主要參照他的描述來擬測調值。

他在描述調值時多以當時的天津話、北京話聲調爲參照,而當時的天津話、北京話調值現在已無從知曉,所以我們暫代之以現代方言聲調調值爲參照進行討論。此外,《湖北方言調查報告》（1948）距《漢音集字》未遠,我們也參照《湖北方言調查報告》時的漢口方言聲調調值

107

進行討論。具體分析如下 [①]：

（1）上平

莊延齡指出，"The 上平 is exactly the same as the Tientsin 下平"，"between the Pekingese 上 and 下平 s"（上平幾乎與天津話的下平一樣，介于北京話的上平和下平之間）。

今天津話陽平 35，北京話陰平爲 55，陽平爲 35。推測莊延齡描述的漢口話陰平調值接近 45。

《湖北方言調查報告》（1948：74）記録漢口方言陰平：由"半高"升至"高"（45），寬式用高平調號（55）。今漢口方言陰平調值爲 55，聽感上仍略有上升的趨勢。《漢音集字》時代漢口方言陰平調值可能與今漢口方言差別不大。

（2）下平

莊延齡指出，"The 下平 is exactly the same as the Tientsin 上平"，"lower than the Pekingese 去聲 and exactly the same as the Cantonese 下平"（下平幾乎與天津話的上平一樣，略低于北京話的去聲，跟粵語的下平一樣）；

今天津話陰平 21，北京話去聲 51，粵語廣府片陽平 21、四邑片陽平 22、高陽片陽平 13、莞寶片陽平 21、香山片陽平 51、桂南片陽平 21。其中廣府片和桂南片佔粵語的絶大部分地區。

《湖北方言調查報告》（1948：74）記漢口方言陽平由"半低"降至"低"再升至"中"（213），寬式用低降升調號（313）。今漢口方言陽平 213。

莊延齡描述的漢口話陽平調值可能接近 31。可見莊延齡描述的漢口話陽平和今漢口方言存在一定的差異，不知是實際語音的差異還是莊氏

[①] 今天津話、北京話等方言調值據侯精一主編《現代漢語方言概論》（2002：38；176-183），上海教育出版社。

描述上的差異。

（3）上聲

莊延齡指出，上聲 "much resembles the Pekingese 去聲，It is nearer to the Tientsin 去聲"（非常類似于北京話的去聲，接近天津話的去聲）。

今北京話去聲 51，天津話去聲 53。

《湖北方言調查報告》記漢口方言上聲是中降調（42）。今漢口方言同。

可見莊延齡描述的漢口話上聲和今漢口方言差異不大。

（4）去聲

莊延齡指出，"The 去 is not so deep as，but much resembles，the Pekingese 上聲，It is the same as the Cantonese 上上聲"（去聲沒那麼低，但很類似北京話的上聲，跟粵語的上上聲一樣）；

北京話上聲 214，粵語廣府片陰上 35、四邑片陰上 55、高陽片陰上 24、莞寶片陰上 35、香山片上（不分陰陽）213、桂南片陰上 35。

《湖北方言調查報告》漢口方言去聲是高升調（35），今漢口方言亦同。

莊延齡描述的漢口話去聲和今漢口方言差異不大。

（5）入聲

莊延齡指出，"The 入聲 differs from the 下平 only in that the former obtains in syllables ending with n and ng. In the few cases（such as ꞈpi a nose, or ꞈsê a snake）where the 下平 takes a vowel termination，the Hankow native makes no distinction whatever between the pronunciation of these words and those（such as pi，must，and sê，colour）which are in the 入聲"（只有下平聲音節以 n 和 ng 結尾時，入聲跟下平才區分得很清楚；少數情況下 [比如 ꞈpi "鼻"，或者 ꞈsê "蛇"]，下平收元音尾，漢口當地人就分辨不清它們跟入聲 [如 pi "必" 和 sê "色"] 的讀音差別，究竟

哪個才是入聲）。

可見當時入聲和陽平調值當非常接近，所以容易混同。考慮到今武天地區保留有入聲調的縣市其入聲調值均高于陽平，擬入聲調值爲41。

綜上所述，《漢音集字》陰平、陽平、上聲、去聲調值整體上與今漢口方言差別不大。分別擬爲：陰平45、陽平31、上聲52、去聲35、入聲41。

3.2.3.2　聲調中古來源

《漢音集字》與今漢口方言聲調最大的差別在于入聲調的有無。《漢音集字》的陰平主要來源于中古清聲母平聲字，陽平主要來源于中古濁聲母平聲字，上聲主要來源于清聲母和次濁聲母上聲字，去聲主要來源于中古去聲和全濁聲母上聲字，入聲主要來源于中古入聲。同時各聲調還有少量其它來源的字（見表3.5）：

表 3.5　《漢音集字》聲調的中古來源

《漢音集字》聲調	中古來源	
陰平	主要來源	清平
	其它來源舉例	全濁平：矬期畦膨 次濁平：摩犛耶椰誣巫笀攸悠瞞饅拈 入聲：拉
陽平	主要來源	濁平
	其它來源舉例	全清平：畸縅 次清平：它 去聲：徇殉
上聲	主要來源	清上、次濁上
	其它來源舉例	全濁上：竪輔腐杼昊撼浣皖菌盾晃 去聲：媲哺妙廟謬釀 入聲：霎
去聲	主要來源	去、全濁上
	其它來源舉例	清上：黝 次濁上：誘 入聲：測册策拆

續表

《漢音集字》聲調	中古來源	
入聲	主要來源	入聲
	其它來源舉例	去聲：爸涮塑內

3.3 《漢音集字》的語音特點

整體而言，《漢音集字》距今不遠，整個音系與今漢口方言語音差別不大。根據以上論述，歸納《漢音集字》聲韻調主要特點如下：

聲母方面：

（1）不分 ts 和 tʂ，古精莊知章組洪音全部讀爲 ts 等；

（2）不分尖團，古精組見組細音顎化，全讀 tɕ 等；

（3）知章組合口細音字在遇臻攝中讀 tɕ，其它全讀 ts；

（4）見組二等開口字在蟹攝與梗攝入聲中不顎化，其它則不定；

（5）n、l 可能處于自由變讀的階段，無音位對立，n、l 不分；

（6）日母今開口韻多讀 n，與泥來混；遇單元音 o 則失聲母讀 i；

（7）疑影兩母開口洪音都讀 ŋ；

（8）疑母三四等開口讀 n 或失聲母不定。

韻母方面：

（1）臻、止、蟹、山攝古端、泥、精組合口字多讀爲開口；

（2）通入知組字今讀開口，如"燭竹肉"；

（3）遇攝合口端泥精莊組讀爲流攝字；

（4）魚虞韻的知組字讀 y，與見組字混；

（5）聲母 ɹ 的字較多，包括中古大部分日母字和"鋭睿"等；

（6）深臻曾梗攝舒聲都收 n 尾；

（7）通入明母字讀 oŋ。

聲調方面：

有入聲調。

3.4 《漢音集字》聲韻調配合表

排列《漢音集字》聲韻調配合表如下（見表3.6）：

表3.6 《漢音集字》聲韻調配合表

聲母			p p' m f	t t' l	ts ts' s r	ch ch' hs	k k' ng h	
音節	擬音	聲調	p pʰ m f	t tʰ l	ʦ ʦʰ s ɿ	ʨ ʨʰ ɕ	k kʰ ŋ x	∅
z	ɿ	陰平	○○○○	○○○	知癡斯○	○○○	○○○○	○
		陽平	○○○○	○○○	○池時○	○○○	○○○○	○
		上聲	○○○○	○○○	子恥使○	○○○	○○○○	○
		去聲	○○○○	○○○	智窒事○	○○○	○○○○	○
z	ɿ	入聲	○○○○	○○○	執尺實○	○○○	○○○○	○
i	i	陰平	屄批乜○	低梯呢	○○○○	幾妻西	○○○○	伊
		陽平	○皮迷○	○啼離	○○○○	○其○	○○○○	夷
		上聲	彼鄙米○	底體里	○○○○	幾杞喜	○○○○	倚
		去聲	○屁謎○	帝替利	○○○○	寄氣系	○○○○	意
		入聲	必辟覓○	敵踢立	○○○○	積七習	○○○○	乙
u	u	陰平	○鋪○夫	○○○	○○○○	○○○	孤枯○呼	誣
		陽平	○蒲○扶	○○○	○○○○	○○○	○○○胡	吾
		上聲	補普○甫	○○○	○○○○	○○○	股苦○虎	五
		去聲	布鋪○傅	○○○	○○○○	○○○	故庫○户	誤
		入聲	不僕○弗	○○○	○○○○	○○○	穀哭○忽	屋

續表

聲母			p p' m f				t t' l			ts ts' s r				ch ch' hs			k k' ng h				
音節	擬音	聲調	p	pʰ	m	f	t	tʰ	l	ts	tsʰ	s	ɹ	tɕ	tɕʰ	ɕ	k	kʰ	ŋ	x	∅
ü	y	陰平	○	○	○	○	○	○	○	○	○	○	○	朱	蛆	需	○	○	○	○	與
ü	y	陽平	○	○	○	○	○	○	閭	○	○	○	○	○	廚	徐	○	○	○	○	於
ü	y	上聲	○	○	○	○	○	○	呂	○	○	○	○	舉	處	許	○	○	○	○	羽
ü	y	去聲	○	○	○	○	○	○	慮	○	○	○	○	住	去	壻	○	○	○	○	玉
ü	y	入聲	○	○	○	○	○	○	律	○	○	○	○	局	出	戌	○	○	○	○	入
êr	ɯ	陰平	○	○	○	○	○	○	○	○	○	○	○	○	○	○	○	○	○	○	○
êr	ɯ	陽平	○	○	○	○	○	○	○	○	○	○	而	○	○	○	○	○	○	○	○
êr	ɯ	上聲	○	○	○	○	○	○	○	○	○	○	耳	○	○	○	○	○	○	○	○
êr	ɯ	去聲	○	○	○	○	○	○	○	○	○	○	二	○	○	○	○	○	○	○	○
êr	ɯ	入聲	○	○	○	○	○	○	○	○	○	○	日	○	○	○	○	○	○	○	○
a/ah	a	陰平	巴	葩	媽	○	○	他	拉	渣	叉	沙	○	○	○	○	○	搭	○	○	○
a/ah	a	陽平	○	爬	麻	○	○	○	拿	○	茶	○	○	○	○	○	○	○	○	○	○
a/ah	a	上聲	把	○	馬	○	打	○	喇	鮓	妠	撒	○	○	○	○	○	卡	○	哈	○
a/ah	a	去聲	罷	怕	罵	○	大	○	那	乍	咤	○	○	○	○	○	○	○	○	鑵	○
a/ah	a	入聲	捌	扒	抹	法	達	塔	臘	扎	察	殺	○	○	○	○	○	○	○	○	○
ia	ia	陰平	○	○	○	○	○	○	○	○	○	○	○	家	跍	鰕	○	○	○	○	鴉
ia	ia	陽平	○	○	○	○	○	○	○	○	○	○	○	○	○	霞	○	○	○	○	牙
ia	ia	上聲	○	○	○	○	○	○	○	○	○	○	○	假	卡	下	○	○	○	○	雅
ia	ia	去聲	○	○	○	○	○	○	○	○	○	○	○	嫁	○	夏	○	○	○	○	亞
ia	ia	入聲	○	○	○	○	○	○	○	○	○	○	○	夾	掐	轄	○	○	○	○	押

續表

音節	擬音	聲調	p pʰ m f	t tʰ l	ts tsʰ s ɹ	tɕ tɕʰ ɕ	k kʰ ŋ x	ø
ua	ua	陰平	○○○○	○○○	抓○○○	○○○	瓜夸○花	蛙
		陽平	○○○○	○○○	○○○○	○○○	○○○華	○
		上聲	○○○○	○○○	○○耍○	○○○	寡胯○踝	瓦
		去聲	○○○○	○○○	○○○○	○○○	挂跨○化	凹
		入聲	○○○○	○○○	苗○刷○	○○○	括○○滑	挖
o/uo	o	陰平	波坡摩○	多他囉	挫搓梭○	○○○	哥柯○呵	阿
		陽平	○婆磨○	○它羅	○○○○	○○○	○○○河	俄
		上聲	跛剖麼○	朵妥裸	左○所○	○○○	果可○火	我
		去聲	播破磨○	舵唾懦	佐錯○○	○○○	個課○禍	餓
		入聲	博潑莫○	奪託洛	作撮索○	○○○	各渴○喝	惡
üoh/ioh/yoh	io	陰平	○○○○	○○○	○○○○	○○○	○○○○	○
		陽平	○○○○	○○○	○○○○	○○○	○○○○	○
		上聲	○○○○	○○○	○○○○	○○○	○○○○	○
		去聲	○○○○	○○○	○○○○	○○○	○○○○	○
		入聲	○○○○	○○虐	○○○○	覺雀學	○○○○	約
ê/êh	ɤ	陰平	○○○○	○○○	遮車奢○	○○○	○搭○○	○
		陽平	○○○○	○○○	○○蛇○	○○○	○○○○	○
		上聲	○○○○	○○○	者扯捨惹	○○○	○○○○	○
		去聲	○○○○	○○○	這○射○	○○○	○○○○	○
		入聲	百迫墨○	得特勒	折惻色熱	○○○	格克厄黑	○

續表

聲母			p p' m f	t t' l	ts ts' s r	ch ch' hs	k k' ng h	
音節	擬音	聲調	p pʰ m f	t tʰ l	ts tsʰ s ɹ	tɕ tɕʰ ɕ	k kʰ ŋ x	∅
ie/ieh	ie	陰平	○○乜○	爹○○	○○○○	嗟○些	○○○○	耶
		陽平	○○○○	○○○	○○○○	○○邪	○○○○	爺
		上聲	癟○○○	○○○	○○○○	姐且寫	○○○○	野
		去聲	○○○○	○○○	○○○○	借藉謝	○○○○	夜
		入聲	別撇滅○	迭鐵列	○○○○	結切血	○○○○	葉
uê/uêh	uɤ	陰平	○○○○	○○○	○○○○	○○○	○○○○	○
		陽平	○○○○	○○○	○○○○	○○○	○○○○	○
		上聲	○○○○	○○○	○○○○	○○○	○○○○	○
		去聲	○○○○	○○○	○○○○	○○○	○○○○	○
		入聲	○○○○	○○○	○○○○	○○○	國○○或	○
ue/ueh/üeh	ye	陰平	○○○○	○○○	○○○○	瘸○靴	○○○○	○
		陽平	○○○○	○○○	○○○○	○○○	○○○○	○
		上聲	○○○○	○○○	○○○○	○○○	○○○○	○
		去聲	○○○○	○○○	○○○○	○○○	○○○○	○
		入聲	○○○○	○○○	○○○○	厥缺穴	○○○○	月
ai	ai	陰平	○○○○	呆胎○	齋差腮○	○○○	街開哀咍	○
		陽平	○牌埋○	○臺來	○才○○	○○○	○○埃偕	○
		上聲	擺擺買○	歹○乃	宰采○○	○○○	改楷矮海	○
		去聲	拜派賣○	代太賴	再菜賽○	○○○	介概愛亥	○
		入聲	○○○○	○○○	○○○○	○○○	○○○○	○

續表

音節	擬音	聲調	p pʰ m f	t tʰ l	ts tsʰ s ɹ	tɕ tɕʰ ɕ	k kʰ ŋ x	∅
uai	uai	陰平	○○○○	○○○	○○衰○	○○○	乖○○○	歪
		陽平	○○○○	○○○	○○○○	○○○	○○○懷	○
		上聲	○○○○	○○○	○喘摔○	○○○	拐塊○○	○
		去聲	○○○○	○○○	○○帥○	○○○	怪快○壞	外
		入聲	○○○○	○○○	○○○○	○○○	○○○○	○
ei	ei	陰平	卑披○非	堆推○	○崔○○	○○○	○○○○	○
		陽平	○賠苺肥	○頹雷	○○○○	○○○	○○○○	○
		上聲	○○每斐	○腿累	嘴璀○○	○○○	○○○○	○
		去聲	被配昧廢	對退類	最翠○○	○○○	○○○○	○
		入聲	○○○○	○○○	○○○○	○○○	○○○○	○
uei/üei	uei	陰平	○○○○	○○○	追吹綏○	○○○	規虧○灰	威
		陽平	○○○○	○○○	○垂誰○	○○○	○暌○回	爲
		上聲	○○○○	○○○	棰○水○	○○○	鬼傀○悔	尾
		去聲	○○○○	○○○	縋吹遂鋭	○○○	桂愧○誨	未
		入聲	○○○○	○○○	○○○○	○○○	○○○○	○
ao	au	陰平	包抛貓○	刀叨○	招超稍○	○○○	高尻坳蒿	○
		陽平	○袍毛○	○桃勞	○朝韶饒	○○○	○○敖毫	○
		上聲	保跑卯○	禱討老	早草少繞	○○○	槁考襖好	○
		去聲	報炮貌○	道套鬧	照造肇○	○○○	告靠傲號	○
		入聲	○○○○	○○○	○○○○	○○○	○○○○	○

續表

聲母			p p' m f	t t' l	ts ts' s r	ch ch' hs	k k' ng h	
音節	擬音	聲調	p pʰ m f	t tʰ l	ts tsʰ s ɹ	tɕ tɕʰ ɕ	k kʰ ŋ x	Ø
iao	iau	陰平	標飄○○	刁挑○	○○○○	交敲宵	○○○○	幺
		陽平	○瓢苗○	○條僚	○○○○	○喬肴	○○○○	姚
		上聲	表縹邈○	屌窕鳥	○○○○	佼巧小	○○○○	咬
		去聲	鰾票○○	釣跳料	○○○○	教峭笑	○○○○	要
		入聲	○○○○	○○○	○○○○	○○○	○○○○	○
ᵉo	ou	陰平	○○○○	都偷○	州抽收○	○○○	勾摳謳駒	○
		陽平	○○謀浮	斗頭婁	○仇○柔	○○○	○○○侯	○
		上聲	○○某否	度土魯	走楚手蹂	○○○	苟口偶吼	○
		去聲	○○貿阜	讀吐路	做助受輮	○○○	姤叩漚候	○
		入聲	○○○○	○突錄	卒觸叔肉	○○○	○○○○	○
iᵉo	iou	陰平	○○○○	丟○○	○○○○	鳩秋休	○○○○	憂
		陽平	○○○○	○○流	○○○○	○求朽	○○○○	由
		上聲	○○○○	○○柳	○○○○	酒揪秀	○○○○	有
		去聲	○○○○	○○溜	○○○○	究○畜	○○○○	又
		入聲	○○○○	○○○	○○○○	○○○	○○○○	欲
an	an	陰平	般潘瞞番	丹貪○	占攙三○	○○○	干堪安酣	○
		陽平	○盤蠻凡	○談闌	○讒蟬然	○○○	○○○寒	○
		上聲	板拌滿反	短坦覽	展諂散冉	○○○	感砍俺喊	○
		去聲	半判漫犯	淡炭爛	贊粲扇○	○○○	幹看按漢	○
		入聲	○○○○	○○○	○○○○	○○○	○○○○	○

續表

聲母			p p' m f	t t' l	ts ts' s r	ch ch' hs	k k' ng h	
音節	擬音	聲調	p pʰ m f	t tʰ l	ts tsʰ s ɹ	tɕ tɕʰ ɕ	k kʰ ŋ x	∅
ien	iɛn	陰平	邊偏○○	顛天拈	○○○○	兼千先	○○○○	烟
		陽平	○駢棉○	○田连	○○○○	○錢賢	○○○○	言
		上聲	扁刷免○	典忝臉	○○○○	簡淺險	○○○○	掩
		去聲	便片面○	殿掭敛	○○○○	賤欠憲	○○○○	厭
		入聲	○○○○	○○○	○○○○	○○○	○○○○	○
uan	uan	陰平	○○○○	○○○	捐川閂○	○○○	官寬○歡	灣
		陽平	○○○○	○○○	○拳○○	○○○	○○○還	完
		上聲	○○○○	○○○	捲犬○○	○○○	管款○緩	晚
		去聲	○○○○	○○○	眷勸訕○	○○○	貫○○奐	萬
		入聲	○○○○	○○○	○○○○	○○○	○○○○	○
uen/ üen	yɛn	陰平	○○○○	○○○	○○○○	○○軒	○○○○	淵
		陽平	○○○○	○○○	○○○○	○○玄	○○○○	原
		上聲	○○○○	○○○	○○○○	○○選	○○○○	遠
		去聲	○○○○	○○○	○○○○	○○絢	○○○○	願
		入聲	○○○○	○○○	○○○○	○○○	○○○○	○
ᵉn	ən	陰平	奔烹○分	登吞○	真稱身扔	○○○	根坑恩亨	○
		陽平	○盆門焚	○滕能	○臣辰壬	○○○	○○○痕	○
		上聲	本○○粉	等氽冷	拯逞審忍	○○○	耿肯○很	○
		去聲	笨体悶忿	鄧褪論	正趁盛刃	○○○	艮○硬恨	○
		入聲	○○○○	○○○	○○○○	○○○	○○○○	○

續表

聲母			p p' m f	t t' l	ts ts' s r	ch ch' hs	k k' ng h	
音節	擬音	聲調	p pʰ m f	t tʰ l	ts tsʰ s ɹ	tɕ tɕʰ ɕ	k kʰ ŋ x	∅
in	in	陰平	賓姘○○	丁聽拎	○○○○	斤親新	○○○○	音
		陽平	○貧民○	○亭寧	○○○○	○芹形	○○○○	迎
		上聲	稟品閔○	頂挺領	○○○○	僅寢醒	○○○○	引
		去聲	竝聘命○	定聽佞	○○○○	進磬信	○○○○	應
		入聲	○○○○	○○○	○○○○	○○○	○○○○	○
uᵉn	uən	陰平	○○○○	○○○	○○○○	○○○	肱昆昏○	溫
		陽平	○○○○	○○○	○○○○	○○○	○○魂○	文
		上聲	○○○○	○○○	○○○○	○○○	滾綑渾○	穩
		去聲	○○○○	○○○	○○○○	○○○	棍困混○	問
		入聲	○○○○	○○○	○○○○	○○○	○○○○	○
uin/üin	yn	陰平	○○○○	○○○	○○○○	君春熏	○○○○	熅
		陽平	○○○○	○○○	○○○○	○群脣	○○○○	云
		上聲	○○○○	○○○	○○○○	准蠢盾	○○○○	永
		去聲	○○○○	○○○	○○○○	窘○訓	○○○○	詠
		入聲	○○○○	○○○	○○○○	○○○	○○○○	○
ang	aŋ	陰平	邦○○方	當湯○	張昌商○	○○○	岡康骯○	○
		陽平	○旁忙房	○堂郎	○長嘗瓤	○○○	○○昂杭	○
		上聲	榜○莽訪	黨倘朗	掌廠賞嚷	○○○	港慷○○	○
		去聲	傍胖○放	當燙浪	丈唱尚讓	○○○	槓抗盎項	○
		入聲	○○○○	○○○	○○○○	○○○	○夯○○	○

續表

聲母			p p' m f	t t' l	ts ts' s r	ch ch' hs	k k' ng h	
音節	擬音	聲調	p pʰ m f	t tʰ l	ts tsʰ s ɻ	tɕ tɕʰ ɕ	k kʰ ŋ x	∅
iang	iaŋ	陰平	○○○○	○○○	○○○○	江槍相	○○○○	央
		陽平	○○○○	○○良	○○○○	○強降	○○○○	羊
		上聲	○○○○	○○兩	○○○○	講搶想	○○○○	養
		去聲	○○○○	○○量	○○○○	醬嗆向	○○○○	樣
		入聲	○○○○	○○○	○○○○	○○○	○○○○	○
uang	uaŋ	陰平	○○○○	○○○	莊瘡雙○	○○○	光匡○荒	汪
		陽平	○○○○	○○○	○牀○○	○○○	○狂○皇	王
		上聲	○○○○	○○○	奘闖爽○	○○○	廣○○謊	枉
		去聲	○○○○	○○○	狀○○○	○○○	逛況○愰	旺
		入聲	○○○○	○○○	○○○○	○○○	○○○○	○
ung	oŋ	陰平	○○○風	東通聾	中沖松○	○○○	工空翁烘	○
		陽平	○朋蒙逢	○同龍	○蟲○○	○○○	○○○洪	○
		上聲	凸捧猛○	董桶攏	踵寵聳○	○○○	拱恐滃哄	○
		去聲	○碰夢鳳	動痛弄	重銃宋○	○○○	貢控甕閧	○
		入聲	○○木○	○○○	○○○○	○○○	○○○○	○
iong	ioŋ	陰平	○○○○	○○○	○○○○	○○兄	○○○○	雍
		陽平	○○○○	○○○	○○○○	○窮雄	○○○○	榮
		上聲	○○○○	○○○	○○○○	○○○	○○○○	勇
		去聲	○○○○	○○○	○○○○	○○○	○○○○	用
		入聲	○○○○	○○○	○○○○	○○○	○○○○	○

第四章　現代武天地區語音内部差異

　　武天方言歷史文獻固然重要，現代方言同樣不可忽視。將時間和空間結合起來考察語音的演變是一種通則，語音在地理上的差異往往能反映時間層次，考察空間的差異有利于歸納語音在時間上的發展模式。

　　武天片方言聲韻調還存在一定的内部差異，本章力圖揭示其内部差異，以此與歷史文獻相比較，來推測語音的歷史演變過程。

4.1　聲母内部差異

4.1.1　見、精、知、莊、章組

　　在湖北武天片方言中，這幾組聲母之間關係密切，具有類似的演變軌迹，所以放在一起討論。

4.1.1.1　見組

　　見組包括見、溪、群、疑母，這裏僅討論見、溪、群母，疑母另有討論。現代武天方言裏中古見組細音一般讀爲 tɕ 組，但部分地區讀爲 ts 組，這樣形成見組細音的兩種類型（見表 4.1）：

表 4.1　見組聲母在現代武天地區的讀音類型

類型	見組洪音		見組細音		方言點
	開	合	開	合	
（1）	k 一等、k/ tɕ 二等組	k 組	tɕ 組	tɕ/ts	京山、漢口
（2）	k 一等、k/ tɕ 二等組	k 組	tɕ 組	tɕ 組	天門、仙桃、漢川、洪湖

第（1）型：部分見組合口細音字讀爲 ts、tsʰ。即：見母合口細音和群母仄聲合口細音讀爲 ts，溪母合口細音和群母平聲合口細音讀爲 tsʰ。主要分布在漢口和京山兩地。其中京山見、溪、群母合口細音字讀爲 ts、tsʰ 的情況比漢口分布廣泛。漢口方言見溪群母合口細音字讀爲 ts、tsʰ 的僅涉及山、咸攝，而京山方言除山、咸攝外，還涉及遇臻及通攝入聲字等。

第（2）型：見組合口細音讀爲 tɕ、tɕʰ，不讀爲 ts、tsʰ。即：見母合口細音和群母仄聲合口細音讀爲 tɕ，溪母合口細音和群母平聲合口細音讀爲 tɕʰ。主要分布在天門、仙桃、漢川、洪湖等地。

下舉幾字爲例（見表 4.2）：

表 4.2　湖北西南官話武天片見組合口細音字讀音舉例

	例字	見合細			群仄合細		
		居	捲	軍	拒	倔	圈豬~
（1）	漢口	₌tɕy	ꜛtsuan	₌tɕyn	tɕy꜒	ꜛtɕye~强 /tɕye꜒脾氣~	tsuan꜒
	京山	₌tsɿ	ꜛtsuan	₌tsʮuen	tsɿ꜒	tsɿe꜒	tsuan꜒
（2）	天門	₌tɕy	ꜛtɕyɛn	₌tɕyn	tɕy꜒	—	tɕyɛn꜒
	仙桃	₌tɕy	ꜛtɕyɛn	₌tɕyn	tɕy꜒	tɕye꜒~强	tɕyɛn꜒
	漢川	₌tɕy	ꜛtɕyɛn	₌tɕyn	tɕy꜒	—	tɕyɛn꜒
	洪湖	₌tɕy	ꜛtɕyɛ꜒~强	₌tɕyn	tɕy꜒	tɕyɛ꜒~强	tɕyɛn꜒

	例字	溪合細			群平合細		
		去	勸	傾	瘸	權	群
（1）	漢口	kʰɯ⊃ 白 /tɕy⊃ 文	tsʰuan⊃	⊂kʰən 白 /⊂tɕʰin 文	⊆tɕʰye	⊆tsʰuan	⊆tɕʰyn
	京山	kʰɯ⊃ 白 /tsʰɿ⊃ 文	tsʰuan⊃	⊂tsʰɥen	⊆tsʰɥe	⊆tsʰuan	⊆tsʰɥen
（2）	天門	kʰɯ⊃	tɕʰyɛ⊃	⊂tɕʰyn	—	⊆tɕʰyɛn	⊆tɕʰyn
	仙桃	kʰɯ⊃ 白 /tɕy⊃ 文	tɕʰyɛ⊃	⊂tɕʰyn	⊆tɕʰyɛ	⊆tɕʰyɛn	⊆tɕʰyn
	漢川	kʰɯ⊃	tɕʰyɛ⊃	⊂tɕʰin	—	⊆tɕʰyɛn	⊆tɕʰyn
	洪湖	kʰɯ⊃ 白 /tɕy⊃ 文	tɕʰyɛ⊃	⊂tɕʰyn	⊆tɕʰyɛ	⊆tɕʰyɛn	⊆tɕʰyn

可見，除京山、漢口方言少數字見組聲母讀爲 ts 組外，見組聲母在現代武天地區已顎化。見組合口細音字讀爲 ts、tsʰ 的問題，下文結合知、莊、章組一起討論。

4.1.1.2　見、精組細音和知、莊、章組的分混

知、莊、章組在武天片方言中具有相同的分混趨勢，且與見精組細音的演變密切相關。在上文依見組細音進行分類的基礎上，依見、精、知、莊、章組今讀音的不同可將武天片方言分爲四種類型：

第（1）型：部分見組合口細音字讀爲 ts 組，部分知莊章組遇攝、臻攝合口字顎化爲 tɕ 組，開口字未發生顎化，如漢口；

第（2）型：部分見組合口細音字讀爲 ts 組，知莊章組開合口字都讀爲 ts，未發生顎化，如京山；

第（3）型：見組合口細音字全部讀爲 tɕ，知莊章組開合口字都讀爲 ts，未發生顎化，如仙桃、洪湖；

第（4）型：見組合口細音字全部讀爲 tɕ，知莊章組遇、臻、山、江、止、效、宕、蟹攝開合口字都有顎化爲 tɕ 組的情況，如天門、漢川。如表 4.3：

表 4.3　見、精、知、莊、章組在今湖北西南官話武天片中的讀音類型

類型	見組細音		精組細音		知莊章組		方言點
	開	合	開	合	開	合	
（1）	tɕ 組	tɕ/ts 組	tɕ 組	tɕ 組	ts 組	tɕ/ts 組	漢口
（2）	tɕ 組	tɕ/ts 組	tɕ 組	tɕ 組	ts 組	ts 組	京山
（3）	tɕ 組	tɕ 組	tɕ 組	tɕ 組	ts 組	ts 組	仙桃[①]、洪湖
（4）	tɕ 組	tɕ 組	tɕ 組	tɕ 組	tɕ/ts 組	tɕ/ts 組	天門、漢川

從上表可以看出，其中較爲特殊的是：見組合口細音讀爲 ts（見 §4.1.1.1 表 4.2）；知莊章組讀爲 tɕ。如表 4.4：

表 4.4　知、莊、章組在今湖北武天片中的讀音舉例

類型	方言點	知、莊、章組合口							莊組開口		
		蛛知	追知	撞澄	霜生	穿昌	水書	純襌	窗初	雙生	牀崇
（1）	漢口	꜀tɕy	꜀tsuei	tsuaŋ꜄/tsʰuaŋ꜄	꜀suaŋ	꜀tsʰuan	꜂suei	꜀ɕyn	꜀tsʰuaŋ	꜀suaŋ	꜁tsʰuaŋ
（2）	京山	꜀tsʅ	꜀tsuei	tsʰuaŋ꜄	꜀suaŋ	꜀tsʰuan	꜂suei	꜁ɕyən	꜀tsʰuaŋ	꜀suaŋ	꜁tsʰuaŋ
（3）	洪湖	꜀tsy	꜀tsuei	tsʰuaŋ꜄	꜀suaŋ	꜀tsʰuan	꜂suei	꜁suən	꜀tsʰuaŋ	꜀suaŋ	꜁tsʰuaŋ
	仙桃	꜀tsy	꜀tsuei	tsʰuaŋ꜄	꜀suaŋ	꜀tsʰuan	꜂suei	꜁suən	꜀tsʰuaŋ	꜀suaŋ	꜁tsʰuaŋ
（4）	漢川	꜀tɕy	꜀tɕyei	꜀tɕʰyaŋ/tɕʰyaŋ	꜀ɕyaŋ	꜀tɕʰyɛn	꜂ɕyei	꜁tɕʰyn	꜀tɕʰyaŋ	꜀ɕyaŋ	꜁tɕʰyaŋ
	天門	꜀tɕy	꜀tɕyei	꜀tɕʰyaŋ	꜀ɕyaŋ	꜀tɕʰyɛn	꜂ɕyei	꜁tɕʰyn	꜀tɕʰyaŋ	꜀ɕyaŋ	꜁tɕʰyaŋ

從表 4.4 可以看出，漢口方言知莊章組合口讀爲 tɕ 組的字主要出現于遇攝、臻攝，天門和漢川知莊章組合口讀爲 tɕ 組的字則廣泛出現于遇、臻、山、宕、止攝等；開口讀爲 tɕ 的集中出現于莊組。

---

①　有一個例外字：輸 ꜀ɕy。

4.1.1.3　開口二等牙喉音讀音

由于部分喉音字和牙音開口二等字有相同的讀音表現，故一并討論。所以這裏討論包括見、溪、群、疑、影、曉、匣母字在内的牙喉音開口二等字，如"家架牙下蝦啞假開二交攪窖覺敲咬效開二皆階介界届戒揩楷諧械佳街解（~決）懈涯崖鞋蟹蟹開二鹹陷嵌銜咸開二艱間揀眼莧顏雁山開二更庚羹粳耕耿哽埂梗梗開二江扛碻虹講港江開二"等。其中梗攝開口二等基本無顎化現象，江攝僅"碻"有異讀：漢口"碻"ᵏʰo 白/ₔtɕio 文，天門"碻"kʰuoₒ 白/tɕioₒ 文。其它字或顎化如"江講"，或未顎化如"扛虹港"。假、效、蟹、咸、山攝多存在文白異讀的情況，兹分類論述如下：

（1）假攝開口二等牙喉音字的讀音

假攝開口二等牙喉音字多存在異讀情況：白讀爲 a，文讀爲 ia。兹選取存在文白異讀及各點聲母讀音存在差異的字，依未顎化讀音保留的多少列表如下（見表 4.5）：

表 4.5　假攝開口二等牙喉音字讀音

	家	架	牙	下	蝦	啞
天門	ₔka/ₔtɕia	tɕia꜒	ₔa/ₔia	꜂xa/ɕia꜒	ₔxa/ₔɕia	꜂a/꜂ia
漢口	ₔka/ₔtɕia	ka꜒/tɕia꜒	ₔia	xa꜒/ɕia꜒	ₔɕia	ŋa꜒/ia꜒
京山	ₔka/ₔtɕia	tɕia꜒	ₔia	꜂xa/ɕia꜒	ₔxa	꜂a/꜂ia
仙桃	ₔka/ₔtɕia	tɕia꜒	ₔia	꜂xa/ɕia꜒	ₔxa/ₔɕia	꜂a/꜂ia
漢川	ₔka/ₔtɕia	tɕia꜒	ₔa/ₔia	꜂xa/ɕia꜒	ₔɕia	꜂a/꜂ia
洪湖	ₔka/ₔtɕia	tɕia꜒	ₔia	꜂xa/ɕia꜒	ₔxa	꜂a/꜂ia

從上表可以看出，未顎化讀音保留最多的是天門方言，漢口、京山、仙桃、漢川、洪湖次之。但從數量上來看，整體差異不大。在保留文白異讀方面，"家下啞"武天片各點方言中都保留了文白異讀層。"架"在漢口保留了文白異讀層，"牙"在天門和漢川保留了文白異讀

層，"蝦"在天門和仙桃保留了文白異讀層。即，按未顎化讀音從多到少排列爲：天門＞漢口、京山、仙桃、漢川、洪湖；按保留文白異讀的多少排列爲：天門＞漢口、仙桃、漢川＞京山、洪湖。

（2）效攝開口二等牙喉音字讀音

效攝開口二等牙喉音字如"交覺敲咬"多存在異讀現象，其韻母今讀爲 au 或 iau。兹選取存在文白異讀及各點聲母讀音存在差異的字，依未顎化讀音保留的多少列表如下（見表 4.6）：

表 4.6　效攝開口二等牙喉音字讀音

	交見	覺見	敲溪	咬疑
漢口	₌kau/₌tɕiau	kauᵓ/ ₌tɕiauᵓ	₌kʰau/₌tɕʰiau	ᶜŋau/ᶜiau
京山	₌tɕiau	₌kau	₌kʰau/₌tɕʰiau	ᶜau/ᶜiau
天門	₌tɕiau	tɕiauᵓ	₌kʰau/₌tɕʰiau	ᶜau
漢川	₌tɕiau	tɕiauᵓ	₌kʰau/₌tɕʰiau	ᶜau
仙桃	₌tɕiau	tɕiauᵓ	₌kʰau	ᶜau
洪湖	₌tɕiau	tɕiauᵓ	₌kʰau	ᶜau

從上表可以看出，未顎化讀音保留最多的是漢口方言，其次是京山方言，再次是天門、漢川、仙桃、洪湖方言。若從文白異讀保留的多少來看，文白異讀保留最多的是漢口方言，其次是京山方言，再次是天門和漢川方言，仙桃和洪湖方言效攝開口二等牙喉音字無文白異讀現象。即，按未顎化讀音從多到少排列爲：漢口＞京山＞天門、漢川、仙桃、洪湖；按保留文白異讀的多少排列爲：漢口＞京山＞天門、漢川＞仙桃、洪湖。

（3）蟹攝開口二等牙喉音字讀音

蟹攝開口一、二等牙喉音基本合流，但牙喉音二等"皆階介界屆戒諧械解懈崖"等字讀音不確定，其中存在異讀情況。選取存在文白異讀及各點聲母讀音存在差異的字，依未顎化讀音保留的多少列表如下（見

表 4.7）：

表 4.7　蟹攝開口二等牙喉音字讀音

方言點	皆	階	介	界	屆	戒	諧	械	解	懈	崖
漢口	꜀kai	꜀kai	kai꜄	kai꜄	kai꜄	kai꜄	꜁xai	kai꜄	꜀kai	xai꜄	꜁ia
京山	꜀kai	꜀kai	kai꜄	kai꜄	kai꜄	kai꜄	—	kai꜄	꜀kai	—	꜁ai
仙桃	꜀kai	꜀kai	kai꜄	kai꜄	kai꜄	kai꜄	꜁ɕie	kai꜄	꜀kai	—	꜁ia
洪湖	꜀kai	꜀kai	kai꜄	kai꜄	kai꜄	kai꜄	꜁ɕie	kai꜄	꜀kai	—	꜁ia
天門	꜀kai/ ꜀tɕiai	꜀kai	kai꜄	kai꜄/ tɕiai꜄	kai꜄	kai꜄	—	kai꜄	꜀tɕiai	ɕiai꜄	꜁ai/ ꜁iai
漢川	꜀tɕiɛ	꜀tɕiɛ	tɕiai꜄	tɕiai꜄	tɕiai꜄	tɕiai꜄	—	tɕiai꜄	꜀kai/ ꜀tɕiai	ɕiɛ꜄	꜁ia

從上表可以看出，未顎化讀音保留較多的是漢口，京山、仙桃、洪湖，其次是天門，最少的是漢川方言。若從文白異讀的角度來看，天門和漢川方言存在文白異讀現象，漢口、京山、仙桃、洪湖方言無此現象。即，按未顎化讀音從多到少排列爲：漢口＞京山、仙桃、洪湖＞天門＞漢川；按保留文白異讀的多少排列爲：天門、漢川＞漢口、京山、仙桃、洪湖。

（4）咸、山攝開口二等牙喉音字的讀音

咸、山攝開口二等牙喉音字“鹹陷嵌銜艱間揀眼雁甲”多存在異讀情況。選取存在文白異讀及各點聲母讀音存在差異的字，依未顎化讀音保留的多少列表如下（見表 4.8）：

表 4.8　咸、山攝開口二等牙喉音字讀音

方言點	鹹	陷	嵌	銜	艱	間	揀	眼	雁	甲
天門	꜁ɕiɛn	xan꜄/ ɕiɛn꜄	꜀kʰan/ tɕʰiɛn	꜁ɕiɛn	꜀kan/ ꜀tɕiɛn	꜀kan/ ꜀tɕiɛn	꜀tɕiɛn	꜀an/ ꜀iɛn	an꜄/ iɛn꜄	ka꜆/ tɕia꜆
漢川	꜁xan	xan꜄/ ɕiɛn꜄	꜀kʰan/ tɕʰiɛn	꜁xan	꜀kan/ ꜀tɕiɛn	꜀kan/ ꜀tɕiɛn	꜀tɕiɛn	꜀iɛn	an꜄/ iɛn꜄	ka꜆/ tɕia꜆
漢口	꜀xan/ ꜁ɕiɛn	xan꜄/ ɕiɛn꜄	꜀kʰan	꜁ɕiɛn	꜀kan/ ꜀tɕiɛn	꜀kan/ ꜀tɕiɛn	꜀kan/ ꜀tɕiɛn	꜀iɛn	ŋan꜄/ iɛn꜄	tɕia꜆

續表

方言點	鹹	陷	嵌	銜	艱	間	揀	眼	雁	甲
仙桃	₋xan	ɕiɛn⁼	₋kʰan	₋xan	₋tɕiɛn	₋kan/ ₋tɕiɛn	₋tɕiɛn	⁻an/ ⁻iɛn	an⁼	ka⁼/ tɕia₋
洪湖	₋xan	ɕiɛn⁼	₋kʰan	₋xan	₋tɕiɛn	₋kan/ ₋tɕiɛn	₋tɕiɛn	⁻an/ ⁻iɛn	iɛn⁼	ka⁼/ tɕia₋
京山	₋xan	ɕin⁼	—	₋xan/ ₋ɕin	₋tɕin	₋kan/ ₋tɕin	₋tɕin	⁻in	an⁼	tɕia₋

　　從表 4.8 可以看出，開口二等牙喉音字文白異讀現象在湖北武天片方言中有一定的分布。一般文讀爲舌面音 tɕ、tɕʰ，有 i 介音，白讀爲舌根音 k、kʰ，無 i 介音。其中未顎化讀音保留較多的是天門和漢川，其次是漢口、仙桃和洪湖，最少的是京山方言。若從文白異讀的角度來看，天門、漢川、漢口方言存在文白異讀現象較多，仙桃、洪湖、京山存在文白異讀現象較少。即，按未顎化讀音從多到少排列爲：天門、漢川＞漢口、仙桃、洪湖＞京山；按保留文白異讀的多少排列爲：天門、漢川、漢口＞仙桃、洪湖、京山。

　　從總體上來看，漢口、天門保留未顎化讀音和文白異讀現象較多。

4.1.2　非組和曉組的讀音

　　錢曾怡依非、曉組聲母的分混把西南官話區分爲三種類型：一是非、曉組全部不混，有六個點；二是在單元音韻母前相混，有八個點；三是基本相混，有黎平、常德兩點（侯精一，2002：33）。

　　何大安（2004：124）指出，在西南四省的三百七十四個方言之中，有二百一十二個方言有 x/f 的混讀，西南官話爲 f＞x。武天片亦同，只有 f＞x，沒有 x＞f。

　　依中古非組和曉組聲母在現代武天片方言中的分混模式可分爲三種類型：

　　不混型：非組都讀爲 f，曉組都讀爲 x，漢口、漢川、京山、天門方言均屬于這種類型；

部分混型：曉組字都讀爲 x，非組字部分讀爲 f，部分讀爲 x，以仙桃方言爲代表；

全混型：非組和曉組字全部讀爲 x，以洪湖方言爲代表。如表 4.9：

表 4.9 湖北西南官話武天片 f、x 分混類型

類型	非組	曉組	方言點
不混型	f	x	漢口、漢川、京山、天門
部分混型	f/x	x	仙桃
全混型	x	x	洪湖

仙桃非組字有讀爲 f 或 x 的，例字如下：

讀爲 f 的：法發非飛匪廢痱反販方肪放分粉奮糞夫膚府腑甫付賦傅富福幅蝠腹風瘋封楓諷妃肺費翻泛芳妨仿紡訪妨芬紛敷孵麩撫副覆豐蜂鋒肥浮凡帆煩繁房防焚墳符芙扶馮逢縫罰乏伐翡吠飯範犯份憤復伏佛服腐輔附婦負阜縛鳳奉俸

讀爲 x 的：非飛匪廢痱反販分粉奮糞方肪放諷妃肺費翻泛芬紛芳妨仿紡訪肥凡帆煩繁焚墳房防翡吠飯範犯份憤忿

其中"非飛匪廢痱反販分粉奮糞諷妃肺費翻泛芬紛芳妨仿紡訪肥凡帆煩繁焚墳房防翡吠飯範犯份憤"有 f、x 二讀。

4.1.3 全濁聲母的讀音

中古全濁聲母在現代湖北武天片方言中今讀爲塞音或塞擦音的，平聲送氣仄聲不送氣。但仍有部分全濁仄聲字今讀爲送氣，且在武天片各方言中有一定的分布。這裏我們以並、定、從母爲例，觀察其讀爲送氣的情況。

（1）並母

表 4.10　湖北武天片並母讀爲送氣現象

	拔	棒	倍	捕	鼻	伴
天門	꜀pʰa 白 / ꜀pa 文	pʰaŋ꜒ 白 / paŋ꜒ 文	pʰei꜒	꜀pʰu	꜀pʰi	pʰan꜒
漢川	꜀pʰa	paŋ꜒	pʰei꜒	꜀pʰu	꜀pʰi	pan꜒
京山	꜀pa	paŋ꜒	pei꜒	꜀pʰu	꜀pʰi	pʰan꜒ 白 / pan꜒ 文
仙桃	꜀pa	paŋ꜒	pei꜒	pu꜒	꜀pʰi	pʰan꜒ 白 / pan꜒ 文
洪湖	꜀pa	paŋ꜒	pei꜒	pu꜒	꜀pʰi	pan꜒
漢口	꜀pa	paŋ꜒	pei꜒	pu꜒	꜀pi	pan꜒

　　如表 4.10 所示，全濁仄聲字若存在文白異讀現象，一般白讀爲送氣，文讀爲不送氣。並母仄聲字今讀爲送氣現象最常見的是天門方言，京山、仙桃、漢川、洪湖次之，漢口方言基本無此現象。即，並母仄聲字今讀爲送氣現象從多到少排列爲：天門＞漢川＞京山＞仙桃＞洪湖＞漢口。

　　此外，幫母字讀爲 [pʰ] 也有一定分布，較爲常見。如表 4.11：

表 4.11　湖北武天片幫母讀爲送氣現象

	鄙	絆	補	擺	遍	貝
洪湖	꜀pʰi	pʰan꜒	pʰu꜒ 白 / ꜀pu 文	꜀pʰai 白 / ꜀pai 文	pʰiɛn꜒ 普 ~ / piɛn꜒ 一 ~	pʰei꜒
漢口	꜀pʰi	pʰan꜒	꜀pu	꜀pʰai 白 / ꜀pai 文	pʰiɛn꜒ 普 ~ / piɛn꜒ 一 ~	pei꜒
天門	꜀pʰi	pʰan꜒	꜀pu	꜀pʰai	pʰiɛn꜒ 普 ~ / piɛn꜒ 一 ~	pei꜒
仙桃	꜀pʰi	pʰan꜒	꜀pu	꜀pʰai 白 / ꜀pai 文	pʰiɛn꜒ ~ 地 / piɛn꜒ 一 ~	pʰei꜒
漢川	꜀pʰi	pʰan꜒	꜀pu	꜀pai	pʰiɛn꜒ 普 ~ / piɛn꜒ 一 ~	pei꜒
京山	꜀pʰi	pʰan꜒	꜀pu	꜀pai	pin꜒	pei꜒

　　以上例字可能受到全濁仄聲送氣的影響，少量清不送氣字也讀爲送氣。洪湖方言幫母讀爲送氣現象比武天其它地區普遍。

（2）定母

表 4.12　湖北武天片定母讀爲送氣現象

	袋	導	奪	鈍
天門	tʰai꜔ 白 /tai꜔ 文	tʰau꜔ 白 /tau꜔ 文	꜕tʰuo 白 /꜕tuo 文	tʰən꜔ 白 /tən꜔ 文
漢川	tʰai꜔ 白 /tai꜔ 文	tau꜔	꜕tuo	tʰən꜔ 白 /tən꜔ 文
京山	tai꜔	tʰau꜔	꜕tuo	tən꜔
仙桃	tʰai꜔	tau꜔	꜕tuo	tən꜔
洪湖	tʰai꜔	tau꜔	꜕tuo	tən꜔
漢口	tai꜔	tau꜔	꜕to	tən꜔

如表 4.12 所示，定母仄聲字讀爲送氣最常見的是天門方言，且多出現在文白異讀的白讀層中。定母仄聲字今讀爲送氣現象從多到少排列爲：天門＞漢川＞京山＞仙桃＞洪湖＞漢口。

此外，也有端母字讀爲 [tʰ] 的，如漢口“都”tʰou 白 /꜕tou 文。

（3）從母

表 4.13　湖北武天片從母讀爲送氣現象

	造	族	昨	皂
天門	tsʰau꜔	tsʰəu꜕	꜕tsʰuo 白 /꜕tsuo 文	tsʰau꜔
漢川	tsʰau꜔	tsʰəu꜕	꜕tsʰuo 白 /꜕tsuo 文	tsʰau꜔
京山	tsʰau꜔	tsʰəu꜕	꜕tsʰuo	tsau꜔
仙桃	tsʰau꜔	tsʰəu꜕	꜕tsuo	tsʰau꜔
漢口	tsʰau꜔	꜕tsʰou	꜕tso	tsau꜔
洪湖	tsʰau꜔	tsʰəu꜕	꜕tsuo	tsau꜔

如表 4.13 所示，從母仄聲字讀爲送氣最常見的是天門和漢川方言。從母仄聲字今讀爲送氣現象從多到少排列爲：天門、漢川＞京山、仙桃＞漢口、洪湖。

可見，全濁仄聲讀爲送氣現象按多少可整體依次排列爲：天門＞漢川＞京山＞仙桃＞洪湖＞漢口。

4.1.4 日母的讀音

按日母字在現代湖北西南官話武天片中讀音多少可將其分爲三種類型：

第（1）型：只有一讀，全部讀爲零聲母，如仙桃、洪湖。洪湖方言日母字僅"如儒入"讀爲 n，其它讀爲零聲母。

第（2）型：有兩種讀音，其中一讀爲零聲母，另一讀爲 $z̩$。如天門方言韻母爲 ən 的大部分保留 $z̩$ 聲母，其它讀爲零聲母；京山方言 ɿ 韻（主要元音或介音爲 ɿ）或 ɯ 韻母前讀爲零聲母，其它保留 [z] 聲母；漢川方言今韻母爲 ɯ 或介音爲 i 的爲零聲母，今韻母爲 y 或以 y 爲介音的讀 $z̩$ 或零聲母不定。

第（3）型：有三種讀音。如漢口方言今韻母爲 uei 的聲母讀爲 ɻ，今 ɯ 韻母及齊齒呼和撮口呼韻母，其聲母讀爲 ø，除 ɯ 外的今開口呼韻母，其聲母讀爲 n。如表 4.14 所示：

表 4.14　湖北西南官話武天片日母今讀音類型

類型	日母今讀	方言點
（1）	ø	仙桃、洪湖
（2）	ø、$z̩$（ən）	天門
	ø（ɿ/ɯ）、$z̩$	京山
	ø（ɯ/i/y）、$z̩$（y）	漢川
（3）	ø（ɯ/i/y）、n、ɻ（uei）	漢口

讀 ø 聲母的字（見表 4.15）：

表 4.15　湖北西南官話武天片日母今讀 ø 聲母舉例

方言點	讀 ø 聲母
漢口	兒而日爾邇耳洱二軟閏潤貳若弱如茹儒孺濡蠕入汝乳蕊戎絨茸
京山	兒而日爾邇耳餌二然燃軟染冉閏潤
天門	兒而爾褥惹熱二貳饒肉辱柔揉然燃染冉仍認任穰攘壤瓤讓乳入軟潤閏絨戎

續表

方言點	讀 ∅ 聲母
仙桃	兒而日惹熱耳餌二貳擾繞揉柔肉辱然燃染壤攘讓壬任人仁仍忍刃認褥若弱如儒乳入軟潤閏
漢川	兒而爾褥耳二貳乳入然燃軟染潤閏絨戎
洪湖	兒而日爾惹耳餌熱二貳擾繞揉柔肉辱然燃染冉壤壬任人仁忍刃認若弱入軟潤閏

讀 ʐ 聲母的字（見表 4.16）：

表 4.16　湖北西南官話武天片日母今讀 ʐ 聲母舉例

方言點	讀 ʐ 聲母
京山	人入仁任忍刃惹熱饒揉肉辱柔認瓤讓如乳弱若蕊擾繞仍壤攘戎絨
天門	人仁壬任絍忍刃
漢川	人入仁壬任絍忍刃惹熱饒揉肉辱柔認瓤讓

讀 n 聲母的字（見表 4.17）：

表 4.17　湖北西南官話武天片日母今讀 n 聲母舉例

方言點	讀 n 聲母
漢口	熱惹饒擾繞柔揉辱蓐縟褥肉然燃冉苒髯染壬任茬人仁仍刃仞忍靭妊飪認瓤壤讓
洪湖	如儒入

讀 ɻ 聲母的字（見表 4.18）：

表 4.18　湖北西南官話武天片日母今讀 ɻ 聲母舉例

方言點	讀 ɻ 聲母
漢口	芮枘蚋蕤

由此可知，日母字現代讀音大體有三個層次：一、讀 n，與泥、來

母字混同；二、讀ø，這個讀音的字最多，是武天片日母字的主要讀音，錢曾怡指出，今西南官話中日母止攝字全部讀零聲母（侯精一，2002：32）；三、讀ʐ̩①，當與其它官話的演變一致。

4.1.5　微母的讀音

按微母字在現代湖北西南官話武天片中讀音多少可將其分爲兩種類型：

第（1）型：一種讀音。微母都讀爲ø，如京山、漢口。

第（2）型：存在ø和m兩種讀音。大部分微母讀爲ø，小部分讀爲m。其中讀爲m的部分字還有零聲母一讀。這些存在異讀的字，文讀爲ø，白讀爲m。見表4.19所示：

表4.19　湖北西南官話武天片微母今讀音類型

類型	微母今讀	方言點
（1）	ø	京山、漢口
（2）	ø、m（少量）	漢川、天門、洪湖、仙桃

微母讀爲ø的（見表4.20）：

表4.20　湖北西南官話武天片微母讀爲ø舉例

類型	方言點	微母讀爲ø
（1）	京山	無武舞務霧物襪薇微尾娓未味晚挽萬文蚊紋聞亡網望忘
	漢口	無武舞務霧物襪薇微尾娓未味晚萬文蚊紋聞亡網望忘巫誣蕪
（2）	漢川	無武舞務霧物襪薇微尾娓未味晚萬文蚊亡網忘妄（文讀）望（文讀）聞（文讀）
	天門	無武舞務霧物薇微尾娓未味晚萬妄（文讀）望（文讀）聞（文讀）襪（文讀）
	洪湖	無（文讀）武舞務霧物微尾娓未晚萬蚊（文讀）聞（文讀）襪（文讀）
	仙桃	武舞務霧物微尾未（文讀）味晚萬（文讀）蚊（文讀）聞（文讀）襪（文讀）

――――――

① 漢口方言日母字有「無ʐ̩」可看作ʐ的變體。

微母讀爲 m 的（見表 4.21）：

表 4.21　湖北西南官話武天片微母讀爲 m 舉例

類型	方言點	微母讀爲 m
（2）	漢川	妄（白讀）望（白讀）聞（白讀）
	天門	妄（白讀）望（白讀）聞（白讀）襪（白讀）蚊（白讀）文（白讀）問（白讀）網（白讀）亡忘
	洪湖	妄望聞（白讀）襪（白讀）蚊（白讀）問味網紊無（白讀）亡忘
	仙桃	妄望聞（白讀）襪（白讀）蚊（白讀）文（白讀）問（白讀）網紊無未（白讀）萬（白讀）亡忘

4.1.6　疑、影、云、以母的讀音

按疑、影、云、以母字在現代湖北西南官話武天片中讀音可將其分爲兩種類型：

第（1）型：疑、影、云、以母字全部讀爲 ø，如漢川、洪湖、京山、天門、仙桃。個別字混入泥來母，如漢川個別今齊齒呼字“逆虐研凝”、洪湖“逆凝”、京山和天門“研凝”聲母讀爲 n，仙桃“逆凝”聲母讀爲 l。

第（2）型：疑母和影母有 ŋ 讀，云、以母讀爲 ø，如漢口，疑、影母字今開口呼讀爲 ŋ，合口呼及部分 o 韻母字讀爲 ø，齊齒呼和撮口呼大部分讀爲 ø，疑母有少量字讀爲 n。如表 4.22 所示：

表 4.22　湖北西南官話武天片疑、影、云、以母字讀音類型

類型	疑母今讀	影母今讀	云以母今讀	方言點
（1）	ø	ø	ø	漢川、洪湖、京山、天門、仙桃
（2）	ŋ（開）、ø（u/i/y）、n（i/y）	ŋ（開）、ø（u/i/y）	ø	漢口

漢口疑、影母字讀音較爲特殊，見表 4.23：

表 4.23　漢口疑、影母字讀音

讀音	例字
疑母讀爲 ŋ	俄峨蛾鵝訛鄂愕萼顎噩我餓額礙艾敖嗷翱傲偶藕岸雁硬昂
疑母讀爲 n	倪睨霓逆擬牛妍研驗硯凝
影母讀爲 ŋ	啞軋遏惡握沃哀挨挨愛隘藹靄襖奧澳懊凹坳謳歐毆嘔鷗漚安鞍諳庵淹鶴暗按案恩益翁嗡蓊壅

趙學玲（2007：72—78）把影疑母的讀音分爲北方型和南方型，北方方言影、疑二母的讀音都是相同的，而南方方言二者讀音各不相同。其中北方型可細分爲北京型、濟南型、天津型、洛陽型和合肥型五種小的類型。北京型方言影疑母開口呼字讀爲零聲母，這種類型多見于北京官話、東北官話、膠遼官話、江淮官話、其他北方方言區內部也有零星分布；濟南型方言影疑母開口呼字讀 ŋ，這種類型在北方方言裏分布最廣，冀魯官話、中原官話、蘭銀官話、西南官話和晉語大部分地區都有分布。依照這種分類法，今漢川、洪湖、京山、天門、仙桃等方言屬北京型，而漢口屬濟南型。

以上分類其實也有一定的籠統性，就江淮官話而言，疑、影母合流，開口洪音前讀爲 ŋ 也是較爲常見的。今黃孝片紅安、花園、黃梅、孝感等方言疑、影字在開口洪音前讀爲 ŋ[①]。現代桐城、樅陽方言影母、疑母在開口洪音字前合并爲 ŋ（孫宜志，2006：143—157）。

4.1.7　泥、來母的讀音

中古泥、來母在湖北武天片方言中已經合并，無區別意義，自由變讀爲 n 或 l；依部分字是否存在讀爲零聲母情況可分爲兩個類型：

第（1）型：存在讀爲零聲母情況。今漢口、京山、天門、仙桃、洪

---

① 據周楊提供的紅安、花園、黃梅、孝感方言數據庫。

湖方言即如此;

第（2）型：不存在讀爲零聲母的情況。今漢川方言如此。兹列武天片泥、來母讀爲零聲母例字如下表：

表 4.24　湖北西南官話武天片泥、來母讀爲零聲母

類型	方言點	例字
（1）	漢口	女 ˪y/ˊny 侶 ˪y 旅 ˪y/ˊni/ny 縷 ˪y/ˊny
	京山	女 ˪ʮ 驢 ˌʮ 呂 ˪ʮ 旅 ˪ʮ
	天門	履 ˪y 慮 y˧ 濾 y˧ 律 y˧ 率 y˧
	仙桃	女 ˪y/ˊly 呂 ˪y/ˊly 旅 ˪y/ˊly
	洪湖	女 ˪y/ˊny 呂 ˪y 旅 ˪y
（2）	漢川	女 ˪ny 呂 ˪ny 旅 ˪ny

以上讀爲零聲母的泥、來母字均爲遇攝三等字。

4.2　韻母内部差異

湖北西南官話武天片方言的開、齊、合、撮四呼韻母的基本格局如下（見表 4.25—表 4.28）：

表 4.25　湖北武天片方言開口呼韻母

漢口	ɿ	ɯ	a	o	ɤ	ai	ei	au	əu	an	ən	aŋ	oŋ
京山	ɿ	ɯ	a	o	ɤ	ai	ei	au	əu	an	ən	aŋ	oŋ
天門	ɿ	ɯ	a	o	ɤ	ai	ei	au	əu	an	ən	aŋ	—
仙桃	ɿ	ɯ	a	o	ɤ	aɪ	ɪə	au	əu	an	ən	aŋ	—
漢川	ɿ	ɯ	a	o	ɛ	ai	ei	au	əu	an	ən	aŋ	—
洪湖	ɿ	ɯ	a	o	ɤ	ai	ei	au	əu	an	ən	aŋ	—

表 4.26　湖北西南官話武天片方言齊齒呼韻母

漢口	i	ia	ie	io	—	iɛn	in	iau	iou	iaŋ	ioŋ
京山	i	ia	ie	io		—	in	iau	iəu	iaŋ	ioŋ
天門	i	ia	iɛ	io	iai	iɛn	in	iau	iəu	iaŋ	iuŋ
仙桃	i	ia	iɛ	io		iɛn	in	iau	iou	iaŋ	iuŋ
漢川	i	ia	iɛ	io	iai	iɛn	in	iau	iəu	iaŋ	iuŋ
洪湖	i	ia	ie	io	—	iɛn	in	iau	iəu	iaŋ	iuŋ

表 4.27　湖北西南官話武天片方言合口呼韻母

漢口	u	ua	—	ɯɤ	uai	uei	uan	uən	—	uaŋ
京山	u	ua		uo	uai	uei	uan	uən		uaŋ
天門	u	ua	uo	ɯɤ	uai	uei	uan	uən	uŋ	uaŋ
仙桃	u	ua	—	uo	uai	uei	uan	uən	uŋ	uaŋ
漢川	u	ua	uo	uɛ	uai	uei	uan	uən	uŋ	uaŋ
洪湖	u	ua	—	uo	uai	uei	uan	uən	uŋ	uaŋ

表 4.28　湖北西南官話武天片方言撮口呼 [1] 韻母

漢口	y	—	ye	—	—	yɛn	yn	—	—	—
京山	ɥ	—	ɥe	—	—	ɥan	ɥən	—	—	—
天門	y	ya	yɛ	yai	yei	yɛn	yn	—	—	yaŋ
仙桃	y	—	yɛ			yɛn	yn	—	—	—
漢川	y	ya	yɛ	yai	yei	yɛn	yn	yau	yeu	yaŋ
洪湖	y	—	yɛ			yɛn	yn			

　　從以上表 4.25—表 4.28 可以看出，武天片韻母系統整體差異不大，主要有：京山方言沒有 iɛn 韻母，今武天其它地區讀爲 iɛn 韻母的，京山

---

　　① 京山方言的 ɥ 韻在音系中的地位大體相當于武天其它地區的 y，我們暫將其列入撮口呼範疇。

讀爲 in 韻母；京山方言的撮口呼以 ɥ 爲韻母或介音，其它地區以 y 爲韻母或介音；天門和漢川方言有 iai、yai、yei、yaŋ 韻母，其它地區無；漢川方言有 yau 和 yeu 韻母，其他地區無（漢口和京山音系的 oŋ 韻母大體相當于其它地區的 uŋ 韻母）。此外，少量韻母在韻母系統中地位大體類似，而音值略有差異，本章暫不討論。

4.2.1　撮口呼的讀音

撮口呼可按韻母類別多少和撮口呼音值兩種方式進行分類。

1. 武天地區方言撮口呼韻母差別較大，按撮口呼韻母類別多少可分爲三種類型：

第（1）型：存在 10 個韻母類別。漢川方言即如此，比漢口、京山、仙桃、洪湖方言多六種韻母，分別是：ya、yai、yei、yau、yeu、yaŋ；

第（2）型：存在 8 個韻母類別。天門方言即如此，比漢口、京山、仙桃、洪湖方言多四種韻母，分別是：ya、yai、yei、yaŋ；

第（3）型：存在 4 個韻母類別。漢口、京山、仙桃、洪湖方言即如此。如表 4.28 所示。

將漢川讀爲 ya、yai、yei、yau、yeu、yaŋ 的字與天門、漢口、京山、仙桃、洪湖方言字音對比如下：

表 4.29　六種撮口呼韻母方言字音對比

類型		刷	抓	㨃~摩	衰	吹	水	饒	肉	窗	雙
（1）	漢川	ɕya	tɕya	tɕʰyai	ɕyai	tɕʰyei	ɕyei	ʑyau	ʑyeu	tɕʰyaŋ	ɕyaŋ
（2）	天門	ɕya	tɕya	tɕʰyai	ɕyai	tɕʰyei	ɕyei	au	ɘu	tɕʰyaŋ	ɕyaŋ
（3）	漢口	sua	tsua	tsʰuai	suai	tsʰuei	suei	nau	ou	tsʰuaŋ	suaŋ
	京山	sua	tsua	tsʰuai	suai	tsʰuei	suei	ʐau	ʐəu	tsʰuaŋ	suaŋ
	仙桃	sua	tsua	tsʰuai	suai	tsʰuei	suei	au	ɘu	tsʰuaŋ	suaŋ
	洪湖	sua	tsua	tsʰuai	suai	tsʰuei	suei	au	ɘu	tsʰuaŋ	suaŋ

　　從表 4.29 可以看出，漢川、天門方言讀爲 ya、yai、yei、yaŋ 韻母的字，漢口、京山、仙桃、洪湖方言分別讀爲 ua、uai、uei、uaŋ；漢川方言讀爲 yau、yeu 韻母的字均爲日母字，天門、漢口、京山、仙桃、洪湖方言中這些字均無介音。

　　2. 按撮口呼字在現代湖北武天片中音值的差別可將其分爲兩種類型：

　　（1）撮口呼爲 y。今武天片方言中漢口、天門、仙桃、漢川、洪湖等地撮口呼均爲 y。

　　（2）撮口呼爲 ʮ。僅京山方言撮口呼爲 ʮ。今屬 ʮ 韻系的字主要分布于通攝入聲合口三等見影組、遇攝合口三等泥精知章日見曉影組、梗攝舒聲合口三等見曉影組、梗攝入聲合口三等見影組、臻攝舒聲合口非章日見曉影組、臻攝入聲合口三等章見組、山攝舒聲日母合口三等見曉影組、山攝入聲合口三等章見影組、咸攝舒聲日母字等。例字如表 4.30 所示：

表 4.30　今京山方言 ʮ 韻分布

韻母今讀	中古韻攝	例字
ʮ	通攝入聲	菊局曲獄玉欲
	遇攝舒聲	女驢取趣序除住殊書如居許雨
	梗攝入聲	劇役
	臻攝入聲	屈橘
	深攝入聲	入
ʮe	山攝入聲	月掘越閱
ʮan	山攝舒聲	元原冤緣遠怨
	咸攝舒聲	染冉
ʮən	梗攝舒聲	瓊傾永
	臻攝舒聲	蚊春順潤昏文雲

可見京山方言 ʮ 韻系主要出現在通、遇、梗、臻、山、咸攝中，韻母今讀有四類：ʮ、ʮe、ʮan、ʮən。漢語方言 ʮ 音[1] 在黃孝片中是分佈最連續、最廣泛的，涉及果、遇、蟹、止、山、臻、宕、江、曾、梗、通攝字，今韻母有 ʮ、ɣɛ、iəʮ、ʮai、ʮa、ʮən、ʮaʮ、ʮaŋ、ʮən 等多種讀音（周楊，2008：133）。京山方言的 ʮ 韻系性質比較單純，可以看作 y 的一種變體形式，在語音結構中的地位相當於 y。《湖北方言調查報告》京山方言發音人屬南片，撮口呼爲 y，今京山方言包括石龍區、永隆區、雁門口區的南片也還是如此。

4.2.2　止、蟹攝字與遇攝細音的混同現象

止、蟹攝字在武天片方言中的今讀音關係密切，所以放在一起討論。大體説來，止攝開口三等讀爲 i 或 ʮ，合口三等讀爲 ei 或 uei。其中止攝開口三等幫組字讀爲 ei 或 i，日母字讀爲 ɯ。

蟹攝開口一、二等合流，一般讀爲 ai，其中開口一等幫組字"貝沛"等韻母爲 ei。開口三四等合流，一般讀爲 i 或 ʮ，其中開口三、四等幫組（如"弊蔽斃"）和開口四等端組音（如"屜白讀"）多爲 ei，開口三等知、章組爲 ʮ，開口三、四等端、泥、精、見、曉、影組及部分幫組字讀爲 i。

蟹攝合口一、二等不混，蟹攝合口一等幫、端、泥、精組一般讀爲 ei，見、曉、影組一般讀爲 uei 或 uai，蟹攝合口二等見組讀爲 uai，曉組讀爲 uai 或 ua。蟹攝合口三、四等混，蟹攝合口三等非、精組一般讀爲 ei，蟹攝合口三、四等知、章、日、見、曉、影組一般讀爲 uei 或 yei。

這裏主要討論止、蟹攝細音與遇攝字的混同現象。

止、蟹攝細音與遇攝字的混同包括止、蟹攝細音讀爲遇攝字和遇攝字讀爲止、蟹攝細音兩種情況，這裏分別進行論述。

---

[1]　包括其變體形式 ʮ。ʮ 往往和 tʂ 組相配，ʮ 往往和 ts 組相配。

1.武天片方言讀與遇攝細音同的止蟹攝字

武天片方言中讀與遇攝字同的止蟹攝字主要集中于"履來旨遂邪至隧邪至穗邪至髓心紙蕊日紙"等字，依今讀音值的多少可分爲三種類型：

第（1）型：讀與遇攝細音 y 同的同時，還不同程度地保留 i、uei、ei 等讀音。今漢口方言即如此；

第（2）型：讀與遇攝細音 y 同，一個字僅一種讀音。今天門、仙桃、漢川、洪湖即如此；

第（3）型：止蟹攝字不讀與遇攝細音同。今京山方言如此。如表 4.31 所示：

表 4.31　湖北西南官話武天片止、蟹攝字讀與遇攝細音同

類型	方言點	例字
（1）	漢口	履 ᶜni/ᶜny 遂 ɕiꜛ/ɕyꜛ/seiꜛ/sueiꜛ 隧 ɕyꜛ/seiꜛ 穗 ɕyꜛ/seiꜛ/sueiꜛ/xueiꜛ 蕊 ᶜy
（2）	天門	穗 ɕyꜛ
	仙桃	履 ᶜly 遂 ɕyꜛ 隧 ɕyꜛ 穗 ɕyꜛ 髓 ᶜɕy
	漢川	穗 ɕyꜛ
	洪湖	履 ᶜny 隧 ɕyꜛ 穗 ɕyꜛ 髓 ᶜɕy
（3）	京山	履 ᶜni 隧 sueiꜛ 穗 sueiꜛ 髓 ᶜsuei

2.武天片方言讀與止蟹攝字同的遇攝細音字

武天片方言中讀與止蟹攝字同的遇攝字主要集中于"驢來魚旅來語慮來御濾來御蛆清魚絮心御屢來遇取清麌娶清麌趣清遇"等，依今讀音值的多少可分爲三種類型：

第（1）型：多存在異讀情況，白讀爲 i，文讀爲 y。今漢口方言即如此，僅"屢"例外，讀爲 ᶜnei；

第（2）型：不存在異讀情況。讀爲 ei 或 i。今京山、天門、漢川方言如此；

第（3）型：遇攝細音字均不讀與止蟹攝字同。今仙桃、洪湖方言

如此。

如表 4.32 所示：

表 4.32　湖北西南官話武天片遇攝字讀與止、蟹攝同

類型	方言點	例字
（1）	漢口	驢 ꜀ni/ny 旅 ꜀ni/ny 慮 ni꜋/ny꜋ 濾 ni꜋/ny꜋ 蛆 ꜀tɕi/tɕy 絮 ɕi꜋/ ɕy꜋ 屢 ꜀nei 取 ꜁tɕi/tɕy
（2）	京山	蛆 ꜀tɕi 絮 sei꜋
	天門	絮 sei꜋ 屢 ꜀nei
	漢川	慮 ni꜋ 濾 ni꜋ 蛆 ꜁tɕʰi 絮 sei 屢 ꜀nei 取 ꜁tɕʰi 娶 ꜁tɕʰi 趣 tsʰei꜋
（3）	仙桃	慮 ny꜋ 濾 ny꜋ 蛆 ꜁tɕʰy 絮 ɕy꜋ 屢 ꜀ny 取 ꜁tɕʰy 娶 ꜁tɕʰy
	洪湖	慮 ny꜋ 濾 ny꜋ 蛆 ꜁tɕʰy 絮 ɕy꜋ 屢 ꜀ny 取 ꜁tɕʰy 娶 ꜁tɕʰy

4.2.3　蟹攝開口二等字的讀音

依蟹攝開口二等字是否與一等存在對立可以將武天地區方言分為兩種類型：

第（1）型：蟹攝開口二等字與一等不存在對立，二等字一般與一等混同，在語音結構中沒有獨立的地位。漢口、京山、仙桃、洪湖方言均如此。

第（2）型：蟹攝開口二等字與一等存在對立。二等字存在不同于一等的韻母 iai。天門、漢川方言即如此。當存在文白異讀時，iai 處于文讀層。如表 4.33 所示：

表 4.33　湖北西南官話武天片蟹攝開口二等字音對比

類型	方言點	皆	階	介	界	屆	戒	械	解	懈	崖
（1）	漢口	꜀kai	꜀kai	kai꜋	kai꜋	kai꜋	kai꜋	kai꜋	꜂kai	xai꜋	꜁ia
	京山	꜀kai	꜀kai	kai꜋	kai꜋	kai꜋	kai꜋	kai꜋	꜂kai	—	꜁ai
	仙桃	꜀kai	꜀kai	kai꜋	kai꜋	kai꜋	kai꜋	kai꜋	꜂kai	—	꜁ia
	洪湖	꜀kai	꜀kai	kai꜋	kai꜋	kai꜋	kai꜋	kai꜋	꜂kai	—	꜁ia

續表

類型	方言點	皆	階	介	界	届	戒	械	解	懈	崖
（2）	天門	꜀tɕiai	꜀kai/꜀tɕiai	kai	kaiꜛ/tɕiaiꜛ	kaiꜛ	kaiꜛ	kaiꜛ	꜀tɕiai	ɕiaiꜛ	ai/꜁iai
	漢川	꜀tɕiɛ	꜀tɕiɛ	tɕiaiꜛ	tɕiaiꜛ	tɕiaiꜛ	tɕiaiꜛ	tɕiaiꜛ	꜀kai/꜀tɕiai	ɕiɛꜛ	ai/꜁ia

4.2.4 咸、山攝字的讀音

今武天片咸、山攝完全合并。開口一、二等一般合并讀爲 an，部分開口二等見組字顎化爲 iæn。開口三、四等合并，幫、端、泥、精、見、曉、影組一般讀爲 iɛn，知、莊、章組一般讀爲 an。合口一、二等合併，一般讀爲 an 或 uan，合口三、四等合并，一般讀爲 an、uan 或 yan。其主流模式與其它官話方言的演變基本一致。

而京山方言部分咸、山攝字讀爲 in 韻母，這些字主要出現在開口細音字中。因此，依這種區別可將武天地區方言分爲兩種類型：

第（1）型：咸、山攝開口細音字讀爲 iɛn，不讀爲 in。漢口、天門、仙桃、漢川、洪湖方言均如此；

第（2）型：咸、山攝開口細音字讀爲 in，不讀爲 iɛn。今武天地區僅京山方言如此。京山方言如"貶點店添甜舔廉鐮斂尖簽臉檢儉欠嚴驗謙險鞭編變辨便篇棉面天田填見肩全選"等字都讀爲 in 韻母，與深、臻、曾、梗攝細音字合并。如表 4.34 所示：

表 4.34 咸、山攝字讀音類型舉例

類型	方言點	咸山攝						深臻曾梗攝			
		點	甜	尖	編	天	肩	心	近	冰	星
（1）	漢口	꜀tiɛn	꜀tʰiɛn	꜀tɕiɛn	꜀piɛn	꜀tʰiɛn	꜀tɕiɛn	꜀ɕin	tɕinꜛ	꜀pin	꜀ɕin
	天門	꜀tiɛn	꜀tʰiɛn	꜀tɕiɛn	꜀piɛn	꜀tʰiɛn	꜀tɕiɛn	꜀ɕin	tɕinꜛ	꜀pin	꜀ɕin
	仙桃	꜀tiɛn	꜀tʰiɛn	꜀tɕiɛn	꜀piɛn	꜀tʰiɛn	꜀tɕiɛn	꜀ɕin	tɕinꜛ	꜀pin	꜀ɕin

續表

類型	方言點	咸山攝						深臻曾梗攝			
		點	甜	尖	編	天	肩	心	近	冰	星
（1）	漢川	꜂tiɛn	꜀tʰiɛn	꜀tɕiɛn	꜀piɛn	꜀tʰiɛn	꜀tɕiɛn	꜀ɕin	tein꜄	꜀pin	꜀ɕin
	洪湖	꜂tiɛn	꜀tʰiɛn	꜀tɕiɛn	꜀piɛn	꜀tʰiɛn	꜀tɕiɛn	꜀ɕin	tein꜄	꜀pin	꜀ɕin
（2）	京山	꜂tin	꜀tʰin	꜀tein	꜀pin	꜀tʰin	꜀tein	꜀ɕin	tein꜄	꜀pin	꜀ɕin

4.2.5　通攝入聲、遇攝、流攝明母字讀音舉例

今武天地區通攝入聲、遇攝、流攝明母字均存在不同程度的讀爲陽聲韻尾現象，這裏一并進行討論。

按遇攝明母有無讀爲陽聲韻尾現象分爲兩種類型：

第（1）型：通攝入聲、遇攝、流攝明母字都存在讀爲陽聲韻尾現象，如漢口、仙桃、漢川、洪湖方言；

第（2）型：遇攝明母不存在讀爲陽聲韻尾現象，通攝入聲、流攝明母字存在這種現象，如京山、天門方言。如表4.35：

表4.35　通攝入聲、遇攝、流攝明母字讀音舉例

類型	方言點	通攝入聲明母	遇攝明母	流攝開口一、三等明母
（1）	漢口	木 ꜀moŋ 睦 ꜀moŋ 目 ꜀moŋ 牧 ꜀moŋ 穆 ꜀moŋ	模 ꜀moŋ 募 moŋ꜄ 墓 moŋ꜄ 慕 moŋ꜄ 暮 moŋ꜄	母 ꜂moŋ 拇 ꜂moŋ
	仙桃	木 muŋ꜄ 目 muŋ꜄ 牧 muŋ 穆 muŋ	募 muŋ꜄ 墓 muŋ꜄ 慕 muŋ꜄ 暮 muŋ꜄	母 ꜂muŋ 拇 ꜂muŋ
	漢川	木 muŋ꜄ 目 muŋ꜄ 牧 muŋ 穆 muŋ	墓 muŋ꜄	母 ꜂muŋ 拇 ꜂muŋ
	洪湖	木 muŋ꜄ 目 muŋ꜄ 牧 muŋ 穆 muŋ	募 muŋ꜄ 墓 muŋ꜄ 慕 muŋ꜄ 暮 muŋ꜄	母 ꜂muŋ 拇 ꜂muŋ
（2）	京山	木 moŋ꜄ 睦 moŋ꜄ 目 moŋ꜄ 牧 moŋ	模 ꜀mo 墓 məu꜄ 慕 məu꜄ 暮 məu꜄	母 ꜂moŋ
	天門	木 muŋ꜄ 目 muŋ꜄ 牧 muŋ 穆 muŋ	墓 məu꜄ 慕 məu꜄	母 ꜂muŋ 拇 ꜂muŋ

4.3 聲調內部差異

今武天地區聲調有兩種表現：

第（1）型：四個聲調類型：陰平、陽平、上聲、去聲。漢口方言即如此。

第（2）型：五個聲調類型。陰平、陽平、上聲、去聲、入聲。京山、天門、仙桃、漢川、洪湖方言即如此。如表4.36所示：

表 4.36　武天地區聲調格局

類型	方言點	陰平	陽平	上聲	去聲	入聲
（1）	漢口	55	213	42	35	—
（2）	京山	55	13	31	44	35
	天門	55	13	31	44	35
	仙桃	55	23	31	53	24
	漢川	55	13	31	44	324
	洪湖	33	13	31	45	24

從調類來看，漢口方言入聲已消失，且絕大部分派入陽平；京山、天門、仙桃、漢川、洪湖等地均保留了入聲調；從調值來看，武天片入聲調值與陽平較爲接近，且存在不同程度的混同現象。即：大部分入聲字讀爲陽平，也有少量濁平字讀爲入聲的。

入聲讀爲陽平的，如表4.37所示：

表 4.37　湖北西南官話武天片入聲讀爲陽平舉例

方言點	入聲讀爲陽平			
	全清	次清	全濁	次濁
京山	侄菊橘別	匹踏察恤	直十拾食石狄笛席罰雜鍘學奪白舌牒合	逆烙
天門	侄折別訣	匹踏察瞎（白讀）闊	殖直十實拾食石笛席伏袱罰雜閘鍘學奪或白舌牒合	噩鄂鱷

續表

方言點	入聲讀爲陽平			
	全清	次清	全濁	次濁
仙桃	折佢吉爵覺別國	踏察匹蓄	拔罰雜閘鍘直十實拾食石讀學熟合	栗液
漢川	佢爵折別決	匹拂踏察豁	直十實拾石笛伏罰雜閘鍘學奪或謀合	鄂鱷
洪湖	哲折佢吉爵覺別國	察匹	拔雜鍘舌直拾十實食石讀熟笛謀合	沒栗

濁平讀爲入聲的，如表 4.38 所示：

表 4.38　湖北西南官話武天片濁平讀爲入聲舉例

方言點	濁平讀爲入聲
京山	脯儲宜
天門	柔揉
仙桃	萌蒙無
漢川	蒲柔
洪湖	訛宜萌蒙無

4.4　本章小結

總體而言，一方面，現代武天方言與西南官話其它片方言存在差異，區別于其它片而獨立存在；另一方面，武天方言聲韻調内部也存在一些差異。

據黄雪貞（1986：262—272）對西南官話進行分片所作的説明，武天片區別于西南官話其它片的特徵有：

a. 無平翹舌的對立（區別於滇西片與灌赤片的仁富小片）；

b. 不分尖團（區別於滇西片的保潞小片）；

c. 有撮口呼（區別於昆貴片）；

d. "對罪短亂算"等字讀開口呼（僅鄂北片同武天片）；

e. "木目" 讀 [ꭞmoŋ]（僅鄂北片的鍾祥同武天片）；

f. 古入聲讀陽平或入聲（區別于灌赤片）；

g. 接近西南官話常見調值（區別于鄂北、岑江、黔南、湘南片）。

因此自成一片。

據我們對湖北武天片聲韻調的考察，内部差異主要包括如下幾個方面：

1. 聲母

（1）見精知莊章組

a. 漢口、京山方言部分見組合口細音字讀爲 ts 組，天門、仙桃、漢川、洪湖方言不存在這種現象；

b. 從見組開口二等字的讀音來看，漢口、天門方言保留未顎化讀音相對較多，且保留文白異讀現象較多；

c. 漢口方言知莊章組合口字存在讀爲 tɕ 的現象，天門和漢川方言知莊章組開合口字都存在讀爲 tɕ 的現象，京山、仙桃、洪湖方言不存在這種現象。

（2）非曉組

d. 洪湖方言非、曉組字完全混同，非組和曉組字全部讀爲 x；仙桃方言非、曉組字部分混同，曉組字都讀爲 x，非組字部分讀爲 f，部分讀爲 x；漢口、漢川、京山、天門方言非、曉組字不混，非組都讀爲 f，曉組都讀爲 x。

（3）日、微、疑、影、喻母

e. 仙桃、洪湖方言日母只有一種讀音，全部讀爲零聲母。洪湖方言中雖存在日母字讀 n，但僅有 "如儒入"，因此不另視爲一種讀音類型；天門、京山、漢川方言日母讀音有零聲母和 ʐ 兩種類型；漢口方言日母有三種讀音類型，分別爲 ɹ、ø 和 n；

f. 京山、漢口方言微母都讀爲 ø；漢川、天門、仙桃、洪湖方言大部分微母讀爲 ø，小部分讀爲 m。其中讀爲 m 的部分字還有零聲母一讀。

這些存在異讀的字，文讀爲ø，白讀爲m；

g.漢川、洪湖、京山、天門、仙桃方言疑、影、云、以母字全部讀爲ø；漢口方言疑母、影母有ŋ讀，云母、以母讀爲ø。

（4）泥、來母

h.武天方言泥、來母均混同，自由變讀爲n或l。其中漢口、京山、天門、仙桃、洪湖方言泥、來母字存在讀爲零聲母情況；漢川方言泥、來母字不存在讀爲零聲母的情況；

（5）全濁聲母清化送氣

i.武天方言存在不同程度的全濁仄聲讀爲送氣現象，其中天門方言這種現象最爲突出。

2.韻母

（1）撮口呼讀音。從撮口呼韻母多少來看，漢川方言10個；天門方言8個；漢口、京山、仙桃、洪湖方言4個。從撮口呼音值的差別來看，漢口、天門、仙桃、漢川、洪湖方言撮口呼均爲y；京山方言撮口呼爲ɥ；

（2）遇攝字和止蟹攝字存在混同現象。從止蟹攝字讀爲遇攝字的情況來看，漢口方言讀爲遇攝細音y的同時，還不同程度地保留i、uei、ei等讀音；天門、仙桃、漢川、洪湖讀爲遇攝細音y，一個字僅一種讀音；京山方言止蟹攝字不讀爲遇攝細音。從遇攝字讀爲止蟹攝字的情況來看，漢口方言多存在異讀情況，白讀爲i，文讀爲y；京山、天門、漢川方言不存在異讀情況，讀爲ei或i；仙桃、洪湖方言遇攝細音字均不讀爲止、蟹攝字；

（3）二等字讀音。漢口、京山、仙桃、洪湖方言蟹攝開口二等字與一等不存在對立，二等字一般與一等混同，在語音結構中沒有獨立的地位；天門、漢川方言蟹攝開口二等字與一等存在對立。二等字存在不同于一等的韻母iai；

（4）咸、山攝開口細音字讀音。漢口、天門、仙桃、漢川、洪湖方言咸、山攝開口細音字讀爲 iɛn，不讀爲 in；京山方言咸、山攝開口細音字讀爲 in，不讀爲 iɛn。

　　3. 聲調。漢口方言共四個聲調類型：陰平、陽平、上聲、去聲；京山、天門、仙桃、漢川、洪湖方言共五個聲調類型：陰平、陽平、上聲、去聲、入聲。

第五章　明清以來武天地區語音演變

　　本文第二、三、四章已經對武天方言明、清、現代三個共時平面的語音情況進行了論述：《讀書通·五聲譜》是以京山方言爲語音基礎的，可作爲明代武天方言的代表；《漢音集字》是以漢口方言爲語音基礎的，可作爲清代武天方言的代表；現代方言的内部差異，也可與歷時語音差異作比較，從中探尋空間差異中隱含的時代差異。三個共時平面代表着此地區方言發展三個時代坐標，將這三個坐標加以比較，可以探求武天地區近幾百年來的發展變化。

　　在論述明清以來湖北武天方言語音的演變時，我們以古今方音差異爲重心展開討論，根據古今差異分别梳理聲、韻、調的發展脉絡，以此來作縱嚮的比較和研究。由于《五聲譜》和《漢音集字》所反映的方言地域有所不同，時間上相承接，所以暫且忽略其地域差異，涉及具體問題時再具體分析。

　　王福堂（1999：19）曾將方言語音變化歸結爲兩種：一種是由方言自身演變引起的語音變化，一種是由方言相互接觸而引起的語音變化。也就是説，語音演變可能是外部原因，即移民或語言接觸等；也可能是内部原因，即語音自然發展的結果；也可能是内外因共同作用的結果。某些語音現象並非僅孤立地存在於武天地區，所以在討論《五聲譜》《漢音集字》到今武天片的語音發展過程中某一具體語音現象的演變時，也盡量考慮與此地區關係密切的歷史語音資料。《字音會集》和《凡誨書》分别記載了與武天相鄰地區的方言，也是研究武天地區語音演變的重要資料。

5.1 聲母的演變

從明清到現代，見、精組細音聲母經歷了從分立到顎化合流的過程。

明代的《五聲譜》見、精組字存在對立，分屬于不同字組，爲兩類不同的聲母。如：姜≠將、奇≠齊、丘≠秋、虛≠需、輕≠青、交≠焦、香≠相、休≠修。這裏有兩種可能：見、精組細音都未顎化；見、精組中有一方發生顎化，而另一方没有。

那么究竟以上哪種情況更爲可能呢？這裏參考官話尖團合流相關研究成果來對武天地區的尖團合流作一些推測。

《圓音正考》（1743）反映了尖團不分現象。據李得春（2006：422），王力、鄭錦全、藤堂明保關於尖團合流於 18 世紀的觀點都來自於此。

學者們對尖團合流發生的時代多有討論，且意見較爲一致。蔣冀騁（1997：261—262）認爲，"尖團合流"的文獻記錄應是清代中期的事。明隆慶間《韻略易通》、稍後的《韻略匯通》和明末清初的《五方元音》都不見有尖團合流。乾隆年間《圓音正考》作者特意指出何爲尖，何爲團。韻書中最早記錄這種變化的應是華長忠《韻籟》（1805—1858）和許惠《等韻學》（1878）。葉寶奎（2001：60）也指出，官話音見系與精系普遍顎化大約是清代中後期的事。據李得春對大量中韓韻書的考察，16—17 世紀的中國韻書和韓國文獻無顎化記錄。18 世紀的中國韻書和韓國文獻也大都未反映顎化現象，可能當時學者或有存古思想，或把 k 類和 tɕ 類當作一套聲母。但《朴通事新釋諺解》（1765）明確記錄顎化現象，《漢清文鑑》（1776）反映了顎化發生期的一些語音現象。總體而言，18 世紀中葉是見曉組字顎化的開端，19 世紀末北方話的顎化才全面完成（李得春，2006：423—430）。

　　一般認爲，見組比精組更容易顎化。王力先生（1980/2004：146）指出，普通話裏舌根音的舌面化，可能比舌尖音的舌面化早些，也可能是同時。蔣冀騁（1997：253）指出："《韻略匯通》見系有分組的傾嚮，而精系没有分組的現象。……見系分組的傾嚮，表示了見系細音已開始嚮 [tɕ][tɕʰ][ɕ] 的演變。這種演變可能没有完成……'尖團合流'很有可能是從團音的細音開始的，即見系細音先變成 [tɕ] 等音，然後精組細音隨之發生變化。"葉寶奎（2001：225）認爲，從漢語近代音演化的情況看，見組顎化先於精組。劉澤民（2005：125—126）統計客贛方言見組、精組均已顎化的有 63 個點，見組顎化、精組未顎化的點 10 個，精組顎化、見組未顎化的點 3 個，兩組均未顎化的點 25 個。這組數據説明見組比精組容易顎化，兩組均未顎化比其中一方顎化而另一方未顎化的可能性更大。

　　所以《五聲譜》見、精組細音字當均未顎化，見組仍爲舌根音。今膠東半島、粵方言、閩方言、客家方言也都是這種格局（王力，1980/2004：146）。

　　清代的《漢音集字》則見、精組細音已讀音相同，顯示顎化爲 tɕ 組，與官話的普遍音變相符。如：姜＝將、奇＝齊、丘＝秋、虛＝需、輕＝青、交＝焦、香＝相、休＝修。現代武天方言同。

　　今京山方言及同屬武天片的周邊地區如武漢、漢川、天門、仙桃、洪湖等地尖團音已合流，當是語音歷時發展的結果。

5.1.1　見、精、知、莊、章組的分混及演變

5.1.1.1　見、精組細音和知、莊、章組的分混及演變

《五聲譜》中見、精組細音截然分開，知、章組混同，莊組大部分與精組混，小部分與知章組混。

　　見、精組細音截然分開，如：姜≠將、奇≠齊；

知、章組混同，如：中＝終；知＝支；

莊組大部分與精組混，小部分與知章組混，參見§2.2.1。

從《五聲譜》到《漢音集字》，見、精組細音已顎化爲tɕ組，其中部分見組合口細音字存在讀爲ts組的現象；ts組和tʂ組對立的格局已消失，都讀爲ts組，其中部分知莊章組合口字讀爲tɕ組。

見、精組細音已顎化爲tɕ組，如：求 ⊂tɕʰiou；舉 ⊂tɕy；需 ⊂ɕy；小 ⊂ɕiau。

部分見組合口細音字存在讀爲ts組的現象，這些字中古均屬山攝，如"涓鵑" ⊂tsuan、"捲卷" ⊂tsuan、"眷卷絹"tsuan⊃、"蜷權顴" ⊂tsʰuan。

那么究竟是k>ts還是k>tɕ>ts呢？

周楊認爲，在黃孝片方言中，"見系合口三等這一系列字可能没有經歷顎化的過程，而是直接由k>tʂ，而發生這一音變的原因很可能與ʅ韻系的産生和發展密切相關"（周楊，2008：121）。黃孝片方言中大量存在ʅ韻系，而武天片方言中ʅ不多見；從文獻角度來看，也還缺乏依據。

張光宇（1993：26—36）指出，見系二等文白異讀在漢語方言有華南、華北分野的傾嚮，南方的廈門最爲保守，長江沿岸次之，華北三型變化最爲劇烈；華北三型中的白讀（tʂ-、ts-、t-）都是舌面音（tɕ-）的後續變體，即k>ki>tɕ>tʂ-/ts-/t-。

魯國堯先生曾指出現代泰州方言"瘸靴"二字有些人讀爲tsʰ、s是一種反方嚮的類化（魯國堯，2003b：82）。即，受ts>tɕ的影響，可能産生tɕ>ts的變化。從《漢音集字》來看，清代即已出現這兩種變化。

總上所述，武天地區部分見組合口細音字讀爲ts組的音變模式爲：k>tɕ>ts。

從《五聲譜》到《漢音集字》，ts組和tʂ組對立的格局已消失，都讀爲ts組，如：知＝咨，終＝宗；其中部分知莊章組合口字讀爲tɕ組。

如：朱 ₋tɕy，珠 ₋tɕy，蛛 ₋tɕy，準 ᶜtɕyn。

從現代武天片方言來看，京山、仙桃、洪湖方言知、莊、章組均讀爲 ts，不讀爲 tɕ，這些方言點當發生了 tʂ>ts 的演變，未發生 ts>tɕ 的變化。

綜上所述，考慮見、精、知、莊、章組聲母在《五聲譜》、《漢音集字》、今武天方言中的分混格局，可假定其演變階段如下（見圖 5.1）：

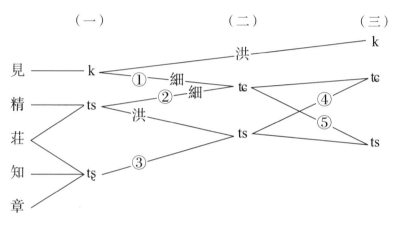

圖 5.1　見、精、知、莊、章組聲母演變示意圖

說明：以（一）（二）（三）……表示音變階段，以①②③……表示具體音變，如圖中①表示 k>tɕ 的變化，②表示 ts>tɕ 的變化。以下各圖均依此，不再一一注明。

分析見、精、莊、知、章組在《五聲譜》、《漢音集字》、今武天方言中所處階段及代表語音如下（見表 5.1）：

表 5.1　明代以來見、精、莊、知、章組音變説明

階段	音變	音變具體表現	代表語音
（一）	—	見、精組分立，知、章組混爲 tʂ 組，莊組大部分與精組混爲 ts，小部分與知章組混；	《五聲譜》
（二）	①②③	見、精組細音合流讀爲 tɕ 組，精組洪音和知、莊、章組合流爲 ts 組；	仙桃、洪湖

續表

階段	音變	音變具體表現	代表語音
（三）	④	部分知莊章組字讀爲 tɕ 組；	天門、漢川
	④⑤	部分見組合口細音字讀爲 ts 組；部分知莊章組合口字讀爲 tɕ 組；	《漢音集字》、漢口
	⑤	部分見組合口細音字讀爲 ts 組。	京山

説明："—"表示音變起始狀態，下同。

tʂ>ts 在武天地區普遍存在，從翹舌音變爲平舌音的原因，大體有兩種説法：

一種認爲是内因的作用。即簡化是語言發展的自然要求，tʂ>ts 也可能是漢語語音結構的自我調整。如甄尚靈、陳重瑜、桑宇紅、周賽紅均持此説。甄尚靈（1988）指出，《西蜀方言》[①]所記舌尖前後的兩套擦音塞擦音，看來是 19 世紀後期成都語音的實際，舌尖後音混同於舌尖前音是後來的發展變化。陳重瑜（1991：148）認爲，"As languages have the tendency of changing from complexity to simplicity，it may very well be just a matter time for the retroflexed obstruents to merge into the dental obstruents in those dialects where the distinction still remains"（語言存在由繁而簡的趨勢，在存在平翹舌的方言裏，有可能某個時期翹舌會并入平舌。）桑宇紅（2004：46）認爲，"以南京爲代表的江淮官話老派讀音大部分讀 tʂ 組聲母，而新派則大部分已經讀 ts 組聲母了。"周賽紅（2005：30）認爲，這種變化是"人們在保證實現交際功能的前提下，自覺不自覺地對言語活動中力量的消耗做出的合乎經濟性要求的安排"。

另一種認爲是外因的作用。如劉澤民（2005：52）根據侗台語和苗瑶語普遍缺乏翹舌音聲母認爲從翹舌音變爲平舌音可能跟歷史上漢語與

---

① Western Mandarin or the Spoken Languange of West China（《西蜀方言》），傳教士英國人 Adam Grainger（鍾秀芝）編著。據甄尚靈（1988），《西蜀方言》出版于 1900 年，成書當在 1900 年前，它代表 19 世紀後期的成都語音。

南方地區的古侗台苗瑤語言密切接觸有關。

　　先討論有沒有可能是外因的作用。明末到清末武天地區接受了大量江西移民。據劉綸鑫的研究，今客贛方言精莊知章分混模式大體爲：客家方言除部分地區外，古精、莊、知、章四組聲母與洪音相拼時合流爲 [ts/tsʰ/s]，贛方言中，南昌、新建、彭澤、景德鎮、樂平、波陽、弋陽、橫峰、萬年、鉛山、寧岡、吉安、萬安、遂川等地也是如此（劉綸鑫，1999：263）。

　　單從内因的角度來解釋也存在一定的問題。如西南官話中存在精莊知章組都讀爲 tʂ 組的，如四川省的北川、安縣，湖北的鍾祥、荆門等（《中國語言地圖集》1987 年版，B6 文字説明）。可見 ts>tʂ 也是可能的。

　　tʂ>ts 可能是内外因共同作用的結果。一方面，客贛方言精、莊、知、章組混同影響武天地區語音也朝這個方嚮演變；另一方面，語音簡化、語音結構的内部調整也促使其朝這個方嚮演變。

5.1.1.2　見組開口二等字異讀現象的演變

少量喉音字有相同的讀音表現，也一并討論在内。

《五聲譜》中沒有二等字異讀情況，每字僅一種讀音。

這種現象到清代的《漢音集字》裏發生了改變，《漢音集字》引言中説："許多漢字有兩個或更多的音，但本書只列了一個音，爲的是選擇最能表現漢口話的音。"或許這其中也略去了包括文白異讀在内的異讀音？《漢音集字》見組開口二等字讀音如下：

假攝：家 ₌tɕia 架 tɕia˞ 下 ₋ɕia 蝦 ₌ɕia

咸攝：夾 tɕia 嵌 ₌kʰan 恰 tɕʰia 甲 tɕia˞

蟹攝：皆 ₌kai 稽 ₌kai 階 ₌kai 街 ₌kai 解 ˞kai 芥 kai˞ 界 kai˞ 戒 kai˞ 誡 kai˞

效攝：交 ₌tɕiau 窖 kau˞/tɕiau˞ 覺 tɕiau˞

山攝：間 ₌tɕiɛn 艱 ₌tɕiɛn 揀 ˞tɕiɛn

梗攝：更 $_\subset$kən 庚 $_\subset$kən 羹 $_\subset$kən 梗 $^\subset$kən 耕 $_\subset$kən 耿 $^\subset$kən 哽 $^\subset$kən 埂 $^\subset$kən 綆 $^\subset$kən

江攝：江 $_\subset$tɕiaŋ 扛 $_\subset$kaŋ 豇 $_\subset$kaŋ 確 kʰo$_\supset$/tɕʰio$_\supset$ 虹 $_\subset$xoŋ 講 $^\subset$tɕiaŋ 港 $^\subset$kaŋ

《漢音集字》以只列一音爲原則，但是仍清楚地記錄了"窖""確"的文白異讀現象。

此外，莊延齡（1877：308—312）指出，漢口方言"chiao——interchanged with kao"（chiao 和 kao 互換），其它還涉及 chiai[①] 和 kai、ch'iao 和 k'ao、hang 和 hsiang、hsia 和 ha、ka 和 chia 等可能也表明當時文白異讀現象普遍存在。

因此，見組文白異讀在清代漢口方言中當有一定的分布。

見組開口二等的文白異讀現象在《字音會集》《凡誨書》《蘄春語》中均有反映。

《字音會集》中也透露了見組開口二等字異讀情況：

"江江開二姜薑疆僵韁殭宕開三"屬一個字組，"豇扛江杠江開二岡綱剛缸鋼崗宕開一"屬一個字組。

可見"江"有兩讀，或讀如三等字"姜"，或一等字"岡"。當是記載了"江"的文白異讀音。

《凡誨書》音注中也有見組開口二等字異讀的記載：

豇：江、缸二音。

結合現代方言，顯然"江"聲母爲 tɕ，"缸"聲母爲 k。

《黃侃論學雜著·蘄春語》（1980：426）："《左傳》襄九年：'棄位而姣'。注：姣，淫之別名。《廣韻》'姣'有古巧切一音。今吾鄉謂淫事爲'姣'，或讀洪音則如'杲'，或讀細音則如'矯'；或書作'攪'，非也。"黃群建（1999：63）疏證：今蘄春話文讀

---

① 莊延齡（1877）指出，"chiai——interchanged with kai"（chiai 和 kai 常常互換），"Hsiai represented in Pekinese by hsieh"（hsiai 代表北京話的 hsieh）。莊氏認爲漢口方言存在 iai 音節而《漢音集字》無，可能當時漢口方言已有不同語音層次，《漢音集字》未記錄這一層次。

"姣"爲 [tɕiau³⁴]，音如"矯"，而白讀"姣"爲洪音，音如"杲"，讀 [kau³⁴]。

今武天片各方言點均存在見組二等字的文白異讀現象，其中漢口、天門方言這種現象比京山、仙桃、漢川、洪湖方言普遍。

張光宇（1993：26—36）把見組二等文白異讀情況分爲六種：長江沿岸型、湖南瀏陽型、山西萬榮型、山西汾西型、山東文榮型、福建廈門型。如表5.2：

表 5.2　張光宇（1993）見組二等文白異讀情況類型

古"見"母	k-	ki-	tɕ-	tʂ-	ts-	t-
長江沿岸型	白		文			
（洞口、漣水）	白			文（洞口）	文（漣水）	
湖南瀏陽型	白	文				
山西萬榮型			文	白		
山西汾西型			文			白
山東文榮型		文			白	
福建廈門型	文／白					

長江沿岸型的特色是"文細白洪"，主要分布在華中長江沿岸一帶的大埠。很顯然武天片都屬于長江沿岸型。

關於見組開口二等文白異讀的產生時代，張光宇（1993：26—36）認爲，"長江沿岸所受歷代北方的影響在年代次序上既先於處於東南邊陲的福建，在程度上更遠非後者所能望其項背"，"今天長江沿岸型的白讀和福建廈門型的文讀原來承襲的是大體相同的北方標準語音系，其時間大約在唐宋年間"。"原初以'文讀'身份進入長江沿岸的，後來融入口語，到了元明年間新的文讀系統傳進來，舊的讀書音轉成白讀"。劉靜（2001：67—70）進一步指出今長江中下游流域的文白異讀，大概就是那一時期（靖康亂後）北音對南音影響所留下的遺跡，文中她列舉了吳江、金華、武昌、蘇州、休寧、廣濟等地方言見組開口二等字文白異讀情況。

以上幾種觀點都是主要基於現代方言和歷史移民情況作出的合理推測。此外，語音内部結構調整有無可能造成文白異讀層呢？"界"：天門文讀爲 tɕiai˥，白讀爲 kai˥，漢川讀爲 tɕiai˥。從《五聲譜》到現代蟹攝開口二等見組讀音經歷了 kiai>kai/kia 的演變似乎也是可能的。

我們推測，在異讀層的整體局面形成以後，未必每個見組開口二等字都有異讀。但是受類推作用的影響，没有異讀的見組開口二等字可能出現異讀現象。所以，見組開口二等字文白異讀可能是一個動態的過程。其類型有三種：使用白讀音，不使用文讀音，以後可能發展出文讀音，如"窖"，由于普通話的影響，極有可能發展出舌面音一讀，從而形成文白異讀的格局；兩種讀音并存，形成文白異讀，如"家""間"；只使用文讀音，白讀音可能存在過，但今已消失，如京山、仙桃、漢川、洪湖讀"確"爲 [tɕʰio˩]；又《黄侃論學雜著·蘄春語》（1980：426）：今鄉俗亦謂淫事曰奸，讀古案切。黄群建（1999：64）疏證：讀古案切，音 [kan˧˥]，乃《廣韻》古寒切之音轉，由平聲轉入去聲，但今已無此音；蘄春話今只謂不正當之男女關係爲通奸，"奸"讀細音，音 [tɕian˦˨]，爲平聲。可見蘄春"奸"讀爲舌面音是十分晚近的事情。

綜上所述，見組開口二等文白異讀在湖北西南官話、江淮官話、贛方言區均有分布且一致性較高，清代武天地區文白異讀的格局已十分清晰。

5.1.2　非組和曉組分混及演變

《五聲譜》非組和曉組不混，從不排在同一字組。如：方≠慌，反≠緩。

《漢音集字》也没有非、曉組混同現象。如：法 fa˩，方 ₌faŋ，花

$_{\subset}$hua，慌 $_{\subset}$xuaŋ。

今武天片 f、x 相混有不混、部分相混、全部相混三種類型。

明清以來武天地區 f、x 聲母當經歷了"不混—部分相混—全部相混"的發展過程。如圖 5.2：

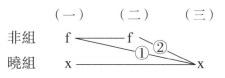

圖 5.2　非、曉組聲母演變示意圖

分析《五聲譜》、《漢音集字》、今武天方言 f、x 所處階段及代表語音如下：

表 5.3　明代以來非、曉組音變説明

階段	音變	音變具體表現	代表語音
（一）	—	非組爲 f，曉組爲 x，二者分立；	《五聲譜》、《漢音集字》、漢口、漢川、京山、天門
（二）	①	非組部分讀爲 f，部分讀爲 x；	仙桃
（三）	②	非組全部讀爲 x。	洪湖

可見武天片仙桃、洪湖都經歷了這種音變：f>x。從《湖北方言調查報告》以前的文獻中不見有 f 的舌根化的記載來看，這種音變當是較晚出現的。

關于 f 的舌根化產生的時代，何大安（2004：140）也指出"是較晚的現象"，且論述如下："四川、湖北、雲南的一些西南官話，把中古流攝的唇音聲母念成通攝的陽聲字。例如'畝茂某浮否'等字的今讀是 moŋ 或 xoŋ。由于把'浮否'唸成了 xoŋ，而同屬流攝的'侯後'等字還是讀 xəu"，例如四川的德陽方言，"因爲如果德陽也像沔陽一樣，'浮否'先舌根化爲 xəu 之後再發生 xəu>xoŋ 的變化的話，就無法解釋'侯後'爲什麼不是 xoŋ 而是 xəu"。其説較爲合理。

從整個漢語方言來看，南方湘、贛、客家、閩、粵等方言和北方方

言區長江以南的江淮方言和西南方言都存在 f、x 混讀的現象。從何大
安（2004：124—127）統計的 x/f 混讀的地理分布上來看，主要出現在
利川、石首、公安、松滋、鶴峰、宣恩、恩施、禮山、黄安、麻城、來
鳳、咸寧、通山、蒲圻、崇陽、仙桃、京山、巴東、通城等地。湖北境
內 x/f 的混讀主要分布在江淮官話黄孝片、贛語大通片和與湘語毗鄰的
地域。石首、公安、松滋、鶴峰等地甚至被《湖北方言調查報告》歸爲
第四區（湘語區）（趙元任、丁聲樹等，1948：1570）。監利和嘉魚 f、
x 不混，仙桃與洪湖較靠近湘語區（如圖 5.3），其中洪湖與湘語區更臨
近，與湘語的接觸當比仙桃更多。湘語 f、x 相混現象極爲普遍，《現代
漢語方言概論》（2002：124）指出湘方言的一個重要特點就是"非敷奉
母字和曉匣母合口韻字相混是普遍現象"。湖北仙桃、洪湖等地方的 f、
x 相混可能是在與湘方言的接觸中逐漸形成的。但與湘語不同的是，湘
語曉、匣母字多混入非組，非組混入曉、匣母較少，仙桃、洪湖非組混
入曉、匣母，曉、匣母不混入非組。

圖 5.3　仙桃、洪湖地理位置

5.1.3　全濁仄聲送氣的演變

《五聲譜》中常將相同發音部位的字排在一個字組中，雖然我們依
一定的方法將相同發音部位的送氣字和不送氣字進行了區分，但仍然無
法窺探《五聲譜》中全濁仄聲讀爲送氣音的總量。儘管如此，從字組間

的對立中仍能確認部分全濁仄聲字讀爲了送氣音：

去聲"二穉"：熾饎澨昌滯劇澄≠制製章

去聲"二穉"：季寄薊計繼髻既覬見悸忌惎芰群≠偈群氣愾器棄契憩溪

去聲"三魏"：萃瘁頏悴從翠啐清≠醉最精

去聲"三魏"：配沛霈滂佩珮焙倍並≠背界懠幫備糒糒韛被並

去聲"六趑"：近群敬鏡竟見≠慶罄謦謦溪覲墐僅瑾殣群

以上"滯劇""偈""萃瘁頏悴""佩珮焙倍""覲墐僅瑾殣"當讀爲送氣音。

《漢音集字》全濁平聲字讀爲送氣清音，仄聲字讀爲不送氣清音。其中也存在全濁仄聲送氣現象："滯""萃瘁悴""佩"讀爲送氣音，"偈""焙倍"讀爲不送氣音，"劇""頏""珮"不見。此外，還有"箔暴愎弼勃僕脖渤勃曝瀑畔並仄"讀爲 p^h 聲母；"鐸特祖悌殄艇懂定仄"讀爲 t^h 聲母；"擇澤撞轍夛雉稚秩帙鳩澄仄"讀爲 ts^h 聲母。

今武天片也存在全濁仄聲讀爲送氣現象，其中天門全濁仄聲讀爲送氣現象較爲豐富，"拔棒倍捕鼻伴袋導奪鈍造族昨皂"在武天方言中均存在不同程度的送氣現象，參見 §4.1.3。

在全濁音消失的現代方言裏，關於原全濁字的吐氣問題，有三種不同的情況：第一種是平聲吐氣，仄聲不吐氣；第二種是平仄聲都不吐氣；第三種是平仄聲都吐氣（王力，1980/2004：133）。根據陳慶延的研究，第三種方言分布情況是：客家話、贛方言、山西西南部的河東方言，以及下江官話裏的泰州話、上江官話裏的大冶話、西北官話裏的天水話、商縣話（陳慶延，1989：25—27）。

據顏森、黃雪貞的看法，古全濁聲母不分平仄一律變爲送氣清音是客家方言突出的語音特點（侯精一，2002：144；159）；全濁仄聲讀爲送氣是今贛方言的重要特徵；與武天片毗鄰的贛語大通片如嘉魚、大冶等地均有全濁仄聲讀爲送氣的特點，武天地區近代歷史上接收了大量江西移民，可能深受贛方言影響。兹檢幾字爲例，見表 5.4（嘉魚、大冶、通城依《鄂東南方言音彙》，吉安、南昌、臨川依《客贛方言比較研究》）：

表 5.4　贛方言全濁仄聲送氣現象

	倍	伴	袋	造
嘉魚	pʰi⌐	pʰan⌐	tʰai⌐	tsʰau⌐
大冶	pʰɐi⌐	꜀pʰɛ̃	꜀tʰæ	—
通城	bi⌐	—	dʰai⌐	dzau⌐
吉安	꜀pʰei	꜀pʰon	꜀tʰoi	꜀tsʰau
南昌	pʰi⌐	pʰən⌐	tʰi⌐	tsʰau⌐
臨川	pʰi⌐	꜀pʰon	hoi⌐	tsʰau⌐

通城"倍袋造"等字均爲全濁音，王福堂（1999：23）認爲通城方言的濁聲母應該是古濁聲母清化後又濁化的結果。通城方言聲母濁音送氣，是由于送氣濁聲母清化，和次清聲母合流，然後合流以後的聲母由于某種發音機制的作用而再濁化（這種情況在贛方言區的江西都昌話也同樣存在），音變過程如下：pʰ/bʰ>pʰ>bʰ。從以上例字可以看出，嘉魚、大冶、吉安、南昌（"袋"除外）、臨川等地全濁聲母讀音都是送氣的，與武天片全濁字讀爲送氣現象極爲一致。今武天片的全濁仄聲讀爲送氣當源於贛語，龍安隆（2007：131—135）甚至認爲閩語全濁字送氣現象也源於贛語。

因此，可以推測，宋代以後，尤其是元末明初，大量江西移民進入武天地區，當對武天方言産生過重大影響，明代贛方言對武天方言的影響可能更爲深遠，而今武天方言所具有的贛方言特徵已不如當時那麼明顯了。

5.1.4　日母字的演變

《五聲譜》日母字爲 ʐ。

《漢音集字》日母字發生分化，有兩種讀音類型[1]：ø、ɹ。ɹ 可看作 ʐ 的變體。

在 ɯ 韻母或者今齊齒呼、撮口呼前讀爲 ø：如：而 ⁼ɯ、兒 ⁼ɯ、耳 ⁼ɯ、餌 ⁼ɯ、爾 ⁼ɯ、邇 ⁼ɯ、二 ɯ⁼、貳 ɯ⁼、日 ɯ⁼；若 io⁼/nio⁼、弱 io⁼、如 ⁼y、茹 ⁼y、儒 ⁼y、濡 ⁼y、蠕 ⁼y、乳 ⁼y、蕊 ⁼y、孺 y⁼、入 y⁼、軟 ⁼yɛn、潤 yn⁼、閏 yn⁼、戎 ⁼ioŋ、絨 ⁼ioŋ、茸 ⁼ioŋ。

在除 ɯ 韻母外的今開口呼韻母前讀爲 ɹ，如：惹 ⁼ɹ、熱 ɹ⁼、饒 ⁼nɑu、蟯 ⁼nɑu、橈 ⁼nɑu、繞 nɑu⁼、擾 ⁼nɑu、柔 ⁼nou、揉 ⁼nou、蹂 ⁼nou、輮 ⁼nou、肉 nou⁼、辱 nou⁼、蓐 nou⁼、褥 nou⁼、然 ⁼ɹan、燃 ⁼ɹan、髯 ⁼ɹan、任 ⁼nei、壬 ⁼nei、仁 ⁼nei、讓 ɹaŋ⁼。

日母字在現代湖北西南官話武天片中讀音有三種類型。仙桃和洪湖方言全部讀爲 ø；天門、京山、漢川方言部分讀爲 ø，部分讀爲 ʐ，具體讀音還存在差異；從《漢音集字》到漢口方言，讀爲 ɹ 的絕大部分變讀爲 n，與泥、來母混同。參 §4.1.4。

推測明清以來武天地區日母的演變過程如圖 5.4：

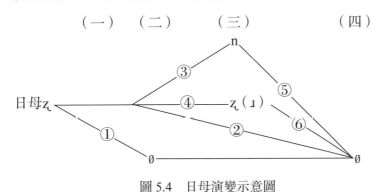

圖 5.4　日母演變示意圖

---

[1]　"若"有二讀：io⁼/nio⁼。"廿" niɛn⁼，僅此二字讀爲 n 聲母，不因此看作一種類型。

　　分析日母在《五聲譜》、《漢音集字》、今武天方言中所處階段及代表語音如表 5.5：

表 5.5　明代以來日母音變説明

階段	音變	音變具體表現	代表語音
（一）	—	日母獨立，讀爲 ʐ;	《五聲譜》
（二）	①	部分保留 ʐ（或 ɻ），部分讀 ∅;	《漢音集字》、天門、京山、漢川
（三）	②③④	在 ɯ 韻母及齊齒呼和撮口呼韻母前讀 ∅，除 ɯ 外的今開口呼韻母前讀爲 n，在今 uei 韻母前讀 ɻ;	漢口
（四）	⑤⑥	都讀爲零聲母。	仙桃、洪湖

　　武天地區日母字的各演變階段中，日母讀爲 ∅、n 是兩個重要的階段（ɻ 與 ʐ 音值略有差異，可看作 ʐ 的變體），下面分別進行討論。

　　（1）日母讀爲 ∅ 的出現年代

　　日母讀爲零聲母不見於《五聲譜》。

　　日母讀爲零聲母在《漢音集字》中較爲常見，日母止攝字和今齊齒和撮口呼字爲零聲母。如“而兒若弱耳餌爾邇二貳日入如茹儒濡蠕戎絨茸乳蕊孺軟潤閏”都讀爲零聲母。

　　日母讀爲零聲母在武天周邊地區方言文獻《字音會集》《凡誨書》《蘄春語》中也較爲常見。《字音會集》部分日母字讀爲零聲母，如“府三十三”下“汝乳日雨宇禹羽云語疑與以”同音；“逢二十四”下“戎絨日容蓉鎔庸備融溶以顒喁疑榮云”同音。《凡誨書》中的音注也透露了日母讀爲零聲母的信息，如：與以＝汝日，儒日＝愚疑，英以＝儒日，隅疑＝儒日，乳日＝雨云，“入日”“今音近役以”，閏日＝運云，日母字“汝”“儒”“乳”“入”“閏”等當已讀爲零聲母。《黄侃論學雜著·蘄春語》（1980：412）：今北京語正讀虹爲絳；吾鄉謂之虹美人，其語亦古；美人讀爲買寅。黄群建（1999：17）疏證：今蘄春樟樹村話“美人”的實際讀音爲 [mi³⁴ ɚn³¹]，與 [mɔ³⁴in³¹] 相去甚遠，黄侃先生在注中説"讀爲買寅"，也不確，因爲蘄春話"買寅"讀 $[mæ^{34}in^{31}]$，可能是擬其仿佛之音而已。但是不難看出"人"讀爲"寅"，日母讀爲零聲母，蘄春話百年來如此。

根據有關文獻的記載，讀爲零聲母的日母止攝字和非止攝字不在同一個層次上是一種普遍現象。17 世紀（或較早），日母止攝字和非止攝字已有別，前者已經讀爲零聲母。金尼閣《西儒耳目資》把"兒"等字列入 ul 韻，徐孝《等韻圖經》則列入影母之下（王力，1980/2004：194）。劉澤民（2005：99—108）也指出客贛方言的讀零聲母的非止攝字和止攝字不在同一層次上。

關於武天方言日母止攝字從 zi 到 w 的演變，中間可能經過了 ʐʅ/zn 的階段。如下兩條例證可供參考。

a.泰州方言日母止攝字經歷了 zn 的階段。據魯國堯先生的研究，"兒、二、耳"等字今泰州話讀 ə，可是很多老年人都説，在他們父祖時代，即約百年前這些字本讀 zn；《李氏音鑑》（1810）和《許氏説音》（1807）的記載都印證了當時很多地方"兒、二"等字多讀爲 ər，惟泰州讀 zn；19 世紀下半葉的《字音集義通考》則明白地記載了此時泰州話已由 zn 變成了 ə（魯國堯，2003b：73—74）。也就是説，泰州方言日母止攝字經歷了從 zn 變爲 ər/ə 的過程。

b.蕪湖方言日母止攝字經歷了 ɿ 韻母的階段。《韻通》"兒"韻字聲母仍然讀日母，韻母與"資支"等的韻母一致（孫宜志，2006：167）。

由此，武天方言止攝日母字的演變過程可能如下：zi>ʐʅ/zn>w。

綜上所述，清代武大地區及周邊地區日母已有大量讀爲零聲母的現象，且隨着歷史發展呈擴大化趨勢。

（2）日母讀爲 n 的出現年代

明末的《五聲譜》不見有日母讀爲 n 的現象。

百年前的《漢音集字》日母讀爲 ɹ 或 ø，僅"若"io_/nio_，

"廿" nien⁻；《湖北方言調查報告》（1948：66，88，110）記武昌、漢口、武昌日母字今開口多讀爲 n；今武天地區漢口方言日母字讀爲 n 母已較爲普遍。可見湖北武天方言日母讀同泥、來母是 19 世紀末 20 世紀初才出現的現象。

這種現象在武天周邊地區方言文獻《字音會集》和《凡諣書》中也有體現。《字音會集》日母或讀爲零聲母，或獨立存在，不與泥母混同。《凡諣書》"靭"，"吾鄉凡炸熟之豆及米粒回潮不爽齒者謂之靭，土音讀'荅'，即此字也。崇陽人讀'認'爲'荅'音可旁證知，亦作靭、朒。""認"爲日母，"荅"爲來母，當時崇陽方言當存在日母和來母混同現象。又，《凡諣書》：賃＝任，"賃"爲來母，"任"爲日母。

5.1.5　微母字的演變

《五聲譜》中微母字獨立存在，爲 v。

《漢音集字》中微母字已全部讀爲 ø，無一例外。如"襪巫誣無蕪武鵡舞侮霧勿物微薇尾娓未味晚萬文紋蚊問吻刎聞紊忘亡望網罔惘妄"聲母全部讀爲 ø。

今武天地區微母字讀音有兩種類型，一種全部讀爲 ø，如京山、漢口方言；一種有 ø 和 m 兩種讀音的，如漢川、天門、洪湖、仙桃。吳方言裏的微母字亦如此，一般是文讀 v，白讀 m；粵方言都讀 m（王力，1980/2004：154—155），當體現了《切韻》時代的語音層次。

推測明清以來武天地區微母的演變過程如圖 5.5：

（一）　　　　　　　　　　　　　（二）

v————————————————————ø

圖 5.5　微母演變示意圖

分析微母在《五聲譜》、《漢音集字》、今武天方言中所處階段及代表語音如表 5.6：

表 5.6 明代以來微母音變說明

階段	音變具體表現	代表語音
（一）	讀爲 v；	《五聲譜》
（二）	v 失落，讀爲 ø。	《漢音集字》、京山、漢口、漢川、天門、洪湖、仙桃

至于官話中微母的演變過程，王力先生認爲，《切韻》時代的微母是明母的一部分，唐末宋初，除了東韻三等字之外的合口三等字變爲脣齒音 ɱ（mv），後來在北方話裏逐漸變爲一個 v。這個 v 從 14 世紀中原音韻時代起，一直保持到 17 世紀（王力，1980/2004：154）。

楊劍橋和李得春對微母演變爲零聲母的時間推斷非常一致。楊劍橋（2005：150）認爲微母的演變過程爲：mm（8 世紀中葉）＞ɱ（8 世紀末—9 世紀初）＞ɱ（11 世紀中葉）＞v（13 世紀—14 世紀）＞u（17 世紀—現代）。李得春（2006：447）認爲，《洪武正韻譯訓》（1455 年）到《四聲通解》（1517 年）時期是微母演變爲零聲母的過渡期，崔世珍"微母作聲近似于喻母"的說明，充分證明了這一點。

由此，《五聲譜》中的微母當處于保持其獨立地位的最後階段。

5.1.6 疑、影、云、以母字的演變

《五聲譜》疑、影、云、以母字無對立現象，都讀爲零聲母。

從《五聲譜》到《漢音集字》，疑、影、云、以母合并後，依據韻母今讀音的不同，又發生分化。疑影母字在今開口呼前變爲 ŋ，小部分疑母在部分撮口呼和部分齊齒呼字前讀爲 n，與泥來母合并，其它讀爲 ø。如表 5.7：

表 5.7 《漢音集字》疑母讀爲 ŋ、n 舉例

《漢音集字》	例字
疑影母讀爲 ŋ	額崖捱巖艾礙敖嗷翱傲偶藕岸硬昂印（以上爲疑母字） 哀唉挨埃矮靄藹愛隘坳襖懊奧澳凹謳鷗漚嘔毆安鞍菴鵪諳按案暗恩盎翁嗡甕壅（以上爲影母字）
疑母讀爲 n	虐孽疑宜麑倪霓擬逆牛妍研驗諺唔凝

今武天地區方言疑、影、云、以母讀音有兩種類型，參 §4.1.6。從時間上來看，究竟哪種類型在前，哪種在後呢？

影、疑母今讀ŋ的條件完全相同：即在今開口呼韻母前。這種變化當是在合并後才發生的。所以今讀ŋ的不是中古疑母的直接繼承。

今漢口方言僅疑母讀爲n，没有影、云、以母讀爲n的，所以疑母字部分與影、云、以母合流爲ø，還有部分從ŋ逐漸變爲n，不然就無法解釋爲什麼没有影母讀爲n的現象。

至于疑母細音字讀爲泥母，《中原音韻》即已出現這種變化，在北方話中也是比較常見的音變（楊耐思，1981：20）。《漢音集字》和今漢口方言都不分泥、來母，所以疑母細音字讀爲泥、來母非常容易出現。

推測明清以來武天地區疑、影、云、以母讀音的演變過程如圖5.6：

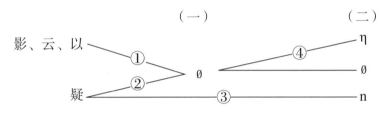

圖5.6　疑、影、云、以母演變示意圖

分析疑、影、云、以母在《五聲譜》、《漢音集字》、今武天方言所處階段及代表語音如表5.8：

表5.8　明代以來疑、影、云、以母音變説明

階段	音變	音變具體表現	代表語音
（一）	①②	疑、影、云、以母合并，讀爲ø；	《五聲譜》、漢川、洪湖、京山、天門、仙桃
（二）	③④	影、云、以母及大部分疑母合并爲ø後發生分化，疑、影母在今開口呼前讀爲ŋ；小部分疑母逐漸變爲n，與泥、來母合并；其它均讀爲ø。	《漢音集字》、漢口

5.1.7　泥、來母字的演變

武天地區文獻中泥、來母表現非常一致，《五聲譜》、《漢音集字》中泥、來母字均已混同。

今武天方言泥、來母混，漢口、京山、天門、仙桃、洪湖方言有泥、來母讀爲零聲母現象，漢川方言無此現象。顯然讀爲零聲母現象是後起的。

明清以來武天地區泥、來母字讀音演變過程如圖 5.7：

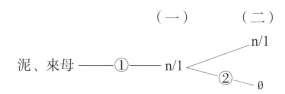

圖 5.7　泥、來母演變示意圖

分析泥、來母在《五聲譜》、《漢音集字》、今武天方言中所處階段及代表語音如表 5.9：

表 5.9　明代以來泥、來母音變説明

階段	音變	音變具體表現	代表語音
（一）	①	泥、來母合流；	《五聲譜》、《漢音集字》、漢川
（二）	②	部分泥、來母字讀爲Ø。	漢口、京山、天門、仙桃、洪湖

武天地區文獻中無法反映泥、來母合流的模式，而武天周邊地區的文獻中表現有所不同，《凡誨書》泥母洪音和來母混。如：囊泥＝郎來，諾泥＝洛來，奈泥＝賴來。泥母細音和來母混僅兩見：娘泥＝良來，碾泥＝輦來。《湖北方言調查報告》嘉魚方言泥母洪音與來母混，細音一部分與來母混，一部分不混。古泥、來母字今嘉魚魚嶽鎮皆讀爲 [n] 聲母，僅個別遇攝字如"呂旅"等，今讀零聲母。泥、來總體是向混同的方向發展的，洪音比細音更早相混，相混的數量逐步擴大。

因此，嘉魚方言泥、來母混同存在這樣一種模式：泥來不混—泥來洪混細分—泥來混同。當然，泥、來洪混細分并不是必經的階段，武天地區泥、來混同發展較快，早在明末以前就已完成合流，且至今依然維持這一格局。

今少量泥來母字讀爲零聲母，均爲遇攝三等，推測高元音 y 容易促使聲母脱落。

5.2 韻母的演變

5.2.1 等呼的演變

5.2.1.1 古合口字讀爲開口的演變

《五聲譜》中臻、山攝端、泥、精組合口字存在讀爲開口現象：臻攝端、泥組合口字失去介音；臻攝精組合口字失去介音或介音變爲 i；山攝精組合口字介音爲 i。

臻攝端、泥組合口字失去介音，如下：

六沈："敦墩焞臻合登簦燈曾開"屬同一字組；

六趂："鈍臻合鄧蹬凳鐙曾開"屬同一字組；

六沈："輪倫論掄淪臻合能曾開"屬同一字組。

以上"敦墩焞""鈍""輪倫論掄淪"當已失去合口介音。

臻攝精組合口字失去介音或介音變爲 i。如下：

六沈："尊遵臻合曾增憎曾開争梗開臻蓁榛臻開"屬同一字組；

六沈："存臻合層曾開岑深開"屬同一字組；

六沈："孫猻蓀臻合生笙牲甥梗開僧曾開森參椮深開"屬同一字組；

六趂："迅臻合性姓梗開信臻開"屬同一字組；

寧忌浮（2005：9—11）也指出，"臻攝合口一等舌齒音字讀開口，如：敦＝登、尊＝曾、存＝曾、孫＝森、倫＝能"。

以上"尊遵""存""孫猻蓀"當已失去合口介音；"迅"介音當變爲 i。

山攝精組合口字介音變爲 i。如：

七田："泉山合前錢山開潛咸開"屬同一字組；

七田："宣山合先仙鮮阡芊山開暹纖咸開"屬同一字組；

七田："旋漩山合羨山開"屬同一字組；

七丞："選山合鮮蘚山開"屬同一字組；

以上"泉""宣""旋漩""選"介音當變爲 i。

《漢音集字》臻、止、蟹、山攝端、泥、精組合口字存在讀開口現象：或失落介音，或介音讀爲 i。所涉及的字比《五聲譜》更多，兹舉數例，如表 5.10：

表 5.10　《漢音集字》臻、止、蟹、山攝端、泥、精組合口字讀音

中古攝	端、泥組	精組
臻攝	敦 ₌tən 墩 ₌tən 屯 ₌tʰən 囤 tənᵓ 鈍 tənᵓ 論 lənᵓ 嫩 lənᵓ 輪 ₌lən	尊 ₌tsən 村 ₌tsʰən 存 ₌tsʰən 孫 ₌sən 損 ᶜsən 寸 tsʰənᵓ 遵 ₌tsən 荀 ₌ɕin 旬 ₌ɕin 循 ₌ɕin 巡 ₌ɕin 俊 tɕinᵓ 迅 ɕinᵓ
止蟹攝	堆 ₌tei 推 ₌tʰei 腿 ᶜtʰei 對 teiᵓ 退 tʰeiᵓ 蜕 tʰeiᵓ 隊 teiᵓ 兑 teiᵓ 雷 ₌lei 偏 ᶜlei 纍 lei 壘 ᶜlei 類 leiᵓ 淚 leiᵓ	催 ₌tsʰei 崔 ₌tsʰei 罪 tseiᵓ 碎 seiᵓ 最 tseiᵓ 脆 tsʰeiᵓ 歲 seiᵓ 嘴 ᶜtsei 醉 tseiᵓ 翠 tsʰeiᵓ 粹 tsʰeiᵓ
山攝	端 ₌tan 團 ₌tʰan 短 ᶜtan 斷 tanᵓ 暖 ᶜlan/ᶜnan 卵 ᶜlan 亂 lanᵓ	酸 ₌san/₌suan 算 sanᵓ/suanᵓ 蒜 sanᵓ/suanᵓ 全 ₌tɕʰiɛn 泉 ₌tɕʰiɛn 宣 ₌ɕiɛn/₌ɕyɛn 旋 ₌ɕiɛn 選 ᶜɕiɛn/ᶜɕyɛn

莊延齡（1877）指出，漢口方言"Tên represented in Pekinese by tun，T'ên represented in Pekinese by t'un"（tên 代表北京話的 tun，t'ên 代表北京話的 t'un）。也表明漢口話合口讀爲了開口。

今武天方言臻、止、蟹、山攝端、泥、精組合口字存在讀爲開口現象，或讀爲 i 介音，或失落介音，與《漢音集字》一脈相承。如表 5.11：

表 5.11　臻、止、蟹、山攝合口端、泥、精組字讀音

例字	端、泥組							精組				
	墩	嫩	類	堆	內	端	亂	尊	巡	催	算	選
漢口	꜀tən	nən꜄	nei꜄	꜀tei	nei꜄	꜀tan	nan꜄	꜀tsən	꜀ɕin/꜀ɕyn	꜀tsʰei	san꜄	꜀ɕiɛn
仙桃	꜀tən	lən꜄	lei꜄	꜀tei	lei꜄	꜀tan	lan꜄	꜀tsən	꜀ɕyn	꜀tsʰei	san꜄	꜀ɕiɛn
京山	꜀tən	nən꜄	nei꜄	꜀tei	nei꜄	꜀tan	nan꜄	꜀tsən	꜀ɕin	꜀tsʰei	san꜄	꜀ɕin/꜀suan
天門	꜀tən	nən꜄	nei꜄	꜀tei	nei꜄	꜀tan	nan꜄	꜀tsən	꜀ɕin/꜀ɕyn	꜀tsʰei	san꜄	꜀ɕiɛn
漢川	꜀tən	nən꜄	nei꜄	꜀tei	nei꜄	꜀tan	nan꜄	꜀tsən	꜀ɕin/꜀ɕyn	꜀tsʰei	san꜄	꜀ɕiɛn
洪湖	꜀tən	nən꜄	nei꜄	꜀tei	nei꜄	꜀tan	nan꜄	꜀tsən	꜀ɕin/꜀ɕyn	꜀tsʰei	san꜄	꜀ɕiɛn

　　這種現象在毗鄰的江淮官話黃孝片和贛語大通片方言文獻中也較爲常見。《字音會集》部分臻、山攝端、泥、精組字合口讀開口，如：

　　言二十二："旋璇山合三涎山開三"同音，"全痊詮筌泉悛佺山合三潛咸開三前山開三錢山開三"同音；

　　眼三十六："短山合一膽咸開一憚山開一"同音；

　　深十一："敦墩惇臻合一登燈曾開一"同音，"尊樽鱒臻合一遵臻合三爭箏梗開二罾曾曾開一"同音；

　　辰二十五："存臻合一層曾曾開一岑深開三"同音。

　　《凡誨書》部分音注中也透露了端精組開合口字混同的信息：端端合＝單端開，宣心合＝先心開，涎邪開＝旋邪合，選心合＝先心開上。

　　可見臻、止、蟹、山攝端、泥、精組合口字讀爲開口現象在漢語方言中有一定的分布，武天地區這種現象從明清一直延續至今。

　　與以上合口讀爲開口剛好相反的，還有少量開口讀爲合口的情況。《五聲譜》"七田"：軒掀山開三賢絃弦山開四≠玄縣懸山合四。"軒掀"當讀爲開口。《漢音集字》"軒掀"都讀爲 ꜀ɕyɛn，今漢口"軒掀"均有二讀：軒 ꜀ɕiɛn/꜀suan 掀 ꜀ɕiɛn/꜀suan；京山"掀"有二讀：掀 ꜀ɕin/꜀suan；天門、仙桃、漢川、洪湖：軒 ꜀ɕyɛn 掀 ꜀ɕyɛn。

　　"軒掀"都是開口三等字，今當讀爲齊齒呼，而武天片多讀爲合口呼或撮口呼。

　　由此看來，"軒掀"介音變爲 y 當發生在清代。

5.2.1.2　二等韻的演變

　　寧忌浮（2005：9—11）指出，"江、山攝二等牙喉音尚有部分與一、三等對立。如：江≠姜、閑≠賢≠寒、鰥≠官"；"蟹攝開口一、二等對立。如：該≠皆、才≠柴"，舉例較爲簡略。

　　《五聲譜》蟹攝開口二等、山咸攝開合口二等、江宕攝開口二等（即江開二）牙喉音字均與一等和三四等有別。如：

　　五孩：

　　垓該荄陔見蟹開一≠街皆喈階稭見蟹開二；

　　溉見蟹開一≠戒誡介界芥屆廨玠疥見蟹開二；

　　七田：

　　冠官棺見山合一≠關鰥見山合二≠蠲涓見山合四；

　　桓匣山合一≠環還鬟鐶寰匣山合二≠玄縣懸匣山合四；

　　七簋：

　　奐渙煥曉山合一換匣山合一≠患豢輨寏幻匣山合二≠縣炫眩衒衒袨匣山合四楦曉山合三絢曉山合四；

　　幹斡見山開一紺灨見咸開一≠諫間澗睅覸見山開二鑑監見咸開二≠建見山開三健群山開三見劍見山開四；

　　十一彊：

　　剛見宕開一≠江杠矼扛見江開二≠姜疆韁僵薑見宕開三；

　　羌蜣溪宕開三≠腔溪江開二≠康糠溪宕開一。

　　《漢音集字》蟹攝開口二等、山咸攝二等、江宕攝開口二等（即江開二）字均無獨立地位，或與一等混，或與三四等混同。如：

　　戒誡介界屆見蟹開二＝蓋丐見蟹開一；

　　街皆稭湝階見蟹開二＝該陔垓荄賅見蟹開一；

關鰥見山合二＝冠官倌棺觀見山合一；

間澗諫見山開二鑑監鑒見咸開二＝件健群山開三建見山開三見見山開四劍見咸開三；

江杠見江開二＝姜薑僵疆繮橿見宕開三；

腔溪江開二＝羌溪宕開三。

今武天片僅蟹攝開口二等字存在與一等字對立的情況，且僅存在於天門、漢川方言中，漢口、京山、仙桃、洪湖方言的蟹攝開口二等字與一等不存在對立。

明清以來武天地區蟹攝開口二等、山咸攝二等、江宕攝開口二等（即江開二）牙喉音字的演變模式如圖 5.8—5.10：

圖 5.8　蟹攝開口二等演變示意圖

明清以來的武天地區蟹攝開口二等牙喉音字所處階段及代表語音如表 5.12：

表 5.12　明代以來蟹攝開口二等音變説明

階段	音變具體表現	代表語音
（一）	不同于一、三等，讀爲 iai；	《五聲譜》、天門、漢川
（二）	或失去介音，與一等同，讀爲 ai；或失去韻尾讀爲 ia。	《漢音集字》、漢口、仙桃、漢川、洪湖

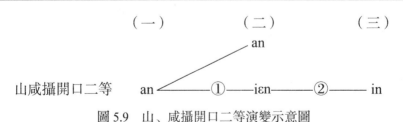

圖 5.9　山、咸攝開口二等演變示意圖

明清以來的武天地區山、咸攝開口二等牙喉音字所處階段及代表語音如表 5.13：

表 5.13　山咸攝開口二等音變説明

階段	音變	音變具體表現	代表語音
（一）	一	不同于一、三等，讀爲 an；	《五聲譜》
（二）	①	部分與一等合流，讀爲 an，部分與三等合流，讀爲 iɛn；或白讀爲 an，文讀爲 iɛn；	《漢音集字》、漢口、天門、仙桃、漢川、洪湖
（三）	②	讀爲 iɛn 的失去韻腹，變讀爲 in。	京山

從 an 到 iɛn 的演變與見、精組聲母顎化密切相關；從 iɛn 到 in 的變化參見 §5.2.3.2 "山、咸攝的演變"。

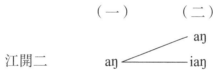

圖 5.10　江攝開口二等演變示意圖

明清以來的武天地區江攝開口二等牙喉音字所處階段及代表語音如表 5.14：

表 5.14　明代以來江攝開口二等音變説明

階段	音變具體表現	代表語音
（一）	不同于一、三等，讀爲 aŋ；	《五聲譜》
（二）	部分與一等合流，讀爲 aŋ；部分與三等合流，讀爲 iaŋ。	《漢音集字》、漢口、京山、天門、仙桃、漢川、洪湖

二等字讀音不同于一、三等字的現象在贛方言中大量存在。

從文獻角度來看，據李軍的研究，反映江西臨江方言的《辨字摘要》山咸攝、蟹攝都存在一、二等主元音分立現象；反映江西南昌方言的《類字蒙求》山、咸攝一、二等韻分立；反映江西高安方言的《國音四種》蟹、效、山、咸攝一、二等韻主元音有別（李軍，2006：62—97）。

從現代贛方言來看，顏森指出，贛語咸、山攝一、二等字韻母主要元音有區別（末資片除外），如"搬班"二字韻母不同，"官關"二字大部分地方也不同（侯精一，2002：145）。據《客贛方言比較研究》（劉綸鑫，1999：287），在江西各地的客、贛方言中，古咸、山、蟹、效四攝一、二等字的主要元音往往有所不同，特別是在牙喉音聲母中更容易找到一、二等區分的痕跡。咸、山、蟹、效攝一、二等均有不同的點有 5 個；咸、山、蟹攝一、二等有別，效攝一、二等混同的點贛方言有 37 個，客家方言有 9 個；咸、山二攝一、二等有別，蟹、效攝一、二等混同的點有 13 個；山蟹攝一、二等有別，咸、效二攝混同的有 21 個；蟹、攝一、二等有別，咸、山、效三攝一、二等混同的點有 1 個。

由于移民的影響，武天片方言受北方方言和贛語影響最深。從明末《五聲譜》中反映出來的這種現象可以看出，相比較現在武天片方言而言，當時贛方言對武天方言的影響比現在要大得多。《五聲譜》中一、二等字的對立現象當是當時實際語音的反映。

5.2.2　陰聲韻的演變

5.2.2.1　遇攝字讀爲流攝字的演變

《五聲譜》中存在大量遇攝字讀爲流攝字的現象。

遇攝合口一等端組字讀爲流攝，如：

十二求："屠途圖徒都"；

十二曰："土吐肚覩"；

十二舊："度渡鍍杜兔妒"。

遇攝合口一等泥組讀爲流攝，如：

十二求："奴駑盧蘆"；

十二曰："魯櫓虜努"；

十二舊："怒路賂露"。

遇攝合口一等精組和遇攝合口三等莊組讀爲流攝，如：

十二求："租粗蘇酥精組初鋤疏蔬莊組"；

十二臼："祖組徂精組楚礎阻詛莊組""數莊組"；

十二舊："醋措精組助莊組""素數愫訴塑精組"。

《漢音集字》中亦存在大量端、泥、精、莊組遇攝字讀與流攝字同的現象，如表 5.15 所示：

表 5.15　《漢音集字》端、泥、精、莊組遇攝字讀與流攝字同

遇攝合口一等	端組	屠 ₌tʰou 途 ₌tʰou 圖 ₌tʰou 徒 ₌tʰou 都 ₌tʰou 土 ꜛtʰou 吐 ꜛtʰou 肚 ꜛtou 度 tou꜔ 渡 tou꜔ 鍍 tou꜔ 杜 tou꜔ 兔 tʰou꜔
	泥組	奴 ₌lou 駑 ₌lou 盧 ₌lou 蘆 ₌lou 魯 ꜛlou 櫓 ꜛlou 虜 ꜛlou 努 ꜛlou 怒 lou꜔ 路 lou꜔ 賂 lou꜔ 露 lou꜔
	精組	租 ₌tsou 粗 ₌tsʰou 蘇 ₌sou 酥 ₌sou 祖 ꜛtsou 組 ꜛtsou 醋 tsou꜔ 素 sou꜔
遇攝合口三等	莊組	初 ₌tsʰou 鋤 ₌tsʰou 疏 ₌sou 蔬 ₌sou 楚 ꜛtsʰou 礎 ꜛtsʰou 阻 ꜛtsou 數 sou꜔ 助 tsʰou꜔

明代京山文人用韻也體現了這一特徵。

明·楊文薦（京山）《瀟湘賦》"獸流慭遇秀流"（《湖北文徵》第五卷：328）

明清竟陵詩文用韻也存在遇攝和流攝字混押現象，當反映了當時天門方音（謝榮娥，2004：1—89）。

這種現象在江淮官話文獻中也有體現。《字音會集》遇攝端、精、莊、泥組字混入流攝，如："優一"下"疏疎酥蘇梳甦蔬遇颼蒐溲餿流"同音，"都遇兜篼流"同音；"有二十九"下"魯櫓擄艣虜滷鹵縷遇"同音。《黃侃論學雜著·蘄春語》（1980：423）：《廣韻》：鍍，以金飾物；同都切，又音度。今通語皆音度；吾鄉雖度亦讀豆音，故鍍亦田侯切。"度定暮"讀爲"豆定候"。

現代武天片方言遇攝端組、精組、泥組合口一等及莊組合口三等讀入流攝，如表 5.16：

表 5.16　武天片遇攝讀入流攝舉例

方言點	遇攝端組、泥組				遇攝精組				遇攝莊組			流攝字讀音	
漢口	土透	徒定	奴泥	路來	租精	祖精	粗清	蘇心	阻莊	初初	疏生	漏來	豆定
京山	ᶜtʰou	₌tʰou	₌nou	nouᶜ	₌tsou	ᶜtsou	₌tsʰou	₌sou	ᶜtsou	₌tsʰou	₌sou	nouᶜ	tou
天門	ᶜtʰəu	₌tʰəu	₌nəu	nəuᶜ	₌tsəu	ᶜtsəu	₌tsʰəu	₌səu	ᶜtsəu	₌tsʰəu	₌səu	nəuᶜ	təu
仙桃	ᶜtʰəu	₌tʰəu	₌nəu	nəuᶜ	₌tsəu	ᶜtsəu	₌tsʰəu	₌səu	ᶜtsəu	₌tsʰəu	₌səu	nəuᶜ	təu
漢川	ᶜtʰəu	₌tʰəu	₌ləu	ləuᶜ	₌tsəu	ᶜtsəu	₌tsʰəu	₌səu	ᶜtsəu	₌tsʰəu	₌səu	ləuᶜ	təu
洪湖	ᶜtʰəu	₌tʰəu	₌nəu	nəuᶜ	₌tsəu	ᶜtsəu	₌tsʰəu	₌səu	ᶜtsəu	₌tsʰəu	₌səu	nəuᶜ	təu

至于 u>əu/ou 的演變，李國正（1984：441—444）曾指出，u 不能繼續高化，因而極易帶出一個部位接近的音而變爲複元音。

綜上所述，遇攝字讀爲流攝廣泛出現於明清以來的湖北韻書等文獻中，在今湖北、湖南、安徽部分地區均有較廣泛的分布。其在文獻和今方言中的表現極爲一致，具有明顯的繼承性。惜未見更早反映武天地區語音的材料，無法上推至更早的時代；今北方方言和贛方言中均未出現大量端、泥、精、莊組遇攝字讀爲流攝的情況，當不是移民帶來的語音。

5.2.2.2　流攝脣音韻母的演變

流攝脣音字讀爲陽聲韻的問題參見 §5.2.4。這裏主要討論其中流攝脣音字讀爲其它韻母的問題。

《五聲譜》流攝脣音字讀音有兩種類型：

讀爲 əu，如，"謀矛""彪""浮""剖""某畝牡""茂謬貿"屬求臼舊韻；

讀爲 u，如，"浮""母""否婦阜負""戊""富副"屬虞語遇韻，"復"屬屈韻。

而《漢音集字》流攝脣音字讀音則有所變化，可分爲四種類型：

讀爲 ou，如"某畝牡茂貿否浮謀阜"；

讀爲 u，如 "戊富副婦負復"；

讀爲 au/iau，如 "矛彪謬"；

讀爲 o 的僅一個字："剖"。

今武天片 "剖某畝牡母拇戊茂貿否富副浮婦負阜復謀矛彪謬" 等唇音字讀音也同《漢音集字》一樣分四種類型：一，讀爲 u 韻母；二，讀爲 ou/əu 韻母；三，讀爲 au 或 iau 韻母；四，讀爲 o 韻母（僅 "剖"）（如表 5.17 所示）。

表 5.17　湖北西南官話武天片流攝唇音字今讀 [1]

方言點	讀爲 u 韻母	讀爲 ou/əu 或 au 韻母	讀爲 o 韻母
漢口	戊 u꜒ 富 fu꜓ 副 fu꜒ 婦 fu꜒ 負 fu꜒ 阜 fu꜒	某 ꜛmau/ꜛmou 畝 ꜛmou 牡 ꜛmau/ꜛmou 茂 mou꜒ 貿 mou꜒ 否 ꜛfou 浮 ꜕fou 謀 ꜕moŋ/꜕mau/꜕mou 矛 ꜕miau/꜕mau 彪 ꜕piau	剖 ꜛpʰo
京山	富 fu꜒ 婦 fu꜒ 負 fu꜒	某 ꜛməu 畝 ꜛməu 牡 ꜛməu 茂 məu꜒ 貿 məu꜒ 否 ꜛfəu 浮 ꜕fəu 謀 ꜕məu 矛 ꜕mau 彪 ꜕piau	—
天門	戊 u꜒ 富 fu꜒ 副 fu꜕ 婦 fu꜒ 負 fu꜒	某 ꜛməu 畝 ꜛməu 牡 ꜛmau 茂 məu꜒ 貿 məu꜒ 否 ꜛfəu 浮 ꜕fəu 謀 ꜕məu 矛 ꜕mau 彪 ꜕piau	剖 ꜛpʰo
仙桃	富 fu꜒ 副 fu꜒ 婦 fu꜒ 負 fu꜒ 阜 fu꜒ 復 fu꜕/꜕fu	某 ꜛməu 畝 ꜛməu 牡 ꜛmau 茂 məu꜒ 貿 məu꜒ 否 ꜛfəu 浮 ꜕fəu 謀 ꜕məu 矛 ꜕mau 彪 ꜕piau	剖 ꜛpʰo
漢川	富 fu꜒ 副 fu꜒ 婦 fu꜒ 負 fu꜒ 阜 fu꜒ 復 fu꜕	某 ꜛməu 畝 ꜛməu 牡 ꜛmau 茂 məu꜒ 貿 məu꜒ 否 ꜛfəu 浮 ꜕fəu 謀 ꜕məu 矛 ꜕mau 彪 ꜕piau	剖 ꜛpʰo
洪湖	富 xu꜒ 副 xu꜒ 浮 ꜕xu 婦 xu꜒ 負 xu꜒ 阜 xu꜒ 復 xu꜕	某 ꜛməu 畝 ꜛməu 牡 ꜛmau 茂 məu꜒ 貿 məu꜒ 否 ꜛxəu 謀 ꜕mo/꜕məu 矛 ꜕mau 彪 ꜕piau	剖 ꜛpʰo

可見，除 "矛彪剖" 等少量字讀音較爲特殊 [2] 外，流攝唇音字有兩分的格局，或讀爲 əu，或讀爲 u。考察近代湖北詩文用韻，發現其中流攝唇音字多押入流攝，不押遇攝，在湖北諸多地區均有分布。如下劃綫的爲流攝字：

---

① 漢口方言 "謀" 有 ꜕moŋ 一讀，暫列入此欄；洪湖方言 "謀" 有 ꜕mo 一讀，也列入此欄。

② 流攝唇音字 "矛彪" 讀與效攝字相同的現象在今漢語方言中普遍存在，參北京大學中國語言文學系語言學教研室編《漢語方音字彙》（第二版），文字改革出版社，1989，176—190 頁。

（1）武天地區

[1] 明·熊熾（武昌）《庚申大水賦》"游潋流浮丘瀏沸竇"（《湖北文徵》第二卷：493-494）；

[2] 明·王格（京山）《少泉詩集·卷第五上·五言律詩二·渠縣喜晴》"收流浮州"（四庫存目·集 89：219）；

[3] 清·張叔珽（漢陽）《浮雲賦》"有走皐手狗首"（《湖北文徵》第六卷：422）；

[4] 清·張叔珽（漢陽）《明月逐人來》"候舊受荳酒瘦茂久否"，（《全清詞·順康卷》第十六册：9500）。

（2）湖北武天以外地區

[1] 宋·張嵲（襄樊）《五月二十四日自達州至永睦縣投宿廢學即事書懷》協"有口柳岫首走斗久後手湊朽授走垢右偶讀售狗畝臼叟"（《全宋詩》第三十二册：20475）；

[2] 明·顏木（應山）《戮蚊賦》"謀浮籌"（《湖北文徵》第一卷：367-368）；

[3] 明·王廷陳（黃岡）《祭大司馬松石劉公文》"友偶婦厚久"（《湖北文徵》第一卷：399-400）；

[4] 明·魯彭（景陵）《問海賦》"浮鷗"（《湖北文徵》第一卷：458）；

[5] 清·王封溁（黃岡）《岐亭郡丞王公勘亂碑》"陡守有揉母走口朽"（《湖北文徵》第六卷：660）；

[6] 清·馬士麟（蒲圻）《心山賦》"眸浮幽"（《湖北文徵》第七卷：650）；

[7] 清·張宗崏（咸寧）《黃鶴樓賦》"樓秋幽流舟浮修"（《湖北文徵》第八卷：113）；

[8] 清·朱萬錦（公安）《惜黃花菊月》"皐藪斗負偶九友酒久取"，（《全清詞·順康卷》第九册：5420）；

其中流攝唇音字如"畝謀浮婦阜母眸負茂否"全部押流攝。流攝唇音字押入遇攝的情況僅見一例：

明·李學顏（黃岡）《鵲巢賦並序》"附慕據汙路茂故恕顧據護慮步禦露豫"（《湖北文徵》第二卷：66）

田範芬（2000：8—13）考察宋代荆南詩人用韻情況與此大體類似，她發現尤侯部唇音字浮、謀、不、眸、繆、畝、妇、否、母、阜等全部押尤侯部，无一例入鱼模部，詩詞皆然。在宋代湖北境内，共有9位詩人13個尤侯部唇音字入韻44次，亦全部入尤侯，不入魚模，詩人里籍遍布今湖北各地。而尤侯部部分唇音字押魚模部這一特徵在宋代時已遍布吳、閩、贛、蜀及北方方言地區（劉曉南，2002：25—32），或許大部分尤侯韻唇音字於南宋時已與遇攝字合并（但銳，2019：188—202），湖北地區流攝唇音字的押韻情況是方音的體現。田範芬（2000：8—13）認爲詩人們之所以這樣普遍地在這一點上以自己的方言入韻，一方面是他們的實際口語中是這麼讀的，另一方面韻書又是這樣規定的。那么，爲什麼韻文中流攝唇音不入遇攝，而《五聲譜》《漢音集字》《字音會集》及今武天片和黃孝片方言中流攝唇音均部分入遇攝，部分入流攝呢？

此二者的不同可能體現了方言層次的差別。如《五聲譜》中"浮"既屬求韻，又屬虞韻。韻文中流攝唇音不入遇攝可能體現了方言中較古老的讀音層，與舊韻書及變化前的通語又極爲相合，所以湖北詩文用韻中流攝唇音不入遇攝；《五聲譜》等可能記載了方音中較雅且接近通語的讀音層，這個讀音層與通語音變相符合。不過限於材料的關係，要理清其來龍去脈，還有待更多材料進行更爲深入的論證。

5.2.2.3　支魚通押現象的演變

《五聲譜》止、遇攝字截然不混，僅"詛"三見，見於臼韻、穉韻和舊韻。

《漢音集字》僅"履"讀爲 ^{c}ly，"絮"讀爲 $\varepsilon i^{\mathsf{o}}$。

此外，湖北武天周邊地區方志和詩文用韻中載有支魚通押現象：

“其土音如呼須近西，去近棄，水近暑，眼近闇之類。”（乾隆《黃岡縣志》：46）；

“呼去爲棄”（同治《黃陂縣志》：29）；

“水（呼許）”“魏偽（俱呼遇）”（同治《通城縣志》：445）。

此外，詩文用韻中也有支魚通押現象，其中魚押入支微的如（下劃綫的爲遇攝字）：

（1）武天地區

[1]明·王格（京山）《少泉詩集·卷第一下·五言古詩二·病居遣興六十二首並序·其二》“類異瑞地遂素”（四庫存目·集89：173）；

（2）湖北武天以外地區

[1]宋·盛某（襄樊）《題淡山嚴》“奇稀之疑窺持維旅扉垂霖治衣埠非畦宜時期湄爲怡斯悲”，（《全宋詩》第二十九册：18602）；

[2]明·沈惟煌（孝感）《邑侯尹公修學碑贊》“至繼侯士緒麗彙繪位事質罪夕世地義”（《湖北文徵》第五卷：226）；

[3]清·顧景星（蘄春）《踏莎行·艷情》“墜地聚醉會睡”（《全清詞·順康卷》第五册：2961）；

[4]清·劉碧（安陸）《蘇幕遮·客裏送春》“裏起主遇矣尾綺倚水”（《全清詞·順康卷》第十六册：9360）。

其中支微入魚的僅一例（下劃綫的爲止攝字）：

[1]明·王格（京山）《少泉詩集·卷第一上·五言古詩一·沈氏雙壽詩》“渚子旅語序虞紵與”（四庫存目·集89：169—170）。

還有一例較爲特殊：

[1]清·張振綱（天門）《張文忠公祠落成祭文代》“軌止牡流”（《湖北文徵》第十三卷：413）。

今武天地區讀與遇攝字同的止蟹攝字主要集中於“履遂隧穗髓蕊”

等，讀與止蟹攝字同的遇攝字主要集中於"驢旅慮濾蛆絮屢取娶趣"等，參見 §4.2.2。

根據魯國堯先生、劉曉南師及其它學者的研究，支魚通押是方音現象[1]，漢語支魚通押現象在吳、閩、贛、湘等地的韻文中較爲普遍，在北方文人的韻文中并不多見。另外，也有人試圖用層次的觀點來解釋某種方言的支微入魚現象。蘇州方言止攝合口三等字存在文白異讀，丁邦新（2003：26）推測，"如果《切韻》時代北方話是 [uei] 一類的音，北方大致保留這個讀法，見系聲母也不變；另一個方言則由 uei>ui>y。見系聲母則由舌根音變爲舌面音，有可能成爲蘇州白話音的來源"。劉勛寧（2005：49—52）認爲："支微入魚現象實際上是歷史上的中原官話曾經存在過的一個語音層次，曾經影響了很多方言的讀音，只是後來在漢語標準語由中原官話嚮北方官話轉移中逐漸消退了。"

從武天地區的支魚通押現象來看，此爲方音當是確鑿無疑的。明清時期極爲罕見，20 世紀後略有增加。

5.2.3　陽聲韻的演變

5.2.3.1　深、臻、曾、梗攝的演變

深、臻、曾、梗四攝舒聲混同在武天地區普遍存在。《五聲譜》中深、臻、曾、梗攝已混同。謝之（2003：112—116）研究明代竟陵派代表鍾惺、譚元春韻文，得出天門方音"in、ən"與"iŋ、eŋ"不分。

《漢音集字》中深、臻、曾、梗攝也完全合并。如：心 ₌ɕin 深 ₌sən 親 ₌tɕʰin 真 ₌tsən 等 ᵓtən 甍 ₌pʰin 耕 ₌kən 京 ₌tɕin。莊延齡（1877：308—312）也指出，漢口方言 "Tin represented in Pekinese by ting，T'in

---

① 魯國堯《宋元江西詞人用韻研究》《宋代福建詞人用韻考》，劉曉南《從宋代福建詩人用韻看十到十三世紀閩方言的若干特點》《南宋崇安二劉詩文用韻與閩北方言》，裴宰奭《臨安詞人用韻中所反映的宋代語音》等文均有此說。見于《宋遼金用韻研究》，劉曉南、張令吾主編，香港：文化教育出版社，2002。

represented in Pekinese by t'ing"（tin 代表北京話的 ting，t'in 代表北京話的 t'ing），即北京話讀爲 ing 的漢口話讀爲 in。

《字音會集》和《凡海書》深、臻、曾、梗四攝都已合并。

從文獻來看，深、臻、曾、梗四攝舒聲混同在湖北地區普遍存在。如《耆舊續聞》卷七（四庫 1039：618）引《古今詩話》：荊楚人以"荊梗"爲"斤臻"，韻尾與韻書音韻系統不同。"荊"字韻尾爲 -ng，"斤"字韻尾爲 -n，以"荊"爲"斤"者，韻尾由 -ng 變 -n，今湖北、湖南、四川等地"荊"等字亦多有收 -n 者。（周祖謨，1966：657）三楚"信臻爲心深"（張位，續修四庫 238：216），臻攝字與深攝字混同。"江西、湖廣、四川人以情梗爲秦臻，以性梗爲信臻，無清字韻。"（《菽園雜記》卷四：401），可見明清以來深、臻、曾、梗四攝舒聲混同是湖北地區方言的整體特徵。另外，湖北地方志中也透露了深、臻、曾、梗四攝舒聲混同的信息，如"惟庚、青、蒸、梗、迥、敬、徑等七韻呼爲根、親、珍……餘二十八韻悉如本音"（同治《巴東縣志》：274）；"屋上承椽梁曰檁深（音領梗）"（民國《麻城縣志續編》：383）。

此外，從宋代以來的湖北詩文特殊用韻現象中也能推斷深、臻、曾、梗四攝舒聲混同。

（1）武天地區

[1] 明·童承敍（仙桃）《閡水賦》"民臻形梗"（《湖北文徵》第一卷：484—485）；

[2] 明·熊熾（武昌）《庚申大水賦》"城梗門臻庭井庭梗紜綸臻騰曾湣濱鄰臻憑曾崙臻哼梗殄緄臻程梗"（《湖北文徵》第二卷：493—494）；

[3] 明·王格（京山）《少泉詩集·卷第一上·五言古詩一·門有車馬客》"輪人辛秦臣春蕁塵貧臻荊梗津民臻"（四庫存目·集 89：166—167）；

[4] 明·王格（京山）《少泉詩集·卷第四·五言律詩一·喚魚亭》"人臻萍梗濱臻綸臻"（四庫存目·集 89：210）；

[5] 清·張叔珽（漢陽）《凝和堂銘並序》"蓁臻貞梗應曾聽梗"（《湖北文徵》第六卷：430）；

（2）湖北武天以外地區

[1] 宋·鄭獬（安陸）《淮揚大水》協"皴存脣犇埋門吞昏尊臻橫傾鳴生梗身塵淪闇臻掀山坤臻行爭梗根恩魂孫痕群臻源山論循臻"（《全宋詩》第十冊：6839）；

[2] 明·陳仁近（蘄州）《梅花賦》"鈞寅臻霙梗魂臻驚梗神根臻心深塵噭臻橫梗昏臻增曾榮清梗蓁臻羹評梗吟深君村臻心深分臻馨梗憎曾榮輕情梗顰臻"（《湖北文徵》第二卷：134）；

[3] 明·袁宗道（公安）《明吏部尚書汪公墓志銘》"雲臻星梗"（《湖北文徵》第三卷：305）；

[4] 明·陳吾悃（蘄州）《南窗賦有序》"精生名兄行平閒貞腚軒梗魋不詳嶸鳴棚秔娛城觥醒縈京儜烹誠營梗深深骿荆明梗奔臻程爭瑛聲氓英清齪梗"（《湖北文徵》第四卷：48）；

[5] 明·周炳靈（江夏）《洪山賦》"分雲殷芸門麟臻菱曾岑深"（《湖北文徵》第五卷：18）；

[6] 清·胡夢發（大冶）《黃鶴樓賦》"英梗襟深城梗崚曾神臻""深深靈梗存臻稱曾營梗""征肩梗困臻青寧傾梗"（《湖北文徵》第六卷：299—300）；

[7] 清·胡夢發（大冶）《黃鶴樓賦》"薰孫賓臻聲梗"（《湖北文徵》第六卷：300—301）；

[8] 清·胡夢發（大冶）《黃鶴樓賦》"城梗禽深興曾"（《湖北文徵》第六卷：301）；

[9] 清·屠沂（孝感）《戶部尚書趙恭毅公墓志銘》"人臻誠梗"（《湖北文徵》第七卷：180）；

[10] 清·馬士麟（蒲圻）《心山賦》"糯經梗吟音深"（《湖北文徵》第七卷：650）；

[11] 清·閭剛（鍾祥）《吳公樸村墓志銘》"兢曾盡臻性命梗順臻盛正梗信臻"（《湖北文徵》第九卷：443）；

[12] 清·尹壽蘅（恩施）《清故兵部侍郎都察院右副都御史新疆巡撫調安徽巡撫饒公墓志銘》"申純神仁臻繩曾"（《湖北文徵》第十一卷：345）；

[13] 清·賀汝珩（蒲圻）《卓刀泉銘並序》"津塵臻淵山神臻"（《湖北文徵》第十三卷：177）；

[14] 清·杜濬（黃岡）《玉樓春·暮秋獨步》"恨寸訊信臻正梗盡臻"（《全清詞·順康卷》第二册：702）；

[15] 清·顧景星（蘄春）《喜遷鶯雪獅》"盡粉臻冰曾猛梗蘊盡臻倖影梗翁通冷整景梗"（《全清詞·順康卷》第五册：2964）；

[16] 清·袁惇大（公安）《武陵春》"陰深行聲情梗人臻"（《全清詞·順康卷》第九册：5009）；

[17] 清·袁惇大（公安）《鳳棲梧·秋夜》"穩臻枕深警冷梗飲深引臻境影梗"（《全清詞·順康卷》第九册：5011）；

[18] 清·袁惇大（公安）《如夢令》"病梗證曾醒梗甚甚深聽梗"（《全清詞·順康卷》第九册：5015）；

[19] 清·朱萬錦（公安）《玉蝴蝶·閨中小玩》"瓶梗心音吟深屏梗琳深"（《全清詞·順康卷》第九册：5413）；

[20] 清·朱萬錦（公安）《阮郎歸臨妝》"分雲臻翁通薰裙芸紋君臻"（《全清詞·順康卷》第九册：5414）；

[21] 清·朱萬錦（公安）《水調歌頭·觀弈》"兵爭平贏梗秤曾侵深名城梗"（《全清詞·順康卷》第九册：5429—5430）；

[22] 清·劉浦（黃州）《浪淘沙》"鳴聽聲梗人臻深深成梗禁深冷明梗"（《全清詞·順康卷》第十三册：7339）；

[23] 清·李蓮（鍾祥）《多麗》“清輕梗襟深茵臻情晴聲傾寧成生梗霖深”（《全清詞·順康卷》第十九册：10874—10875）；

[24] 清·李蓮（鍾祥）《三臺》“迥騁景梗猛頸省影梗緊臻秉梗盡臻冷幸梗隱臻”（《全清詞·順康卷》第十九册：10875）。

今武天方言深、臻、曾、梗攝完全合併，讀爲 in 或 ən。如表 5.18 所示：

表 5.18　湖北西南官話武天片深、臻、曾、梗攝讀音

	心心侵	深書侵	親清真	真章真	等端等	憑並蒸	耕見耕	京見庚
漢口	₌ɕin	₌sən	₌tɕʰin	₌tsən	₌tən	₌pʰin	₌kən	₌tɕin
京山	₌ɕin	₌sən	₌tɕʰin	₌tsən	₌tən	pʰin	₌kən	₌tɕin
天門	₌ɕin	₌sən	₌tɕʰin	₌tsən	₌tən	₌pʰin	₌kən	₌tɕin
仙桃	₌ɕin	₌sən	₌tɕʰin	₌tsən	₌tən	₌pʰin	₌kən	₌tɕin
漢川	₌ɕin	₌sən	₌tɕʰin	₌tsən	₌tən	₌pʰin	₌kən	₌tɕin
洪湖	₌ɕin	₌sən	₌tɕʰin	₌tsən	₌tən	₌pʰin	₌kən	₌tɕin

“從現代方言情形來看，前後鼻音相混可能有三種演變：ŋ>n，湘贛和某些官話取之；n>ŋ，閩語取之；-n、-ŋ>ñ，兩個鼻尾變爲鼻化音，甚至脱落，吳語取之”（劉曉南，2008：257）。顯然武天片屬第一種音變方式。

深、臻、曾、梗四攝舒聲混同先秦时代即已存在[①]，且一直延續至今。

---

① 董同龢（1938：543）指出，真耕通叶的例子，從老子到屈宋的作品，再到西漢初楚詞作家作的作品内，是逐漸增加的。楚方言 n 與 ŋ 從老子時代起已開始混亂，至漢初而愈甚。兩部韻没有合而爲一，因爲不混的例子到底比混的例子多。見董同龢《与高本漢先生商榷“自由押韻”説兼論上古楚方音特色》，《歷史語言研究所集刊》7本4分。《淮南子》爲西漢時淮南王劉安及其門客所作，據羅常培、周祖謨（1958：77；81）的研究，“《淮南子》所代表的語音可能就是當時江淮一帶的楚音”，其中“陽東、耕真相押之多，尤爲突出”，“猜想陽東兩部的元音必相近，耕真兩部的元音也一定很相近，甚至於耕部的韻尾輔音也讀如真部（-n），不過我們還不能確定”。見羅常培、周祖謨《漢魏晉南北朝韻部演變研究》（第一分册），北京：科學出版社。

5.2.3.2　山、咸攝的演變

《五聲譜》《漢音集字》山、咸攝字均已混同。但没有山、咸攝與深、臻、曾、梗攝混同現象。

今武天地區山、咸攝字讀音分爲兩種類型：漢口、天門、仙桃、漢川、洪湖方言山、咸攝開口細音字讀爲 iɛn；京山方言山、咸攝開口細音字讀爲 in。

那么明清以來武天地區山、咸攝開口細音發生了這樣的演變（如圖5.11）：

（一）　　　　　　　　　　　　（二）

iɛn ———————————————————————— in

圖 5.11　山、咸攝開口細音演變示意圖

山、咸攝細音在《五聲譜》、《漢音集字》、今武天方言中所處階段及代表語音如表 5.19：

表 5.19　咸、山攝開口細音音變説明

階段	音變具體表現	代表語音
（一）	讀爲 iɛn；	《五聲譜》、《漢音集字》、漢口、天門、仙桃、漢川、洪湖
（二）	讀爲 in。	京山

京山方言部分山、咸攝字讀爲 in 現象體現山、咸攝字與深、臻、曾、梗攝部分混同。

搜集湖北詩文用韻中與深、臻、曾、梗攝相押的山、咸攝用字情況如下：

（1）武天地區

[1] 元·程鉅夫（京山）《彭城郡劉文靖公神道碑銘》"人臻南咸音金深"（《湖北文徵》第一卷：38—39）；

[2] 元·丁鶴年（武昌）《行素軒銘》"平梗天山"（《湖北文徵》第一卷：72）；

[3] 明・王格（京山）《少泉詩集・卷第一上・四言古詩・飛龍篇》（集89：162）"崙蓀臻軒煩山存臻"；

[4] 明・王格（京山）《少泉詩集・卷第一上・五言古詩一・感懷十六首・其六》"言山尊臻軒山論臻"（四庫存目・集89：171）；

[5] 明・王格（京山）《少泉詩集・卷第四・五言律詩一・早春遊如意寺》"深琴陰深簪咸"（四庫存目・集89：211）；

[6] 明・王格（京山）《少泉詩集・卷第四・五言律詩一・對月》"垣喧山尊蓀臻"（四庫存目・集89：213）；

[7] 明・王格（京山）《少泉詩集・卷第五上・五言律詩二・送西野張中丞北歸二首・其二》"門臻軒山存論臻"（集89：220）；

[8] 明・王格（京山）《少泉詩集・卷第五上・五言律詩二・王仙洞》"存門臻軒元山"（四庫存目・集89：223）；

[9] 明・王格（京山）《少泉詩集・卷第五下・五言律詩三・病中言懷》"簪咸金心襟深"（四庫存目・集89：232）；

[10] 明・王格（京山）《少泉詩集・卷第五下・五言律詩三・寄督學憲副三石喬先生二首・其一》"元山存門臻言山"（四庫存目・集89：238）；

[11] 明・王格（京山）《少泉詩集・卷第六・七言律詩一・杪秋同馮三石吏部鄒南厓湯蔿齋戶部遊靈谷寺賦得門字二首・其一》"村尊臻□園繁山門臻"（四庫存目・集89：244）；

[12] 明・王格（京山）《少泉詩集・卷第六・七言律詩一・杪秋同馮三石吏部鄒南厓湯蔿齋戶部遊靈谷寺賦得門字二首・其二》"門魂坤臻蕃源山"（四庫存日・集89：244）；

[13] 明・王格（京山）《少泉詩集・卷第七・七言律詩二・新都贈楊玄洲》"騫山存門臻關山"（四庫存目・集89：254）；

[14] 明・王格（京山）《少泉詩集・卷第七・七言律詩二・入大梁》"園繁山門尊臻"（四庫存目・集89：257）；

[15] 明·王格（京山）《少泉詩集·卷第九·五言絶句·四愁詩·其三》"蕃山根臻"（四庫存目·集89：270）；

[16] 明·王格（京山）《少泉詩集·卷第十·七言絶句·南巡歌十首·其八》"門尊臻繁山"（四庫存目·集89：273）；

[17] 明·王格（京山）《少泉詩集·卷第十·七言絶句·慕幽園讌集四首·其一》"門臻園山昏臻"（四庫存目·集89：275）；

[18] 明·陳柏（仙桃）《蘇山選集·卷之二·五言律·同敖純之學士何汝玉大行登毘盧閣》"原山蹲屯魂臻"（四庫存目·集124：24）；

[19] 明·陳柏（仙桃）《蘇山選集·卷之二·五言律·與燭兒載酒南園》"誼山存門恩臻"（四庫存目·集124：26）；

[20] 明·陳柏（仙桃）《蘇山選集·卷之三·七言律·夏汭草堂成》"村臻喧山門臻藩園山"（四庫存目·集124：28）；

[21] 明·李維楨（京山）《大泌山房集·卷之四·七言律詩下·與潘生談因贈》"喧山存臻言山門尊臻（四庫存目·集150：382）；

（2）湖北武天以外地區

[1] 宋·張士遜（老河口）《寄唐山人》"村臻軒山"（《全宋詩》第二册：1127）；

[2] 宋·鄭獬（安陸）《淮揚大水》"皴存唇犇埋門吞昏尊臻横倾鳴生梗身塵淪閣臻掀山坤臻行爭梗根恩魂孫痕群臻源山論循臻"（《全宋詩》第十册：6839）；

[3] 宋·鄭獬（安陸）《滯客》"渾臻行梗根奔人臻冤言山"（《全宋詩》第十册：6848）；

[4] 宋·鄭獬（安陸）《程丞相生日》"渾尊孫臻元軒言山奔蓀閣屯論臻鶱山存臻藩垣翻山門樽臻蕃山根臻"（《全宋詩》第十册：6850）；

[5] 宋·鄭獬（安陸）《王氏園》"門孫臻繁山樽臻"（《全宋詩》第十册：6857）；

[6] 宋·鄭獬（安陸）《素風堂》"村孫存臻番山"（《全宋詩》第

十册：6870）；

[7] 宋・鄭獬（安陸）《致政李祠部》“轓山孫臻尊臻言山”（《全宋詩》第十册：6870）；

[8] 宋・鄭獬（安陸）《寄長沙燕守度》“尊臻旛翻湲山”（《全宋詩》第十册：6870）；

[9] 宋・鄭獬（安陸）《送潁川使君韓司門》“轓山孫臻喧繁山”（《全宋詩》第十册：6871）；

[10] 宋・鄭獬（安陸）《寄題峽州宜都縣古亭》“翻山樽臻”（《全宋詩》第十册：6887）；

[11] 宋・吳則禮（陽新）《悠然閣》“星傾梗痕臻言山”（《全宋詩》第二十一册：14280）；

[12] 明・李承箕（嘉魚）《石翁陳先生墓志銘》“神門淪真諄臻顛山”（《湖北文徵》第一卷：244—245）；

[13] 明・魯彭（景陵）《問海賦》“屯臻言山”（《湖北文徵》第一卷：457）；

[14] 清・徐嘉瑞（安陸）《贈文林郎石梁寇公墓志銘》“本臻苑山”（《湖北文徵》第九卷：216）；

[15] 清・賀汝珩（蒲圻）《卓刀泉銘並序》“津塵臻淵山神臻”（《湖北文徵》第十三卷：177）。

以上與深、臻、曾、梗攝通押的涉及“軒言繁喧園元蕃番翻藩轓垣旛湲南天顛簪煩源騫原誼苑淵掀冤”等山、咸攝字。其中“言8軒6繁5喧4園4元3蕃3翻3藩2轓2垣2源2番1旛1煩1原1誼1掀1冤1”爲元韻字，“苑”爲阮韻字；除此以外入韻的字還有“湲仙1南覃1天先1顛先1簪覃1騫仙1淵先1”。《五聲譜》無咸、山攝字混入深、臻、曾、梗攝[1]，《漢音集字》和《字音會集》亦無，《凡誨書》載有此現象，"吾鄉編簾、編籬，土音讀編如賓"（劉心源：680）。今嘉魚方言中，今北京讀爲 [an] 韻或 [uan] 韻的來源於咸、山攝開口三等知章組和日母的字讀爲 [in]，來源於山攝合口一等幫端精組及來母的字讀爲 [in]，北京讀 [ian] 韻的來源於咸山攝開口三四等字讀爲 [in]，如戰 tʂin²¹³ 善 ʂin²² 然 ʐin²⁴ 滿 min³¹ 短 tin³¹ 亂 nin²² 變 pin²¹³ 點 tin³¹ 演 in³¹（黃群建，2002：175）。江西贛方言中，咸、山攝三等知章組與臻攝一等、曾攝一等、梗攝二等文讀的分混分合流和不合流兩種類型，其中大多數方言點合流；咸山攝一等除見系、二等與梗攝白讀混同；山攝合口一等與臻曾梗文讀一二等混同（孫宜志，2007：207—208）。對武天地區方言影響最深的是北方方言和贛方言，京山話咸山攝讀爲 in 韻母的現象可能與江西移民有關。

綜上所述，咸、山攝字與深、臻、曾、梗攝字押韻情況當體現了贛方言影響下的湖北方音特點。

5.2.4　入聲韻的演變

武天地區通攝入聲、遇攝、流攝明母字都存在讀爲陽聲韻現象，這裏一并進行討論。

《五聲譜》通攝入聲、遇攝、流攝明母字均不見有讀爲陽聲韻的現象：

"十二屈"　下有"木睦目牧穆"；

"四虞"　下有"模"；

"四遇"　下有"募墓慕暮"；

"四語"下有"母"，"拇"字未收録。

---

① 僅"砭"屬"六沈"，"砭"所在字組爲"〇征蒸烝脊真偵貞楨禎微戡瞋珍縝箴針磻砭砧煔甄"，除"砭"外均爲深、臻、曾、梗攝知莊章組字。僅一例，我們不因此立論。

《漢音集字》通攝入聲、遇攝、流攝明母字存在讀爲陽聲韻現象：

“木睦目牧穆”讀爲 moŋ˩；

“募墓慕暮幕”讀爲 moŋ˥；

“母拇”讀爲 ˩moŋ。

莊延齡（1877：308—312）更明確指出漢口方言“mu——interchanged with mung”（mu 和 mung 互換），也是記録這一現象。

《字音會集》入聲福七十五有“木睦目牧穆”；下平浮十九有“模”；去聲父四十七有“募墓慕暮”；上聲府三十三有“母拇”。均不讀爲陽聲韻。

今武天地區通攝入聲、遇攝、流攝明母字有兩種類型：漢口、仙桃、漢川、洪湖方言遇攝明母存在讀爲陽聲韻現象，京山、天門方言遇攝明母不存在讀爲陽聲韻現象。

推測明清以來武天地區通攝入聲、遇攝、流攝明母字讀爲陽聲韻現象的演變過程如圖 5.12：

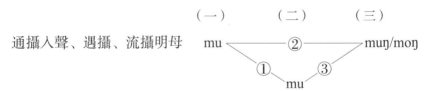

圖 5.12　通攝入聲、遇攝、流攝明母字讀爲陽聲韻尾演變示意圖

通攝入聲、遇攝、流攝明母字在《五聲譜》、《漢音集字》、今武天方言中所處階段及代表語音如表 5.20：

表 5.20　通攝入聲、遇攝、流攝明母字讀爲陽聲韻尾音變説明

階段	音變	通攝入聲、遇攝、流攝明母讀音表現	代表點
（一）	—	讀爲 mu；	《五聲譜》
（二）	①②	通攝入聲、流攝明母産生韻尾 ŋ，讀爲 muŋ、moŋ；遇攝明母尚未産生韻尾 ŋ；	京山、天門
（三）	③	遇攝明母也産生韻尾 ŋ。	《漢音集字》、漢口、仙桃、漢川、洪湖

從文獻來看，今武天片通攝入聲、遇攝、流攝明母字讀爲陽聲韻現象即 mu>muŋ 可能出現在清代。其中通攝入聲在《五聲譜》之前當經歷過 muk>mu 的演變。

對這種現象大致有以下幾種解釋。

（一）認爲是鼻音聲母同化的結果。李國正、錢曾怡、李冬香等均持這種觀點。

李國正（1984：441—444）認爲，流攝一、三等唇音字在四川話裏音變的歷史層次是：o>u>əu/ou>əŋ/oŋ/uŋ。流攝一、三等唇音除去帶 -ŋ 尾的字以外，在今四川話裏韻母一般爲 u、o 或 au。o 繼續高化爲 u，而 u 不能繼續高化，因而極易帶出一個部位接近的音而變爲複元音，由于這些複元音韻母的韻腹都不是前元音，發音時往往在舌根部位比較着實，氣流比較強，長期強化的結果，u 就變成了同部位的鼻輔音 ŋ。特別是明母字韻尾 ŋ 化現象尤爲突出，因爲明母本是雙唇鼻輔音，這就加速了韻尾 ŋ 化的進程。

錢曾怡指出，西南官話"部分地區流攝和通攝入聲的部分明母字有舌根韻尾，可能是因爲受到鼻音聲母同化的結果"（侯精一，2002：35）。

李冬香（2005：76）認爲，陰聲韻的字今讀陽聲韻出現在疑母和明母字中，可能是受到鼻音聲母同化的結果。不過，通攝"目木穆牧"等字讀陽聲韻不排除陽入對轉的可能性。

（二）認爲受和鼻音尾同部位的元音影響。王洪君（2007：42）認爲，從漢語方言的情況看，口元音增生鼻韻尾要受發音部位的限制。

（三）認爲受聲調影響。據金有景（1985：58—62），襄垣方言裏效攝字的韻母讀法受聲調影響而分化。他的解釋是針對襄垣方言而言的，在漢語方言中可能不帶有普遍性。

顯然，（一）（二）種解釋是可能的，武天片方言中讀爲鼻音尾的通攝入聲、遇攝、流攝字都是明母字，而且 o 和 ŋ 發音部位都靠後。我們認爲是聲母和主要元音共同作用，促使産生鼻音尾。不然就無法解釋爲什么其它明母字或以 o 爲主要元音的字爲什么未産生同樣的變化了。

5.3　聲調的演變

明清時期武天地區方言平分陰陽、全濁上聲讀爲去聲已經完成，去聲不分陰陽。其中入聲調的演變有必要提出來討論如下。

《五聲譜》入聲調獨立，其中少量入聲字混入其它聲調。如下所示：

宮聲十二：

九摩："柝"；

十邪："賊截絶或活"；

十二求："軸"；

商聲十二：

七忝："撒"；

角聲十二：

二稛："薏""鬢"；

三魏："筏"；

四遇："穫"；

五害："扢"；

六趄："膪"；

八眺："溺"；

九磨："帕"；

十謝："跖"。

可見當時就有少量入聲字混入陽平。

《漢音集字》有入聲調，入聲混入其它聲調的字比《五聲譜》更多，但不見有入聲混入陽平的。如表 5.21 所示：

表 5.21　中古入聲混入《漢音集字》其它聲調中的字

《漢音集字》聲調	中古入聲
陰平	踢拉
上聲	瘟斡撒雯尺凸
去聲	側室揭憶億臆薏辟側惻册策撤徹拆飾僕劃宅轍擇澤屐罨諾翼玉溺莫幕翌翊廿

表 5.21 中不見有入聲混入陽平的，可見《漢音集字》分辨入聲和陽平之細。而莊延齡（1877：308—312）曾指出，漢口話陰聲韻的入聲和陽平字容易混同（原文詳見 §3.2.3.1 對入聲調值的討論），當時漢口話入聲和陽平字的混同現象當是存在的。

今武天片除漢口外都有入聲調，且入聲和陽平調值均較爲接近，存在不同程度的混同現象，參見 §4.3。

可見明清以來武天地區聲調方面最顯著的變化就是漢口方言入聲調的消失。下面我們試圖推測其發生的時代及原因。

《湖北方言調查報告》漢口話入聲調已消失，武昌、漢陽也無入聲調。可見漢口話入聲調的消失是 20 世紀初發生的。今漢口方言無入聲調，其郊區黃陂、蔡甸、新洲、江夏都有入聲調[①]。

漢口方言入聲調消失的原因是什麼呢？

曹志耘（1998：89—99）根據漢語方言中已發生和正在發生的聲調演變情況，將導致聲調産生演變的原因分爲自變型和他變型兩大類：前者即自身系統的原因，例如音系的簡化、聲母清濁對立的消失，入聲韻塞音尾的丟失，調值之間的相近度，連讀音變的影響，詞語的多音節化，等等；後者即自身語音系統外部的原因，例如強勢方言、普通話或其他語言的影響。

可見，漢口方言入聲調消失是自身系統的演變，《漢音集字》時

---

① 其中江夏話北片無入聲調，南片有入聲調。參見《武漢郊區方言研究》（2002：4；75；121；189-190），武漢：武漢出版社。

期漢口話陽平和入聲調值極爲接近，所以容易發生合并。即如曹志耘（1998：89—99）所言，調類合并的唯一依據就是調值的相近度。筆者在調查過程中也發現京山、天門、仙桃、漢川、洪湖地區發音人常常混淆一小部分入聲和陽平字的調值，我們推測《漢音集字》時期的入聲與筆者調查時的情況可能差不多。從今武天片京山等地尚存入聲調的方言來看，以後入聲逐漸消失的可能性很大。

5.4　語音演變小結

總體而言，明清以來的湖北武天地區聲母變化較大，韻母和聲調變化不大。

1. 聲母

（1）見、精、知、莊、章組的演變分爲三個階段。第一階段，見、精組分立，知、章組混爲 tʂ 組，莊組大部分與精組混爲 ts，小部分與知、章組混，《五聲譜》中即如此；第二階段，見、精組細音合流讀爲 tɕ 組，精組洪音和知、莊、章組合流爲 ts 組，仙桃、洪湖即如此；第三階段有三種表現：或部分見組合口細音字讀爲 ts 組，如京山方言；或部分知莊章組合口字讀爲 tɕ 組，如天門、漢川方言；或這兩種音變兼而有之，如《漢音集字》、漢口方言。

（2）開口二等牙喉音字異讀現象的演變。明代的《五聲譜》中尚無開口二等字異讀現象的記載，而清代的文獻中異讀現象已十分清晰。我們還推測，在異讀層的整體局面形成以後，未必每個見組開口二等字都有異讀。但是受類推作用的影響，沒有異讀的見組開口二等字可能出現異讀現象。

（3）非組和曉組的分混及演變可分爲三個階段。第一階段，f、x 不混，如《五聲譜》、《漢音集字》、漢口、漢川、京山、天門方言均如此；第二階段，非組部分讀爲 f，部分讀爲 x，如仙桃方言；第三階段，非組全部讀爲 x，如洪湖方言。湘方言中非、敷、奉母字和曉、匣母合口韻字相混是普遍現象，我們推測，湖北仙桃、洪湖等地的 f、x 相混可能是在與湘方言的接觸中逐漸形成的，但與湘語不同的是，湘語曉、匣母字多混入非組，非組混入曉、匣母較少，仙桃、洪湖非組混入曉、匣母，曉、匣母不混入非組。

（4）全濁仄聲送氣的演變。明代至今，武天地區一直存在全濁仄聲字讀爲送氣現象，這是贛方言的典型特徵。武天地區歷史上曾接收過大量江西移民，當對武天地區方言產生過重要影響。

（5）日母的演變可分爲四個階段。第一階段，日母字都讀爲 ʐ，如《五聲譜》。第二階段，日母字讀音分化爲兩種類型：一種部分保留 ʐ（或 ɹ），部分讀 ø，如《漢音集字》、天門、京山、漢川方言；一種在 ɯ 韻母及齊齒呼和撮口呼韻母前讀 ø，除 ɯ 外的今開口呼韻母前讀爲 n，在今 uei 韻母前讀 ɹ，如漢口方言。第三階段，全部讀爲零聲母，如仙桃、洪湖方言。其中日母字讀爲零聲母出現于清代，讀同泥、來母是 19 世紀末 20 世紀初才出現的現象。

（6）微母字的演變可分爲兩個階段。第一階段，微母字讀爲 v，如《五聲譜》；第二階段，微母字讀爲 ø。《漢音集字》、漢口、京山、天門、仙桃、漢川、洪湖方言均如此，其中漢川、天門、洪湖、仙桃方言少量字讀爲 m，當保留《切韻》時代讀音。

（7）疑、影、云、以母的演變可分爲兩個階段。第一階段，疑、影、云、以母合并，讀爲 ø，如《五聲譜》、漢川、洪湖、京山、天門、仙桃方言；第二階段，影、云、以母及大部分疑母合并爲 ø 後發生分化，疑、影母在今開口呼前讀爲 ŋ，其它均讀爲 ø；小部分疑母逐漸變爲 n，與泥、來母合并，如《漢音集字》、漢口方言。

（8）泥、來母的演變可分爲兩個階段。第一階段，泥、來母合流爲 n 或 l，如《五聲譜》、《漢音集字》、漢川方言；第二階段，部分泥、來母字讀爲 ø，如漢口、京山、天門、仙桃、洪湖方言。

2. 韻母

（1）等呼的演變。

明代以來武天地區一直存在合口字讀爲開口現象，這種現象在武天周邊地區的文獻中也較爲常見，當在湖北方言中有一定的分布。

明代武天地區蟹、山咸、江攝開口二等一、二等分立，演變階段如下。

蟹攝開口二等字的演變可分爲兩個階段。第一階段，蟹攝開口二等不同于一、三等，讀爲 iai，如《五聲譜》、天門、漢川；第二階段，或失去介音，與一等同，讀爲 ai；或失去韻尾讀爲 ia，如《漢音集字》、漢口、仙桃、漢川、洪湖方言。

山咸攝開口二等字的演變可分爲三個階段。第一階段，山咸攝開口二等不同于一、三等，讀爲 an，如《五聲譜》；第二階段，部分與一等合流，讀爲 an，部分與三等合流，讀爲 iɛn。在存在文白異讀的情況下，白讀爲 an，文讀爲 iɛn，如《漢音集字》、漢口、天門、仙桃、漢川、洪湖；第三階段，讀爲 iɛn 的失去韻腹，變讀爲 in，如京山方言。

江攝開口二等字的演變可分爲兩個階段。第一階段，江攝開口二等字不同于一、三等，讀爲 aŋ，如《五聲譜》；第二階段，部分與一等合流，讀爲 aŋ；部分與三等合流，讀爲 iaŋ，如《漢音集字》、漢口、京山、天門、仙桃、漢川、洪湖方言。

贛方言中多存在一、二等分立現象，今武天地區僅天門和漢川方言蟹攝有一、二等分立現象，我們推測明代贛方言對武天地區方言的影響比現在要大得多。

（2）陰聲韻的演變。

明清至今，武天地區一直存在遇攝字讀爲流攝字現象。韻文中流攝唇音不入遇攝，而《五聲譜》《漢音集字》《字音會集》及今武天片和黃孝片方言中流攝唇音均部分入遇攝，部分入流攝，這種差別可能體現了方言層次的不同。

（3）陽聲韻的演變。

深、臻、曾、梗四攝舒聲在武天地區的混同現象從先秦一直延續至今。

咸、山攝開口細音的演變分爲兩個階段。第一階段，讀爲 iɛn，如《五聲譜》、《漢音集字》、漢口、天門、仙桃、漢川、洪湖方言；第二階段，讀爲 in，如京山方言。深、臻、曾、梗攝和咸、山攝的混同現象存在於湖北武天及其它地區的韻文中，在贛方言中也有較廣泛的分布，我們推測今京山方言咸、山攝開口細音讀爲 in 是受贛方言影響的結果。

（4）入聲韻的演變。

通攝入聲、遇攝、流攝明母字的演變可分爲三個階段。第一階段，都讀爲 mu，如《五聲譜》；第二階段，通攝入聲、流攝明母産生韻尾 ŋ，讀爲 muŋ、moŋ；遇攝明母尚未産生韻尾 ŋ，如京山、天門方言；第三階段，遇攝明母也産生韻尾 ŋ，如《漢音集字》、漢口、仙桃、漢川、洪湖方言。我們推測，由於聲母和主要元音共同的作用，才促使鼻音尾産生的。

3.聲調

明代的《五聲譜》入聲調獨立存在，20 世紀初漢口方言入聲調開始消失，今武天片除漢口方言外都存在入聲調。

從以上 ts、tʂ 組逐漸合流爲 ts 組、二等字逐漸失去獨立地位、漢口方言入聲調逐漸消失等語音演變來看，明清以來武天地區語音總體上是朝着簡化的方嚮發展的。

結　　語

前人對湖北方言的平面語音有充分描寫，而從歷時角度對明清以來武天地區語音發展的研究還不够深入。筆者以兩種湖北武天地區文獻爲基礎，對此作一點初步的探索。

假定今武天地區具有共同的來源，由于各點具體語音發展速度不同、受移民等外部因素影響，因此今武天片内部呈現出一定的差異。在暫無其它系統材料可資利用的情況下，我們以《讀書通·五聲譜》作爲明代武天地區語音的代表，以《漢音集字》作爲清代武天地區語音的代表，探討了武天地區語音明清以來的語音發展綫索、原因和規律等。主要内容和觀點如下：

第一，研究了《五聲譜》聲韻調系統。我們在瞭解《五聲譜》語音思想和編排體例的基礎上充分利用字組間的對立來研究音類，根據現代方言、漢語語音發展規律及移民等情況構擬音值并歸納了《五聲譜》的語音特徵。《五聲譜》泥來母混同、尚未出現 ɚ 韻母、江宕攝開口二等與一等和三等對立、咸山攝開口二等字與一等和三四等對立、臻深曾梗攝舒聲尾合并等特點有別於以《西儒耳目資》《等韻圖經》爲代表的明代後期官話正音，屬于以京山方言爲基礎的官話方言。

第二，考察了《漢音集字》聲韻調系統。我們根據《漢音集字》的拉丁字母標音、引言中的描述和現代漢口方言等構擬了聲母和韻母音值，根據莊延齡《漢口方言》中的描述、現代方言調值等構擬了調值。此外還分析了聲韻調中古來源并歸納其特徵，《漢音集字》與今漢口方言語音是一脉相承的。

第三，分析了現代湖北武天地區語音内部差異。儘管西南官話武天片内部一致性很高，仍存在若干差異，空間上的差異往往能反映語音變化的快慢，歸納空間上的差異有利於梳理語音發展的各個階段及具體表現。爲了提高方言材料的可信度，筆者調查了漢川和洪湖方言，在前人調查基礎上核查了京山、天門、仙桃方言，沿用了朱建頌《武漢方言研究》中的漢口方言同音字表，并由此製作了漢口、京山、天門、仙桃、漢川、洪湖共六個點的方言同音字表數據庫，總結了現代武天方言聲韻調方面的若干内部差異。

第四，論述了湖北武天地區語音四百年來的發展變化。在論述武天地區明清以來聲韻調的歷時演變過程時，我們也盡量考慮了與此地區關係密切的歷史語音資料《字音會集》和《凡誨書》等，這些材料爲探索武天地區某些具體的語音演變的原因提供了一定的綫索。

明清以來，武天地區聲母變化較大，韻母和聲調變化相對較小。這些變化主要包括：尖團合流，舌面音進一步舌尖化爲 ts 組；齒音混并，全部讀爲舌尖前音；微母及部分日、疑、泥來母向零聲母演變；非曉組聲母出現混同現象，部分疑母和日母字讀與泥來母字相同；二等韻逐漸失去獨立的地位；大約 20 世紀初，漢口方言入聲調開始消失。而泥來母混同、合口字讀爲開口、遇攝字讀爲流攝字、深臻曾梗攝陽聲韻尾合并等現象明清以來一脉相承。

本文將“歷史文獻考證法”和“歷史比較法”相結合，對四百多年來的武天地區語音進行了較爲全面的考察。但《五聲譜》不是編排十分精密的韻書；我們未尋找到同一地區不同時代的系統材料來進行比較，京山和漢口之間畢竟存在地域差別；再加上個人積纍不足等原因，對方言的調查和明清以來武天地區語音演變的探索還存在很多不足之處。筆者呈此陋見，只希望能給湖北境内西南官話武天地區語音史的研究提供一點可以利用的成果。

參考文獻

一 古籍

《耆舊續聞》，〔宋〕陳鵠，影印文淵閣四庫全書 1039。

《宋本廣韻·永禄本韻鏡》，〔宋〕陳彭年等編，南京：江蘇教育出版社 2002 年。

《宋刻集韻》，〔宋〕丁度等編，北京：中華書局 2005 年。

《菽園雜記》，〔明〕陸容，載《明代筆記小説大觀》，上海：上海古籍出版社 2005 年。

《問奇集》，〔明〕張位，續修四庫全書 238，據福建省圖書館藏明萬曆刻本影印本，上海：上海古籍出版社 2002 年。

《讀書通》，〔明〕郝敬，國家圖書館藏明萬曆崇禎間郝洪範刻本。

《少泉詩集》，〔明〕王格，四庫全書存目叢書，集部 89，原北平圖書館藏明嘉靖刻本，濟南：齊魯書社 1997 年。

《大泌山房集》，〔明〕李維楨，四庫全書存目叢書，集部 150—152，北京師範大學圖書館藏明萬曆三十九年刻本。濟南：齊魯書社 1997 年。

《蘇山選集》，〔明〕陳柏，四庫全書存目叢書，集部 124，北京圖書館藏明萬曆十五年陳文燭刻本，濟南：齊魯書社 1997 年。

《凡誨書》，［清］劉心源，載《小學稿本七種》，陽海清、褚佩瑜輯，中華全國圖書館文獻縮微複製中心 1997 年。

《李氏音鑑》，［清］李汝珍，續修四庫全書 260，據華東師範大學圖書館藏清嘉慶十五年寶善堂刻本影印，上海：上海古籍出版社 2002 年。

《鴻文考正同音字彙》（又名《字音會集》）江學海，石印本，藏於南京大學中文系資料室。

《同音字彙》（又名《同音會集》），江學海，藏于南京大學中文系資料室。

乾隆《黃岡縣志》，據清乾隆二十四年（1759）刻本影印，中國地方志集成（湖北府縣志輯）16。

同治《通城縣志》，據清同治六年（1867）活字本影印，中國地方志集成（湖北府縣志輯）29。

同治《黃陂縣志》，據清同治十年（1871）刻本影印，中國地方志集成（湖北府縣志輯）8。

民國《麻城縣志續編》，據民國二十四年（1935）鉛印本影印，中國地方志集成（湖北府縣志輯）20。

《湖北文徵》，《湖北文徵》出版工作委員會，武漢：湖北人民出版社 2000 年。

《全宋詩》，傅璇琮等主編，北京：北京大學出版社 1991 年。

《全宋詞》，唐圭璋編，北京：中華書局 1999 年。

《全清詞》（順康卷），南京大學中文系《全清詞》編纂研究室，北京：中華書局 2002 年。

《蘄春語》，黃侃撰，收于《黃侃論學雜著》，上海：上海古籍出版社 1980 年。

二　論文

畢　晟　2006　《〈漢音集字〉聲母 j、q、x 研究》，華中師範大學碩士學位論文。

曹志耘　1998　《漢語方言聲調演變的兩種類型》，《語言研究》第 1 期。

陳大爲　2005　《唐五代湖北文人用韻研究》，安徽師範大學碩士學位論文。

陳慶延　1989　《古全濁聲母今讀送氣清音的研究》，《語文研究》第 4 期。

但銳　2019　《流遇二攝唇音關係補正》，《文獻語言學》第 9 期，北京：中華書局。

董同龢　1938　《与高本漢先生商榷"自由押韻"説兼論上古楚方音特色》，《歷史語言研究所集刊》7 本 4 分。

郭麗　2009　《湖北西南官話音韻研究》，復旦大學博士學位論文。

黃雪貞　1986　《西南官話的分區（稿）》，《方言》第 4 期。

金有景　1985　《襄垣方言效攝、蟹攝（一、二等韻）字的韻母讀法》，《語文研究》第 2 期。

李冬香　2005　《湖南贛語語音研究》，暨南大學博士學位論文。

李國正　1984　《四川話流、蟹兩攝讀鼻音尾字的分析》，《中國語文》第 6 期。

李　軍　2006　《近代江西贛方言語音考論》，南京大學博士學位論文。

李　榮　1985　《官話方言的分區》，《方言》第 1 期。

李　霞　2004　《西南官話語音研究》，上海師範大學碩士學位論文。

劉　靜　2001　《南宋初年的人口遷徙與今長江中下游流域的文白異讀》，《陝西師範大學學報》（哲學社會科學版）第 1 期。

劉曉南　2002　《宋代文士用韻與宋代通語及方言》，《宋遼金用韻研究》，香港：文化教育出版社。

—— 2008　《漢語歷史方言語音研究的幾個問題》，《漢語歷史方言研究》，上海：上海人民出版社。

—— 2008　《宋代四川詩人用韻及宋代通語音變若干問題》，《漢語歷史方言研究》，上海：上海人民出版社。

劉興策　1998　《近百年來湖北省漢語方言研究綜述》，《方言》第 3 期。

—— 2001　《再論近 20 年的湖北方言研究》，《沙洋師範高等專科學校學報》第 1 期。

劉勛寧　2005　《一個中原官話中曾經存在過的語音層次》，《語文研究》第 1 期。

龍安隆　2007　《也談閩語全濁聲母的送氣現象》，《福建師範大學學報》（哲學社會科學版）第 5 期。

魯國堯　1985　《明代官話及其基礎方言問題——讀利瑪竇中國札記》，《南京大學學報》第 4 期。

—— 2003a　《論"歷史文獻考證法"與"歷史比較法"的結合——兼議漢語研究中的"犬馬—鬼魅法則"》，《魯國堯語言學論文集》，南京：江蘇教育出版社。

—— 2003b　《泰州方言史與通泰方言史研究》，《魯國堯語言學論文集》，南京：江蘇教育出版社。

—— 2007　《研究明末清初官話基礎方言的廿三年歷程——"從字縫裏看"到"從字面上看"》，《語言科學》第 2 期。

陸志韋　1988　《釋中原音韻》，《陸志韋近代漢語音韻論集》，北京：商務印書館。

羅常培　1963　《漢語方音研究小史》，載《羅常培語言學論文選集》，中國科學院語言研究所編。北京：中華書局。

羅　恰　2020　《談談新見的一部清刻本〈字音會集〉》，文獻語言學，中華書局。

寧忌浮　2005　《明末湖北京山方言音系——讀郝敬〈讀書通〉》，《語言研究》第 4 期。

桑宇紅　2004　《中古知莊章三組聲母在近代漢語的演變》，南京大學博士學位論文。

田範芬　2000　《宋代湖南方言初探》，《古漢語研究》第 3 期。

王洪君　2007　《文白異讀與叠置式音變》，《歷史層次與方言研究》，上海：上海教育出版社。

謝榮娥　2004　《明清竟陵代表詩文用韻與現代天門方音》，華中師範大學碩士學位論文。

——　2018　《郝敬〈五聲譜〉與現代京山方音》，《語言研究》第 3 期。

謝　之　2003　《竟陵派鍾譚韻文用韻所反映的明代天門方音特點》，《中央民族大學學報》（哲學社會科學版）第 5 期。

薛志霞　2008　《〈西儒耳目資〉新探》，南京大學博士學位論文。

余頌輝　2009　《清代方言韻書〈字音會集〉的四種版本》，《古籍研究》上下合卷，安徽大學出版社。

張光宇　1993　《漢語方言見系二等文白讀的幾種類型》，《語文研究》第 2 期。

張國雄　1992　《明清时期的两湖移民》，武漢大學博士學位論文。

張偉然　1999　《楚語的演替與湖北歷史時期的方言區域》，《復旦學報》（社會科學版）第 2 期。

趙日新　2007　《漢語方言中的 [i]>[ɿ]》，《中國語文》第 1 期。

趙學玲　2007　《漢語方言影疑母字聲母的分合類型》，《語言研究》第 4 期。

甄尚靈　1988　《〈西蜀方言〉與成都語音》，《方言》第 3 期。

周賽紅　2005　《湘方言音韻比較研究》，湖南師範大學博士學位論文。

周賽華　2015　《〈字音會集〉音系述略》，《湖北大學學報（哲學社會科學版）》第 1 期。

周　楊　2008　《計算機漢語方言辨識的理論與方法探討——以黄孝片方言爲例》，華中科技大學博士學位論文。

周祖謨　1966　《宋代方音》，《問學集》下册，北京：中華書局。

朱建頌　1958　《漢口方音與北京語音的對應規律》，《方言和普通話集刊》第 5 期。

——　1981　《武漢方言詞彙》（一）（二）（三），《方言》第 1、2、3 期。

——　1982　《武漢方言本字試考》，《華中師範大學學報》第 4 期。

——　1987　《古方言韻書——〈字音會集〉》，《辭書研究》第 1 期。

——　1988a　《漢口方言有入聲嗎》，《江漢大學學報》（人文科學版）第 1 期。

——　1988b　《武漢方言的演變》，《方言》第 2 期。

三 專著

北京大學中國語言文學系語言學教研室編 1989 《漢語方音字彙》（第二版），北京：文字改革出版社。

陳有恒 尤翠雲 2002 《鄂東南方音辨正》，武漢：中國地質大學出版社。

陳章太 李行健主編 1996 《普通話基礎方言基本詞彙集》（劉興策等參編，負責湖北武漢、襄樊、宜昌、天門、紅安等地方言的調查、編寫、審訂等），北京：語文出版社。

丁邦新 2003 《一百年前的蘇州話》，上海：上海教育出版社。

丁 鋒 2008 《日漢琉漢對音與明清官話音研究》，北京：中華書局。

丁文江 翁文灝 曾世英編纂 曾世英 方俊增訂 1948 《中國分省新圖》（第五版），上海：上海申報館。

葛劍雄 1997 《中國移民史》，福州：福建人民出版社。

—— 曹樹基 吳松弟 1993 《簡明中國移民史》，福州：福建人民出版社。

耿振生 1992 《明清等韻學通論》，北京：語文出版社。

—— 2004 《20世紀漢語音韻學方法論》，北京：北京大學出版社。

何大安 2004 《規律與方向——變遷中的音韻結構》，北京：北京大學出版社。

侯精一 2002 《現代漢語方言概論》，上海：上海教育出版社。

黃群建 1999 《湖北方言文獻疏證》，武漢：湖北教育出版社。

—— 2002 《鄂東南方言音彙》，武漢：華中師範大學出版社。

蔣冀騁 1997 《近代漢語音韻研究》，長沙：湖南師範大學出版社。

李得春　2006　《中韓語言文字關係史研究》，延吉：延邊教育出版社。

劉綸鑫　1999　《客贛方言比較研究》，北京：中國社會科學出版社。

劉曉南　2008　《漢語歷史方言研究》，上海：上海人民出版社。

——　張令吾編　2002　《宋遼金用韻研究》，香港：香港文化教育出版社。

劉興策　王秋隆　1990　《京山縣志·方言篇》，武漢：湖北人民出版社。

——　趙葵欣　1998　《現代漢語方言音庫·武漢話音檔》，上海：上海教育出版社。

劉澤民　2005　《客贛方言歷史層次研究》，蘭州：甘肅民族出版社。

魯國堯　2003　《魯國堯語言學論文集》，南京：江蘇教育出版社。

羅常培　周祖謨　1958　《漢魏晉南北朝韻部演變研究》（第一分冊），北京：科學出版社。

潘攀　熊一民　1998　《普通話口語與武漢方言》，武漢：武漢出版社。

邵則遂　1991　《天門方言研究》，武漢：華中師範大學出版社。

孫宜志　2006　《安徽江淮官話語音研究》，合肥：黃山書社。

——　2007　《江西贛方言語音研究》，北京：語文出版社。

萬幼斌　2000　《鄂州方言志》，成都：天地出版社。

王福堂　1999　《漢語方言語音的演變和層次》，北京：語文出版社。

王　力　2004　《漢語史稿》，北京：中華書局。

王群生　1994　《湖北荆沙方言》，武漢：武漢大學出版社。

魏建功　1996　《古音系研究》，北京：中華書局。

仙桃市地方志編纂委員會編　1989　《沔陽縣志》，武漢：華中師範大學出版社。

徐通鏘　1991　《歷史語言學》，北京：商務印書館。

楊劍橋　2005　《漢語音韻學講義》，上海：復旦大學出版社。

楊耐思　1981　《中原音韻音系》，北京：中國社會科學出版社。

葉寶奎　2001　《明清官話音系》，廈門：廈門大學出版社。

詹伯慧　1956　《武漢人怎樣學習普通話》，武漢：湖北人民出版社。

——　1991　《漢語方言及方言調查》，武漢：湖北教育出版社。

——　劉興策等　1960　《湖北方言概況》，油印本。

張偉然　2000　《湖北歷史文化地理研究》，武漢：湖北教育出版社。

趙蔭棠　1985　《等韻源流》（第二版），臺北：文史哲出版社。

趙元任　丁聲樹等　1948　《湖北方言調查報告》，北京：商務印書館。

中國大百科全書總編輯委員會　1994　《人文百科全書大系·語言文字百科全書》，北京：中國大百科全書出版社。

中國社會科學院和澳大利亞人文科學院合編　1987　《中國語言地圖集》，香港：朗文出版（遠東）有限公司。

中國社會科學院語言研究所，中國社會科學院民族學與人類學研究所，香港城市大學語言資訊科學研究中心編　2012　《中國語言地圖集》第2版·漢語方言卷，北京：商務印書館。

朱建頌　1992　《武漢方言研究》，武漢：武漢出版社。

——　1999　《〈漢音集字〉疏證》，載《湖北方言文獻疏證》，黃群建主編，武漢：湖北教育出版社。

（瑞士）費爾迪南·德·索緒爾　1980　《普通語言學教程》，高名凱譯，北京：商務印書館。

E.H.Parker　1877　The Hankow Dialect（《漢口方言》）. China Review. Vol.3, No5: 308-312.

James Addison Ingle　1899　Hankow Syllabary（《漢音集字》）, Kung Hing.

Chen Chung-yu（陳重瑜）　1991　The Nasal Endings and Retroflexed initials In Peking Mandarin: Instability and The Trend of Changes（《北京音系裏鼻韻尾與捲舌聲母的不穩定性》）, Journal of Chinese Linguistics.Vol.19. No.2.

附　　録

附録1　發音合作人情況表

姓名	年齡	性別	籍貫	使用語言情況	其他情況
魯紅霞	45	女	天門千一（乾驛）鎮	會普通話，方言極熟，能區分與鄰鎮方言的某些具體語音差別	以邵則遂《天門方言研究》爲底本核查
郭敏	44	女	仙桃三伏潭	會普通話，方言熟練	調查
黄志明	47	男	漢川分水鎮	會普通話，方言熟練	調查
劉偉	42	男	京山永興鎮	會普通話，方言極熟，能區分與鄰鎮方言的某些具體語音差別	以《京山縣志》爲底本核查
王利	42	女	洪湖曹市鎮	會普通話，方言極熟，能區分與鄰鎮方言的某些具體語音差別	以《沔陽縣志·方言》爲底本核查

附録 2　湖北武天片方言聲、韻、調表

（1）漢口方言聲、韻、調

聲母：

p 巴波	pʰ 怕破	m 媽忙	f 法逢
t 短當	tʰ 唐聽	n 男藍	
ɹ 鋭芮			
ts 暫張	tsʰ 蒼唱		s 桑深
tɕ 尖江	tɕʰ 槍親		ɕ 心想
k 剛改	kʰ 開肯	ŋ 襖昂	x 漢很
ø 椅五			

韻母：

ɿ 思支	i 離寄	u 誤古	y 雨取
ɯ 兒日			
a 打卡	ia 假下	ua 瓜誇	
o 羅脱	io 確覺		
ɤ 德色	ie 接別	uɤ 國擴	ye 缺月
ai 哀賽		uai 怪壞	
ei 類對		uei 維回	
au 勞告	iau 要效		
ou 樓受	iou 由求		
an 藍看	iɛn 堅棉	uan 管緩	yɛn 遠權
ən 冷肯	in 今行	uən 文渾	yn 匀群
aŋ 幫當	iaŋ 陽槍	uaŋ 光謊	
oŋ 東公	ioŋ 窮勇		

聲調：

調類	陰平	陽平	上聲	去聲
調值	55	213	42	35
例字	詩梯巴湯	時題足頁	使體把厰	是替霸趙

（2）京山方言聲、韻、調

聲母：

p 巴波	pʰ 怕破	m 媽忙	f 法逢
t 短當	tʰ 唐聽	n 男藍	
ts 暫張	tsʰ 蒼唱		s 桑深
			ʐ 饒染
tɕ 尖江	tɕʰ 槍親		ɕ 心想
k 剛改	kʰ 開肯	ŋ 襖昂	x 漢很
ø 椅五			

韻母：

ɿ 思支	i 離寄	u 誤古	ʮ 雨取
ɯ 兒日			
a 打卡	ia 假下	ua 瓜誇	
o 羅脫	io 確覺	uo 多索	
ɤ 德色	ie 接別	uɤ 國擴	ɥe 缺月
ai 哀賽		uai 怪壞	
ei 類對		uei 維回	
au 勞告	iau 要效		
əu 樓受	iəu 由求		
an 藍看		uan 管緩	ɥɛn 遠權

ən 冷肯	in 今堅	uən 文渾	yən 勻群
aŋ 幫當	iaŋ 陽槍	uaŋ 光謊	
oŋ 東公	ioŋ 窮勇		

聲調：

調類	陰平	陽平	上聲	去聲	入聲
調值	55	13	31	44	35
例字	詩梯巴湯	時題拔堂	使體把厰	是替霸趟	足頁脫目

（3）天門方言聲、韻、調

聲母：

p 巴波	pʰ 怕破	m 媽忙	f 法逢
t 短當	tʰ 唐聽	n 男藍	
ts 暫張	tsʰ 蒼唱		s 桑深
			ʐ 饒染
tɕ 尖江	tɕʰ 槍親		ɕ 心想
k 剛改	kʰ 開肯		x 漢很
∅ 椅愛			

韻母：

ɿ 思支	i 離寄	u 誤古	y 雨取
ɯ 兒日			
a 打卡	ia 假下	ua 瓜誇	ya 抓刷
o 羅脫	io 確覺	uo 多索	
ɤ 德色	iɛ 接別	uɤ 國擴	yɛ 缺月
ai 哀賽	iai 解階	uai 怪壞	yai 猜衰

ei 類對		uei 維回	yei 追垂
au 勞告	iau 要效		
əu 樓受	iəu 由求		
an 藍看	iɛn 檢连	uan 管緩	yɛn 遠權
ən 冷肯	in 今行	uən 文渾	yn 勻群
aŋ 幫當	iaŋ 陽槍	uaŋ 光謊	yaŋ 裝雙
	iuŋ 窮勇	uŋ 東公	

聲調：

調類	陰平	陽平	上聲	去聲	入聲
調值	55	13	31	44	35
例字	詩梯巴湯	時題拔堂	使體把廠	是替霸趨	足頁脫目

（4）仙桃方言聲、韻、調

聲母：

p 巴波	pʰ 怕破	m 媽忙	f 法逢
t 短當	tʰ 唐聽	l 男藍	
ts 暫張	tsʰ 蒼唱		s 桑深
tɕ 尖江	tɕʰ 槍親		ɕ 心想
k 剛改	kʰ 開肯		x 漢很
ø 椅五			

韻母：

ɿ 思支	i 離寄	u 誤古	y 雨取
ɯ 兒日			
a 打卡	ia 假下	ua 瓜誇	

o 羅脱	io 確覺	uo 多國	
ɤ 德色	ie 接別		yɛ 缺月
ai 哀賽		uai 怪壞	
ei 類對		uei 維回	
au 勞告	iau 要效		
əu 樓受	iəu 由求		
an 藍看	iɛn 檢連	uan 管緩	yɛn 全員
ən 冷肯	in 今行	uən 文渾	yn 勻群
aŋ 幫當	iaŋ 陽槍	uaŋ 光謊	
	iuŋ 窮勇	uŋ 東公	

聲調：

調類	陰平	陽平	上聲	去聲	入聲
調值	55	23	31	53	24
例字	詩梯巴湯	時題拔堂	使體把廠	是替霸趯	足頁脱目

（5）漢川方言聲、韻、調

聲母：

p 巴波	pʰ 怕破	m 媽忙	f 法逢
t 短當	tʰ 唐聽	n 男藍	
ts 暫張	tsʰ 蒼唱		s 桑深
			ʐ 饒肉
tɕ 尖江	tɕʰ 槍親		ɕ 心想
k 剛改	kʰ 開肯		x 漢很
ø 椅愛			

韻母：

ɿ 思支	i 離寄	u 誤古	y 雨取
ɯ 兒日			
a 打卡	ia 假下	ua 瓜誇	ya 抓刷
o 羅脱	io 確覺	uo 多索	
ɤ 德色	iɛ 接別	uɤ 國擴	yɛ 缺月
ai 哀賽	iai 介解	uai 怪壞	yai 衰喘
ei 類對		uei 維回	yei 追睡
au 勞告	iau 要效		yau 饒
əu 樓受	iəu 由求		yəu 肉柔
an 藍看	iɛn 檢连	uan 管緩	yɛn 遠權
ən 冷肯	in 今行	uən 文渾	yn 勻群
aŋ 幫當	iaŋ 陽槍	uaŋ 光謊	yaŋ 讓瓤
	iuŋ 窮勇	uŋ 東公	

注：yau、yəu、yaŋ 三個音節只出現在 ʐ 聲母後，且讀音近似于 ɥ，這裏一并記爲 y。

聲調：

調類	陰平	陽平	上聲	去聲	入聲
調值	55	13	31	44	324
例字	詩梯巴湯	時題拔堂	使體把廠	是替霸趙	室腳密物

（6）洪湖方言聲、韻、調

聲母：

p 巴波	pʰ 怕破	m 媽忙	
t 短當	tʰ 唐聽	n 男藍	

ts 暫張	tsʰ 蒼唱		s 桑深
tɕ 尖江	tɕʰ 槍親		ɕ 心想
k 剛改	kʰ 開肯		x 漢飛
ø 椅繞			

韻母：

ɿ 思支	i 離寄	u 誤古	y 雨取
ɯ 兒日			
a 打卡	ia 假下	ua 瓜誇	
o 羅脱	io 確覺	uo 多國	
ɤ 德色	ie 接別		ye 缺月
ai 哀賽		uai 怪壞	
ei 類對		uei 維回	
au 勞告	iau 要效		
əu 樓受	iəu 由求		
an 藍看	iɛn 減先	uan 管緩	yɛn 遠權
ən 冷肯	in 今行	uən 文渾	yn 勻群
aŋ 幫當	iaŋ 陽槍	uaŋ 光謊	
	iuŋ 窮勇	uŋ 東公	

聲調：

調類	陰平	陽平	上聲	去聲	入聲
調值	33	13	31	45	24
例字	詩梯巴湯	時題拔堂	使體把廠	是替霸趟	識切出作

附錄3　《湖北文徵》中銘、碑、賦等相關韻段原文

（1）元·程鉅夫（京山）《彭城郡劉文靖公神道碑銘》："銘曰：
孰生哲人，伊濟之南。有鏘其音，如玉如金。哲人維何？其碩伊劉。志
與時仇，身與道周。桓桓劉公，人憂我樂。孔孟不遭，後世誰若。父昔
王佐，子今國器。維公之樂，雖死弗貳。膴膴彭城，厥土千里。茫茫新
封，如帶如礪。相古哲人，罔屈匪信。維哲且明，以覺後人。"

（2）元·丁鶴年（武昌）《行素軒銘》："銘曰：素履所賤，王
道平平。流行坎止，一聽于天。夏禹之憂，顏淵之樂。易地皆然，道同
天爵。忠信篤敬，蠻貊行焉。戒心微服，孔孟猶然。彼美吉士，力行其
素。屈伸利鈍，隨其所遇。"

（3）明·李承箕（嘉魚）《石翁陳先生墓志銘》："銘曰：虛以
立本，動而能神。孰握其幾，孰闢其門。凝而涵之，天飛淵淪。不以我
故，何往非真。我最其迹，抹摋譖諄。用納玄原，示委及顛。"

（4）明·顏木（應山）《戮蚊賦》："或爲予阨，來獻厥謀。蒿艾
下爇，重烟上浮。野戰以蜻蜓之衆，火攻以鰻鱺之籌。"

（5）明·王廷陳（黃岡）《祭大司馬松石劉公文》："念我先子，
在公執友。兒實不類，自慚非偶。辱公仲女，爲予家婦。緣交締婚，不
薄彌厚。風猷目昔，見聞最久。丹旐遵塗，縞裳臨穴。我淚漣洏，我惊
鬱結。豈屬阿私，實爲邦國。洞酌昭忠，生芻比德。即化永乖，嘆逝何
極。神之聽之，洞我心測。"

（6）明·魯彭（景陵）《問海賦》："遵四序之代謝兮，寓消息
於乘除。潮汐貞而呼吸兮，應朔望之盈虛。時剡剡其明曒兮，溢曖曖乎
雲屯。陰陽馳其不居兮，奉行健於無言。飛廉肅而秋殺兮，豐隆動而雲
霓。判寒暑於晨昏兮，欷氣候之不齊。"

（7）明·魯彭（景陵）《問海賦》："洞寥廓於慘澹兮，宛大塊其

若浮。乘大千以閱世兮，付吾道於盟鷗。"

（8）明·童承叙（仙桃）《閔水賦》："於是敝襦之夫，枵腹之民；觺發刺其骨，栗烈銷其形。"

（9）明·李學顏（黄岡）《鵲巢賦並序》"維鳥與木之偶然，初何心而相附。雖靈鵲之擇木，乃枯楊兮其焉慕。方夫牖户綢繆，飛鳴拮據。儼形聲之相喧。恐桑土之我汙。爾其冬餘春初，燒荒開路。衆林童然，兹偏獨茂。蓋已烟日之鬻新，胡止條枚之如故。彼樵者之蚩蚩兮，何秉心之獨怨。日觀巢卵之相爲命兮，羌更意而懷顧。曰子曰母，匪木何據。曰枝曰葉，匪鵲焉護。此風雨蛇鼠之無虞，彼斧斤樵薪之不慮。辟彼伯鸞之借枝於廡下兮，暴客過而反步。匪伊門庭之有光兮，亦外侮之克禦。夫既惠我以美陰兮，胡不報之以雨露。乃人心之動於物類兮，獨併存而同豫。"

（10）明·陳仁近（蘄州）《梅花賦》"一陽初動兮，氣轉洪鈞。烏兔東西兮，斗柄回寅。時凛凛而凝露，或慘慘而飛霙。鼓千枝而斂艷，驅萬菲而銷魂。彼白一花，裕然不驚。玉石肌骨，冰雪精神。挺高標於庾嶺，逞五出於孤根。報明年之春信，見不息之天心。喜松柏之偕茂，笑紅紫之埃塵。芳臉凝酥兮，如桃李之媚春色；南枝乍放兮，類葵藿之爭朝暾。怪株疏影兮，月落參橫。暗香浮動兮，昧爽黄昏。花淡白而霜飾，枝苦瘦而雪增。天愈慘兮不畏，日大明兮不灰，不逐時而殺，不倚物而榮。物皆妍麗兮，我獨清清。物皆零落兮，我獨蓁蓁。索巡簪之嘯，濟異味之羹。此所謂花中之上品，實騷客之美評。媚廣平之賦，來杜公之吟。寄隴頭之驛使，留揚州之何君。歌蘇子瞻於惠州之邸，飲趙師雄於羅浮之村。想諸君之操允協，固因物而寓心。不然，則仁智之各見，好惡之群分。幾何不爲故鄉之臭，海上之馨。陳侯之悦，楚侯之憎。雖然，視汝之守，何辱何榮。於汝之價，何重何輕。我雖不能與此數公者並，亦隱然若喻其情。于是乎濡毫以曉花之露，效廣平之顰。"

（11）明·熊熾（武昌）《庚申大水賦》"嗟哉，鄂渚之水也。瀹楚蜀之巨浸，沂吴越之上游。會三江之宗派，匯七澤之洪溢。數閭稔而一漲，孰若今歲之横流。始湄涸而瀰至，歷秋夏而浮浮。溢諸兩崖之上，泛諸三事之丘。黄雲沈而焯焯，蟬鳴寂而瀏瀏。國計委諸鯽鰐，民天殞諸湇汫。爾乃漸漬乎岡阜，沮洳乎門竇。"

（12）明·熊燉（武昌）《庚申大水賦》"爾乃菉歷乎仲謀之殿，氾濫乎熊紅之城。潴溏乎庾公之館，泅瀟乎漫叟之門。淫液乎鄒尉之井。混沌乎武子之庭。其行則艎艇桴筏，舠艀艑艫，相舷舳渡艤而紛紜。其業則絲緒縲繶，絡縸綱紀，相與漁釣乎其絲綸。其事則扶老攜幼，濡首洗足，相徇徇乎水陸以播騰。朝礉邁乎薄原而夕隰，昨跨臍乎隈隑而今湑。東方土佗雲蓋之爲谷，西捐白鹿白虎之爲濱。南恟金牛石鼓之就溺，北隱渡石盤石之粼粼。憂鞋山乎望夫而難倚，沖劍石之焦渚而難憑。穿鄂境之東山而詗憒狼狽，思濯足乎弱水而散髮乎崑崙。閭閩閉門而不易，輈轙投轄而弗哼。黨國劀摩而不睦，烟爁煾燼而掇殄。疑淮揚之閘道而無餉吏，疑蘇杭之水市而無貿緡。頓驚乎登州之開海市，胡爲乎其在市程。"

（13）明·袁宗道（公安）《明吏部尚書汪公墓志銘》"銘曰：……乃賦遂初，歸櫝其光。堅貞其操，公則琳瑯。崇年厭世，乘彼卿雲。夷猶帝鄉，公則列星。玄宫楚楚，羊山之陽。僊蜕永藏，弈世其昌。"

（14）明·陳吾悃（蘄州）《南窗賦有序》"惟伊人之太始，會二五以凝精。既含氣而成質，亦柄理以爲生。乾吾父號，坤吾母名。月以爲姊，日以爲兄。苟一絲之弗類，謂悖德而冥行。矧有皇之上路，縈蕩蕩而平平。自元風之云逝，閉姚姒之雙闔。洋虚浮以没實，恣邪枉以移貞。雖顔形之完具，徒博大而膨脝。往轍已覆，驟車方軯。狂沙切切，盲風颭颭。聞貴者之暗於勢，抗雲霄以崢嵘。摇金貂以晝炫，照車輪之宵鳴。聞富者之暗於貨，冬瑞炭而夏錦棚。披霞綃而曳朱履，飽珍饌而爇香秔。聞淫者之暗於色，委白骨於朱娭。但溺意於清矑與瑋態，豈暇惜乎迷蔡而傾城。聞酗者之暗於酒，知抱甕而飛觥。矜長夜以爲樂，誇百日而方醒。聞貧者之暗於窘，哀有生之煢煢。惋衣褐之至骭，羡穜稼之如京。聞賤者之暗於卑，怪禮分之拘儜。既縈情於好爵，復役志於大烹。閔諸生之敝敝，竟戕剥乎至誠。或虎眈而鴟顧，或鼠竊而蠅營。惟天微而物勝，故見小而憂深。淪荒沈其未醒，居黯昧而如眹。夫何瓌逸之哲士，獨刉翦乎榛荆。恒舒理而縮欲，將祛蔽以通明。對南窗以靜惟，息塵慮之轟奔。祈五蓋之俱發，日三省以爲程。道德净而罔污，紛華勝而靡爭。儷皛白於天日，媲光潔於瓊瑛。内有以充其腴潤，外有以肆其閎聲。處足以善七尺之軀，出足以寧億兆之氓。如此而後爲萬物之秀，千人之英。若乃逐逐於臭腐，而攪淖以撓清。即堯言而舜趨，又何異乎狐狸與鼯鼪。"

（15）明·周炳靈（江夏）《洪山賦》"雛驟來未越乎步武兮，乃鬱起已階夫丈尺。方幻出之多端兮，復磅礴之如直。爾其襟湖背江，井別隧分。曲巒平江，倚伏如雲。陽臨廣街一作術，車輿殷殷。陰接平疇，禾黍芸芸。修林長薄，松區蘇門。茫茫芊路，覆以石麟。圓沼碧荷，方塘青菱。堳塢別墅，漏景扈岑。"

（16）明·沈惟煌（孝感）《邑侯尹公修學碑賛》"思樂泮水，仁賢踵至。夕秀朝華，靡芳弗繼。前哲淵源，禮樂以俟。無歝尹侯，譽髦斯士。扶掖斯文，克竟厥緒。廟貌改觀，既壯且麗。式龕式幃，載幔載韔。易舊而新，或雕或繪。致辨致詳，序爾廡位。罔敢怠遑，俎豆之事。古制今裁，亦文亦質。是將是享，庶無悔罪。一炷恪恭，匪朝伊夕。薪盡火傳，千秋弈世。億萬斯年，永無墜地。後有君子，顧名思義。"

（17）明·楊文薦（京山）《瀟湘賦》"則亦有淡竹合歡，玉芝祥蓮；併蒂連榴，競華吐妍。畢方一足之羽，白章異質之獸。或錦禽而修尾，或狐訓而稚㹧。獻猺天之物産，驚蠻嶺之怪秀。"

（18）明·胡夢發（大冶）《黄鶴樓賦》"洪惟井絡含精，雲漢流英。溶溶沄沄，交帶合襟。縈三楚之都會，表鄂渚之豐城。聳天地之奇峭，峙夾岸之嵬崚。束洪淵於峻禊，象玄武之威神。”“於是構茲閑館，基埈俯深。景以地勝，地以仙靈。鉅觀既毀，草創徒存。魯共之制蔑睹，楚望之實匪稱。飛廉鮮而祝融作，柏梁災而建章營。”“躐層梯以百尺，捫危欄而上征。行周流於複道，啟朱鳥之牖扃。㪍重檐乎閣外，中寥廓而侖囷。逼中天之麗彩，來萬里之空青。疏八方以通達，勢隨換而匪寧。玩神明於峻極，疇縹緲而虞傾。”

（19）清·胡夢發（大冶）《黃鶴樓賦》“於是萬井煙生，九衢塵鶩。金羊入市，刀龜作布。居比鱗聯，行同螘顧。人分馬寸，誼闕擊互。一往一來，孰知其故。國門蕩蕩，目無遺靚。渺粱山其已卑，彼陁陂焉足數。”

（20）清·胡夢發（大冶）《黃鶴樓賦》“若夫江流浩浩，一望金沙，兩望赤壁。夏蒲對崢嶸之洲，白虎連鳳鳴之澈。無風猶浪，觸石逾激。驟江如與水母，馳川后與淵客。沉冥晝晦，磕磅霹靂。孟婆怒吼，澎濞浡潏。玉馬駿奔，白鷺竦立。憑檻睋射，膽魄慄慄。悲賈客之顚危，訝舟師之利疾。固已吞雲夢於胸中，不必觀廣陵之秋汐。是以樓惟三上，登有千緒。物與時遷，情因景會。”

（21）清·胡夢發（大冶）《黃鶴樓賦》“至若光風騑蕩蕩，杜若蘭薰。芳洲草綠，不爲王孫。嗟禰生之才調，意何有乎衆賓。詎倜儻之致咎，擅一賦而流聲。”

（22）清·胡夢發（大冶）《黃鶴樓賦》“阻蓬萊於弱水，想崑崙之五城。諒斯地之無讓，故數駕夫胎禽。雖神明其必眷，侯人謀而始興。”

（23）清·張叔珽（漢陽）《浮雲賦》“等輕雲之麗天，本非其所固有。寸膚而合，不脛而走。溶溶英英，爲巒爲阜。時而起鱗，時而翻手。甫皎皎兮白衣，復爍爍兮蒼狗。或起礛車於江頭，或披絮帽於嶺首。”

（24）清·張叔珽（漢陽）《凝和堂銘並序》"銘曰：……爲聚爲成，發育蓁蓁。綏厥百福，以克永貞。言以垂訓，隨感而應。子孫寶之，各敬爾聽。"

（25）清·王封溁（黃岡）《岐亭郡丞王公勘亂碑》"辭曰：妖氣煽楚，變起何陡。驅騁岐陽，誰爲固守。烈烈王公，勇裕義有。不與時移，不爲勢揉。賑貧憐勞，恩同慈母。捍亂擒姦，民安賊走。功首綸褒，頌傳輿口。萬事奇勳，永垂不朽。"

（26）清·屠沂（孝感）《戶部尚書趙恭毅公墓志銘》"銘曰：延陵間氣，篤生偉人。學宗洛閩，主敬存誠。惟誠故樸，惟敬斯直。克儉克勤，始終如一。"

（27）清·馬士麟（蒲圻）《心山賦》"玉霄對之欲語，芙蓉挹之凝眸。虀粥何殊長白，捐塵不減羅浮。群峰拱而如舞，列嶂峙而愈幽。"

（28）清·馬士麟（蒲圻）《心山賦》"白雲飛兮繚桷，赤霞藹矣穿櫺。時笙簧乎墳典，抱冰雪於遺經。春風澹分滿座，秋月皎而長吟。束躬防表之則，歌肆南雅之音。"

（29）清·張宗崐（咸寧）《黃鶴樓賦》"黃岡有竹，岳陽有樓。巴陵有酒，洞庭有秋。登臨憑眺，豈此爲幽。浮鷗浴日，彩鷁渡流。波澄萬里，浪撼千舟。隔大別而襟帶，控荊襄以烟浮。睹白露之橫空，望青山以阻修。"

（30）清·徐嘉瑞（安陸）《贈文林郎石梁寇公墓志銘》"公承閥閱，倜儻權奇。孝友道藝，厥聞四馳。達士之經，志儒之本。韡爲華英，聲騰文苑。科第鍛翮，種竹蒔花。卻埽教子，詩禮傳家。"

（31）清·閻剛（鍾祥）《吳公樸村墓志銘》"銘曰：溯乃先澤，四美克競。去而服賈，孝養斯盡。沾丐之德，德成於性。問學之嗜，嗜通於命。存之者裕，應之者順。食報於文，卜其後盛。相彼九原，宅幽既正。綴言於石，徵而有信。"

（32）清·尹壽蘅（恩施）《清故兵部侍郎都察院右副都御史新疆巡撫調安徽巡撫饒公墓志銘》"銘曰：源源此德，天篤生申。公才公度，既淵以純。有威匪怒，大化斯神。武鄉之瘁，清獻之仁。寸丹千古，有志其繩。"

（33）清·賀汝玠（蒲圻）《卓刀泉銘並序》"明明我侯，於此問津。刀懸古井，馬撲征塵。沈沈協潤，渨渨重淵。酌言獻之，惟爾有神。"

（34）清·張振綱（天門）《張文忠公祠落成祭文代》"赫乾清而坤夷，啟重熙之盛軌。何天柱之中傾，壞金關與鐵牡。屬讒慝之抵隙，競吐舌以燒城。揣文犀而飛謗，訛市虎以同聲。"

附録 4　本書圖表

圖 1.1　湖北境内西南官話武天片分布示意圖

圖 5.1　見、精、知、莊、章組聲母演變示意圖

圖 5.2　非、曉組聲母演變示意圖

圖 5.3　仙桃、洪湖地理位置

圖 5.4　日母演變示意圖

圖 5.5　微母演變示意圖

圖 5.6　疑、影、云、以母演變示意圖

圖 5.7　泥、來母演變示意圖

圖 5.8　蟹攝開口二等演變示意圖

圖 5.9　山、咸攝開口二等演變示意圖

圖 5.10　江攝開口二等演變示意圖

圖 5.11　山、咸攝開口細音演變示意圖

圖 5.12　通攝入聲、遇攝、流攝明母字讀爲陽聲韻尾演變示意圖

表 1.1　湖北武天地區接受的各類移民

表 2.1　《五聲譜》結構示意圖

表 2.2　《五聲譜》各字組同音情況統計

表 2.3　《五聲譜》《廣韻》和現代京山話入聲韻的語音對應關係

表 2.4　《五聲譜》的聲類系統

表 2.5　《五聲譜》陰聲韻韻類系統

表 2.6　《五聲譜》陽聲韻韻類系統

表 2.7　《五聲譜》入聲韻韻類系統

表 2.8　《五聲譜》調類系統

表 2.9　《五聲譜》聲母系統

表 2.10　《五聲譜》陰聲韻擬音

表 2.11　《五聲譜》陽聲韻擬音

表 2.12　《五聲譜》入聲韻擬音

表 2.13　《五聲譜》韻母系統

表 2.14　《五聲譜》與當時官話聲母的比較

表 2.15　《五聲譜》與當時官話韻母的比較

表 2.16　《五聲譜》聲韻調配合表

表 3.1　《漢音集字》聲母系統

表 3.2　《漢音集字》聲母的中古來源

表 3.3　《漢音集字》韻母系統

表 3.4　《漢音集字》韻母的中古來源

表 3.5　《漢音集字》聲調的中古來源

表 3.6　《漢音集字》聲韻調配合表

表 4.1　見組聲母在現代武天地區的讀音類型

表 4.2　湖北西南官話武天片見組合口細音字讀音舉例

表 4.3　見、精、知、莊、章組在今湖北西南官話武天片中的讀音類型

表 4.4　知、莊、章組在今湖北武天片中的讀音舉例

表 4.5　假攝開口二等牙喉音字讀音

表 4.6　效攝開口二等牙喉音字讀音

表 4.7　蟹攝開口二等牙喉音字讀音

表 4.8　咸、山攝開口二等牙喉音字讀音

表 4.9　湖北西南官話武天片 f、x 分混類型

表 4.10　湖北武天片並母讀爲送氣現象

表 4.11　湖北武天片幫母讀爲送氣現象

表 4.12　湖北武天片定母讀爲送氣現象

表 4.13　湖北武天片從母讀爲送氣現象

表 4.14　湖北西南官話武天片日母今讀音類型

表 4.15 湖北西南官話武天片日母今讀 ø 聲母舉例

表 4.16 湖北西南官話武天片日母今讀 ʐ 聲母舉例

表 4.17 湖北西南官話武天片日母今讀 n 聲母舉例

表 4.18 湖北西南官話武天片日母今讀 ɹ 聲母舉例

表 4.19 湖北西南官話武天片微母今讀音類型

表 4.20 湖北西南官話武天片微母讀爲 ø 舉例

表 4.21 湖北西南官話武天片微母讀爲 m 舉例

表 4.22 湖北西南官話武天片疑、影、云、以母字讀音類型

表 4.23 漢口疑、影母字讀音

表 4.24 湖北西南官話武天片泥、來母讀爲零聲母

表 4.25 湖北武天片方言開口呼韻母

表 4.26 湖北西南官話武天片方言齊齒呼韻母

表 4.27 湖北西南官話武天片方言合口呼韻母

表 4.28 湖北西南官話武天片方言撮口呼韻母

表 4.29 六種撮口呼韻母方言字音對比

表 4.30 今京山方言 ʅ 韻分布

表 4.31 湖北西南官話武天片止、蟹攝字讀與遇攝細音同

表 4.32 湖北西南官話武天片遇攝字讀與止、蟹攝同

表 4.33 湖北西南官話武天片蟹攝開口二等字音對比

表 4.34 咸、山攝字讀音類型舉例

表 4.35 通攝入聲、遇攝、流攝明母字讀音舉例

表 4.36 武天地區聲調格局

表 4.37 湖北西南官話武天片入聲讀爲陽平舉例

表 4.38 湖北西南官話武天片濁平讀爲入聲舉例

表 5.1 明代以來見、精、莊、知、章組音變説明

表 5.2 張光宇（1993）見組二等文白異讀情况類型

表 5.3 明代以來非、曉組音變説明

表 5.4　　贛方言全濁仄聲送氣現象

表 5.5　　明代以來日母音變説明

表 5.6　　明代以來微母音變説明

表 5.7　　《漢音集字》疑母讀爲 ŋ、n 舉例

表 5.8　　明代以來疑、影、云、以母音變説明

表 5.9　　明代以來泥、來母音變説明

表 5.10　　《漢音集字》臻、止、蟹、山攝端、泥、精組合口字讀音

表 5.11　　臻、止、蟹、山攝合口端、泥、精組字讀音

表 5.12　　明代以來蟹攝開口二等音變説明

表 5.13　　明代以來山、咸攝開口二等音變説明

表 5.14　　明代以來江攝開口二等音變説明

表 5.15　　《漢音集字》端、泥、精、莊組遇攝字讀與流攝字同

表 5.16　　武天片遇攝讀入流攝舉例

表 5.17　　湖北西南官話武天片流攝唇音字今讀

表 5.18　　湖北西南官話武天片深、臻、曾、梗攝讀音

表 5.19　　咸、山攝開口細音音變説明

表 5.20　　通攝入聲、遇攝、流攝明母字讀爲陽聲韻尾音變説明

表 5.21　　中古入聲混入《漢音集字》其他聲調中的字

後　記

　　本文研究對象是明清以來西南官話武天片語音史，以魯國堯先生倡導的歷史文獻考證和歷史比較相結合的方法研究明清以來的湖北武天地區語音，是以博士論文爲基礎整理而成的。因個人專業知識積累不足，且博士畢業後未能繼續在這一領域鑽研，本文在研究資料、研究方法、調查資料、分析論證等方面都停留在初學者水平且落後於學術前沿，研究深度和廣度都需要提升。盡管本文存在很多錯誤或缺陷，不過畢竟爲此花費了自己的時間和精力，是我求學經歷的一部分，也凝聚了許多人的心血。

　　特別感謝我的導師劉曉南教授，他苦口婆心的教導總是回蕩在耳邊，極爲嚴謹的治學態度總是令我們敬佩不已。論文從選題到開題報告，到具體寫作，都是在恩師指導下完成的。剛開始考慮湖北武天地區語音史這個選題時，由于資料匱乏，深入研究湖北語音史的不多，我也十分猶豫，是恩師劉曉南教授一次又一次地鼓勵我繼續發掘材料並堅定地做下去。從論文的整體思路到具體詞句的斟酌，劉老師都進行了悉心的指導，提出了很多寶貴的意見。他不僅教給我們治學的具體門徑，還教給我們做人的道理。他總希望能多給我們一些指點，以免我們犯了錯誤或者走了彎路。劉老師的恩情我將牢記于心，永生不忘。

　　還要特別感謝魯國堯先生，我對先生的景仰是由盲目而逐漸變得清晰的。在南京大學求學期間能接受先生的指點是我莫大的榮幸；畢業以後，魯先生也經常鼓勵我要堅持從事學術研究，不斷進步和提高。

　　十分感谢李開教授、柳士鎮教授、高小方教授、汪維輝教授等各位老師，他們不但教給我得以從事研究的專業知識，還給我的論文提出了很多寶貴的意見，他們對我學業上的諸多幫助讓我非常感動。

　　衷心感谢尉遲治平教授、朱建頌教授、黃群建教授、陳立中教授、周賽華教授、李軍教授，在論文寫作中他們給我提供了重要的綫索和珍貴的材料；感謝楊軍教授和儲泰松教授，他們爲本研究提供了重要的材料，提出了宝贵的建议。

　　感謝邢永革教授，他是我敬佩的老師和學長，又是我十分信賴的朋友，不論學業上的疑惑還是生活上的困難，她都默默地幫助我、鼓勵我，和我一起分擔，一起解決。

　　非常感謝我的幾位同門，薛志霞、盧一飛、陳大爲、王曦、余頌輝、吕勝男、田志軍、雷勵、鄧强和趙金枝，在論文寫作中給我提出了寶貴的意見，與你們的友誼將是我一生中最珍貴的財富之一。

　　感謝黃志明、魯紅霞、郭敏、劉偉、王利等老師，他們樂於充當發音合作人，不計任何回報，爲我的研究提供了必需的材料。

　　另外還要感謝我的祖父母、父母、公婆、丈夫和兒女們，感謝親人們的無私付出和對我學習、工作上的各種支援。雖然祖父母已永遠離開了我，但他們盡自己最大的努力爲我改善學習環境，永遠都是我心中最珍貴的記憶。

　　最後還要感謝崇文書局對拙作出版的大力支持，感謝湖北省公益學術著作出版專項資金對本書的資助，感謝崇文書局陳彬老師、李豔麗老師及復旦大學但鋭博士提出的諸多寶貴意見。

王　琪

二〇二三年二月於北京